编委会

总主编

许建领　深圳职业技术大学

副总主编　（以姓氏拼音为序）

姜　洪　深圳职业技术大学

聂　华　浙江经济职业技术学院

王桂花　南京工业职业技术大学

张　龙　昆明工业职业技术学院

张润卓　辽宁经济职业技术学院

编　委（以姓氏拼音为序）

冯进展	江西外语外贸职业学院	彭　敏	南宁职业技术大学
葛启文	武汉城市职业学院	邱春龙	漳州职业技术学院
郭秀颖	广东机电职业技术学院	邱浩然	青岛职业技术学院
何波波	吉安职业技术学院	涂建军	广东交通职业技术学院
黄红如	惠州城市职业学院	万义国	江西交通职业技术学院
黄焕宗	黎明职业大学	王超维	陕西能源职业技术学院
贾广敏	广州工程技术职业学院	吴春涛	湖北三峡职业技术学院
黎　聪	广西物流职业技术学院	吴庆念	浙江经济职业技术学院
李道胜	宁夏工商职业技术学院	吴砚峰	广西职业技术学院
李　锋	岳阳职业技术学院	杨　晋	武汉交通职业学院
李陶然	河南工业职业技术学院	袁德臻	贵州职业技术学院
刘　琳	河北交通职业技术学院	袁世军	湖南现代物流职业技术学院
刘　明	济南职业学院	周昌红	嘉兴职业技术学院
孟军齐	深圳职业技术大学	周　芳	江门职业技术学院
明振东	杭州自动化技术研究院	周　蓉	武汉职业技术大学

高等职业教育高素质技术技能型人才培养
"双高计划"国家级示范专业物流管理类精品教材

总主编　许建领

智慧集装箱港口业务操作

Business Operations in Smart Container Ports

主　编　张兆民　深圳职业技术大学
涂建军　广东交通职业技术学院
唐晓姣　辽宁省交通高等专科学校

华中科技大学出版社
http://press.hust.edu.cn
中国·武汉

图书在版编目(CIP)数据

智慧集装箱港口业务操作 / 张兆民, 涂建军, 唐晓姣主编 . -- 武汉 : 华中科技大学出版社, 2025. 6.
(高等职业教育高素质技术技能型人才培养"双高计划"国家级示范专业物流管理类精品教材).
ISBN 978-7-5772-2014-7

Ⅰ. U656.106

中国国家版本馆 CIP 数据核字第 2025CF5548 号

智慧集装箱港口业务操作   张兆民　　涂建军　　唐晓姣　主编
Zhihui Jizhuangxiang Gangkou Yewu Caozuo

策划编辑：周晓方　　宋　焱　　庹北麟
责任编辑：林珍珍
封面设计：原色设计
版式设计：赵慧萍
责任监印：曾　婷
出版发行：华中科技大学出版社（中国·武汉）　　　电话：（027）81321913
　　　　　武汉市东湖新技术开发区华工科技园　　　邮编：430223
录　　排：华中科技大学出版社美编室
印　　刷：武汉科源印刷设计有限公司
开　　本：787mm×1092mm　　1/16
印　　张：15.5　　插页：2
字　　数：341千字
版　　次：2025年6月第1版第1次印刷
定　　价：59.80元

　　本书依据专业人才培养方案具体要求，对接国家《港口与航运管理专业教学标准》和《中国港口集装箱码头营运操作标准》，选择典型国际集装箱码头运营操作业务为载体，以校企合作构建"岗位+业务"为主线。全书在介绍集装箱、集装箱船、集装箱码头的理论基础上，详细介绍六个项目：泊位策划、船舶策划、堆场策划、闸口作业、桥边作业、堆场作业。本书不仅可以作为高职院校港口运输类专业的港口运营课程的教材，也可以作为港口运营从业人员的工作指导资料。

网络增值服务

使用说明

欢迎使用华中科技大学出版社人文社科分社资源网

1 教师使用流程

（1）登录网址：**https://bookcenter.hustp.com/index.html**（注册时请选择教师身份）

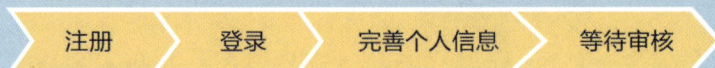

注册 ▷ 登录 ▷ 完善个人信息 ▷ 等待审核

（2）审核通过后，您可以在网站使用以下功能：

浏览教学资源　　建立课程　　管理学生　　布置作业　查询学生学习记录等

教师

2 学员使用流程

（建议学员在PC端完成注册、登录、完善个人信息的操作）

（1）PC 端学员操作步骤

① 登录网址：https://bookcenter.hustp.com/index.html（注册时请选择学生身份）

注册 ▷ 完善个人信息 ▷ 登录

② 查看课程资源：（如有学习码，请在"个人中心—学习码验证"中先验证，再进行操作）

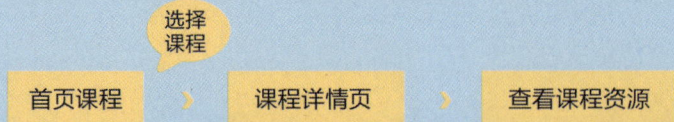

选择课程

首页课程 ＞ 课程详情页 ＞ 查看课程资源

（2）手机端扫码操作步骤

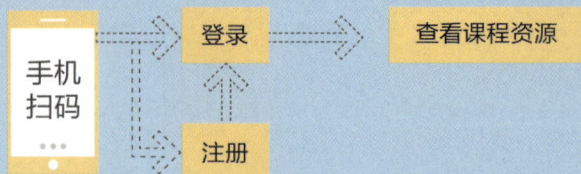

手机扫码 → 登录 → 查看课程资源

注册

物流业是国民经济和社会发展的先导性、基础性、战略性产业，加快发展现代物流业对于促进产业结构调整和提高企业市场竞争力都具有非常重要的作用。党的二十大报告指出，要"加快发展物联网，建设高效顺畅的流通体系，降低物流成本"。现代物流业已经从经济辅助产业转变成了具有战略意义的基础产业，对保障产业链供应链稳定、增强国民经济韧性、促进产业优化升级具有重要意义。2020年9月，习近平总书记在中央财经委员会第八次会议上强调，流通体系在国民经济中发挥着基础性作用，构建新发展格局，必须把建设现代流通体系作为一项重要战略任务来抓。要贯彻新发展理念，推动高质量发展，深化供给侧结构性改革，充分发挥市场在资源配置中的决定性作用，更好发挥政府作用，统筹推进现代流通体系硬件和软件建设，发展流通新技术新业态新模式，完善流通领域制度规范和标准，培育壮大具有国际竞争力的现代物流企业，为构建以国内大循环为主体、国内国际双循环相互促进的新发展格局提供有力支撑。

2022年，国务院办公厅发布了我国现代物流领域第一份国家级五年规划《"十四五"现代物流发展规划》，该规划对构建现代物流体系的现状形势、总体要求、重点方向等做出了全面、系统的阐释，并提出：到2025年，基本建成供需适配、内外联通、安全高效、智慧绿色的现代物流体系；到2035年，现代物流体系更加完善，具有国际竞争力的一流物流企业成长壮大，通达全球的物流服务网络更加健全，对区域协调发展和实体经济高质量发展的支撑引领更加有力，为基本实现社会主义现代化提供坚实保障。《"十四五"现代物流发展规划》描绘了我国现代物流高质量发展的"新蓝图"。为落实习近平总书记关于物流发展的系列指示精神，将我国现代物流高质量发展"新蓝图"变为现实，需要加强物流业供给侧结构性改革，并统筹解决我国产业结构失衡、资源分布不均衡的问题，其关键在于培养和输送大量的高素质物流技能人才。各高校亟须加强物流学科专业建设，提升专业设置的针对性，培育复合型高端物流人才，助力现代物流的可持续发展。

高等职业教育是培养大国工匠的重要途径，是高素质物流技能人才的第一来源。近年来，我国高等职业教育取得了长足发展：《中华人民共和国职业教育法》的颁布在法理意义上明确了我国职业教育是与普通教育具有同等重要地位的教育类型，《国家职业教育改革实施方案》的出台为职业教育的创新发展搭建了全面的工作框架，《职业教育提质培优行动计划（2020—2023年）》等则进一步落实了职业教育高质量发展要求。在这样的大背景下，我国物流职业教育同样取得了较大发展，具体表现在专业目录和教学标准实现了大升级、职业技能大赛和职业技能证书渗透率大幅提升、一大批一流课程和规划教材涌现出来、实训条件得到很大改善等诸多方面。高等职业教育必须始终面向现代物流发展实际，有效推进产教融合、校企合作，更好地反映物流产业的成功经验和现实需求，更好地发挥职业教育在人才培养和技术攻关方面的优势，让教学内容和实训内容更真实、更务实、更扎实，使学生拥有合格的物流职业技能和素质，具有卓越发展的潜力。

在职业院校专业人才培养体系中，教材建设是极其重要的基础工程。本套教材由华中科技大学出版社和深圳职业技术大学联合策划。为了凝聚物流职业教育已经取得的有益经验，进一步丰富优质教学产品供给，更好地满足学生成长成才的需求，我们在全国范围内集合了一批物流专业优质院校的资深教师来编写这套全新的高等职业教育高素质技术技能型人才培养"双高计划"国家级示范专业物流管理类精品教材，期待以此为载体来展示优秀的教学改革成果，推进教学形式的创新和教师能力的提升，为培养卓越的物流技能人才提供有力支撑。

本套教材坚持以学生为中心，力求让高等职业教育满足学生成长成才的需求和对未来美好生活的向往，将学生成长成才需求与经济社会发展需求结合起来，使他们能够在未来的职业生涯中发现自己的优势和价值，同时体现我国现代物流发展的经验和成果。与物流新技术新模式新业态快速涌现形成鲜明对比的是，物流教材建设的进度相对滞后，对物流新趋势的反映不够全面和成熟。本套教材力争具有探索性和先导性，为现代物流业人才培养提供高质量教学素材，在业界发挥引领作用。

基于此，本套教材的主要特点如下。

（1）以课程思政为引领。本套教材以习近平新时代中国特色社会主义思想为指导，坚持落实立德树人根本任务，围绕现代物流高素质技能人才培养要求，将教学目标分解为素养、知识、能力三维目标，精选教学案例和材料，突出家国情怀、诚信服务、工匠精神、国际视野，努力培养更多让党放心、爱国奉献、能担当民族复兴重任的时代新人。

（2）以专业教学标准为指导。标准化建设是统领职业教育发展的突破口，教学标准和毕业学生质量标准是标准化建设的两个重要关口。2022年，国家对职业教育物流类专业目录做出了重大调整，一些新的专业被引入进来，还有一些专业通过更名和调整归属被赋予了新的内涵，以更好地反映现代物流对未来技能人才的需求。以新专业目录为基础的专业教学标准，为具体开展物流职业教育教学提供了基本指南。

（3）科学构建知识技能体系。产教融合、校企合作是职业教育高质量发展的基本路径。本套教材在组建编写团队时注重"校、企、行"三方力量的协同参与，将学校的教学、企业的需求和行业的标准有机结合，系统梳理每门课程的"知识技能树"，合理取舍，突出重点和难点，注重知识技能培养的循序渐进。

（4）突出智慧物流特征。随着贸易规模的扩大和智能技术的加速迭代，物流业和供应链管理进入"智慧时代"。一方面，与低空经济、无人驾驶等结合起来的物流新技术、新模式、新业态持续涌现；另一方面，传统物流模式也在持续进行内涵升级、结构优化。本套教材在书目的设置和材料的选择方面都充分体现了智慧物流的特征。

（5）突出基础性和前瞻性，与职教本科教学体系适度衔接。高职教育是培养大国工匠的重要途径，职教本科有助于完善职业教育学历认证体系。本套教材从整个职业教育体系的高度出发，以高职教育人才培养为基础，致力于加强高职教育与职教本科课程体系的衔接，尤其是为未来职教本科物流专业教材的编写打下基础，贯通职业教育人才培养"立交桥"，为学生发展创造"立体通道"。

（6）打造丰富实用的数字资源库。教材是教学的基础材料，并且教学也离不开其他辅助教学材料。本套教材配备电子教案、拓展案例、练习与解析等基础数字材料，同时积极开发微课视频、动画视频、仿真视频等音视频资源，部分教材还有知识图谱等互动资源，可以最大限度地方便教师教学。在教材后续使用过程中，我们还将及时更新"岗课赛证"一体化的培训资料，以便为学生的学习提供全周期辅助。

本套教材分为基础课教材、核心课教材和拓展课教材三个模块。基础课教材包含《智慧物流与供应链基础》《供应链数字化运营》《数字化物流商业运营》《物流法律法规》《智慧物流信息技术》《物流专业英语》等。核心课教材包含《智慧仓配实务》《国际货运代理》《物流运输技术与实务》《物流项目运营》《采购与供应管理（第4版）》《区块链与供应链金融》《物流成本与绩效管理》《智慧集装箱港口业务操作》《供应链管理实务》《冷链物流管理实务》《物流系统规划与设计》《智能物流装备运维管理》等。拓展课教材包含《物流企业模拟经营》《物流安全管理实务》《物流企业数字化管理》《跨境电商物流》《进出境通关实务》《企业经营创新》《电子商务实务》《物流机器人流程自动化》《物流包装》等。同时，丛书编委会将依据我国物流业发展变化趋势及其对普通高等学校、高职高专院校物流专业人才培养的新要求及时更新教材书目，不断丰富和完善教学内容。

微光成炬。我们期待以编写这套高等职业教育高素质技术技能型人才培养"双高计划"国家级示范专业物流管理类精品教材为契机，将物流职业教育的优秀经验汇聚起来，加强物流职业教育共同体的建设，为师生之间、校企之间的沟通和对话提供一个公益平台。我们也诚挚地期待有更多优秀的校园教师、企业导师加入。应该指出的是，编撰一套高质量的教材是一项十分艰巨的任务。尽管编者们认真尽责，但由于理论水平和实践能力有限，本套教材中难免存在一些疏漏与不足之处，真诚希望广大读者批评指正，以期在教材修订再版时补充和完善。

全国物流职业教育教学指导委员会副主任委员

深圳职业技术大学党委副书记、校长

2024年3月于深圳

前　言

习近平总书记指出"经济强国必定是海洋强国、航运强国","建设海洋强国是实现中华民族伟大复兴的重大战略任务"。党的二十大报告作出了"加快建设海洋强国"重大战略部署。港口是保障海洋强国和航运强国建设的重要基础性设施和供应链节点。港口不仅推动着以国内大循环为主体、国内国际双循环相互促进的新发展格局的形成，拓宽了对外开放的空间，还像一座桥梁，紧密连接着我国沿海与内陆地区，促进了资源的快速流动与产业的协同发展，确保了国内大循环的畅通无阻，为构建更加灵活、高效的全球供应链网络奠定了坚实的基础。

在全球化浪潮与数字经济深度融合的今天，港口正经历着前所未有的智慧化和智能化变革。5G网络覆盖了码头作业的每个角落，区块链技术重构着港口物流信任体系，人工智能算法驱动着港口桥吊精准起落和码头拖车精密导航——这场以智慧化为核心的产业革命，正在重新定义现代港口的运营范式。本书的编写，正是基于这样的时代背景，旨在为新一代港口从业者构建系统的知识框架，为码头智慧化作业提供实践指南。

全书内容架构遵循"基础—策划—现场"的业务递进逻辑。基础篇系统梳理智慧集装箱码头作业的基础知识，包括集装箱、集装箱船和集装箱码头的相关内容，构建完整的港口作业基础知识图谱。策划篇深入泊位策划、船舶策划和堆场策划三部分，剖析港口业务策划的原则、流程及注意事项。现场篇延续策划篇内容，阐述闸口、桥边、堆场等现场的作业实施流程，并强调流程安全与管理。

本书具有以下亮点：一是紧跟习近平总书记提出的"深化产教融合、校企合作"要求，联合深圳几个大型国际集装箱码头进行教学内容的开发，广泛融入企业真实工作案例，作为核心教学素材；二是以港口智慧化业务为主线，系统梳理工作岗位要求，以"岗位+业务"为主线构建项目化教学内容，基于真实的工作场景构建学习情境，符合港航职业教育类型特色；三是深度挖掘课程中的思政教育元素，引入大量育人资源进行思政教育，旨在激发学生的爱国情感，增强学生的民族自豪感。

本书主编为张兆民、涂建军和唐晓姣。具体编写分工如下：唐晓姣（辽宁省交通高等专科学校）编写基础篇；张兆民（深圳职业技术大学）编写策划篇，并负责全书的统稿工作；涂建军（广东交通职业技术学院）编写现场篇。在书稿编写过程中，蛇口集装箱码头培训主管李孙仔，大铲湾码头操作经理张新林和策划部经理刘国文为我们提供了强有力的支持，在此也向他们表示诚挚的感谢。另外，本书参考了前人大量的文献资料和相关网络资源，由于编写体例方面的原因，未能一一注明，在此向原始文献作者表示诚挚的感谢。

由于编者水平有限，书中难免存在疏漏和不妥之处，恳请广大读者提出宝贵意见。

目 录
Contents

基础篇 JICHUPIAN

模块一　集装箱　　　　　　　　　　　　　　　　　　/003
专题一　了解集装箱　　　　　　　　　　　　　　　　/005
专题二　集装箱货物的装载　　　　　　　　　　　　　/021

模块二　集装箱船　　　　　　　　　　　　　　　　　/035
专题一　集装箱船概述　　　　　　　　　　　　　　　/037
专题二　全集装箱船　　　　　　　　　　　　　　　　/044
专题三　集装箱在集装箱船上的位置表示　　　　　　　/052

模块三　集装箱码头　　　　　　　　　　　　　　　　/059
专题一　集装箱码头的职能　　　　　　　　　　　　　/061
专题二　集装箱码头的选址　　　　　　　　　　　　　/065
专题三　集装箱码头的构成布局　　　　　　　　　　　/069
专题四　集装箱码头机械设备　　　　　　　　　　　　/077
专题五　集装箱码头堆场内箱位表示　　　　　　　　　/084

策 划 篇

CEHUAPIAN

模块四　泊位策划　/093
专题一　泊位分配图　/095
专题二　泊位分配图的制作　/107
专题三　泊位策划的日常工作　/114

模块五　船舶策划　/121
专题一　岸桥装卸计划制定　/123
专题二　船舶策划的日常工作　/146

模块六　堆场策划　/157
专题一　堆场策划方法　/159
专题二　堆场策划的日常工作　/171

现 场 篇

XIANCHANGPIAN

模块七　闸口作业　/181
专题一　闸口结构解析　/183
专题二　出入闸口操作　/186
专题三　特殊情况处理　/192

模块八　桥边作业　/197
专题一　装卸工艺流程分析　/199
专题二　船舶靠离泊作业　/206
专题三　装卸船作业　/211
专题四　装卸作业排班编制　/215

模块九　堆场作业　/223
专题一　堆场交箱与收箱　/225
专题二　冷藏集装箱处理　/230

参考文献　/235

基础篇

Module

01

模块一
集 装 箱

专题一　了解集装箱
专题二　集装箱货物的装载

模块导读

集装箱运输的历史可以追溯到19世纪初。1801年，英国的詹姆斯·安德森（James Anderson）博士率先提出了这一创新性运输构想。自1830年英国铁路首次使用专门装煤的集装容器以来，集装箱运输已经走过了近200年的发展历程。它的标准化与高效性如同一场革命，彻底改变了运输行业的面貌。通过统一的尺寸标准、独特的箱号标记以及灵活的装载方式，集装箱运输极大地推动了全球贸易的繁荣与融合，如今已成为支撑全球物流体系的基石。在本模块中，我们将首先了解集装箱的发展历程及其多样化的种类，随后重点学习集装箱的尺寸标准、箱号标记体系，并掌握不同集装箱货物类型及其高效的装载方法。

学习导图

```
                        集 装 箱
                           │
              ┌────────────┴────────────┐
                              了解集装箱
                                │
                                ├─ 集装箱的定义与运输特点
     集装箱货物的装载             ├─ 集装箱的标准化
          │                      ├─ 集装箱的类型
          ├─ 集装箱货物           └─ 集装箱的结构与标记
          ├─ 集装箱的选择与检查
          └─ 集装箱货物的装载
```

学习目标

◆ **知识目标**

1. 掌握集装箱的概念与特点。

2. 掌握集装箱的尺寸标准与标记。

3. 熟悉集装箱货物类型及其装载方法。

◆ **能力目标**

1. 能根据货物特点选择类型合适的集装箱，能对集装箱进行检查。

2. 能判别集装箱货物适箱程度。

3. 能熟练进行集装箱装载。

◆ **素养目标**

1. 养成认真、负责、严谨的态度。
2. 培养工作责任感与安全意识。

专题一 了解集装箱

任务导入

在国际贸易中，有相当大比例的货量依赖集装箱运输。由于各国进出口物资种类不同，在现有的班轮航线上，大多存在集装箱流向的种类与数量差异。以中国—澳大利亚航线为例，南行（中国至澳大利亚）承运的货物以汽车、日用百货、服装、粮食等为主，轻工业产品居多，多使用干货箱；而北行（澳大利亚至中国）则以肉类、海鲜等冷藏冷冻货物为主，需要冷藏集装箱，这就形成了南北向的不平衡。对于澳大利亚而言，干货箱进口大于出口，而冷藏集装箱出口大于进口；我国则相反。

请思考：

1. 为什么国际贸易中普遍使用集装箱运输？
2. 集装箱有哪些种类？
3. 怎样才能有效解决中国—澳大利亚航线空箱调运问题？

知识点

一、集装箱的定义与运输特点

（一）集装箱

集装箱是指具有一定强度、刚度和规格专供周转使用的大型装货容器。它是一种货物运输设备，便于使用机械装卸，可长期反复使用。在我国一些地区，人们把集装箱称为"货箱"或"货柜"；英语系国家的人们称集装箱为container。关于集装箱的属性，学界与业界一直存在微妙的争论：它究竟应被视为货物本身，还是单纯的运输设备？尽管主流观点倾向于将其归类为运输设备的重要组成，但鉴于集装箱本身所蕴含的经济价值，也有不少人将其视为特殊货物。

我国国家标准《集装箱术语》（GB/T 1992—2023）引用了国际标准化组织（ISO）对集装箱的定义，将集装箱定义为"一种运输设备"，认为它应满足以下要求：① 具有足够的强度，在有效使用期内能反复使用；② 适用于一种或多种运输方式运送货物，途中无需倒装；③ 设有供快速装卸的装置，便于从一种运输方式转到另一种运输方式；④ 便于箱内货物装满和卸空；⑤ 内容积大于或等于 1 m^3（35.3 ft^3）。

除ISO外，《国际集装箱关务公约》（CCC）、《国际集装箱安全公约》（CSC）、英国国家标准机构等也对集装箱做了定义，但这些内容与ISO的定义大同小异。

（二）集装箱运输

集装箱运输是一种先进的现代化运输方式，它以集装箱这一大型容器为载体，将货物集合组装成集装单元，便于在现代流通领域运用大型装卸机械和大型载运车辆进行装卸、搬运作业，从而高效地完成运输任务，并提供货物"门到门"服务。传统的件杂货运输往往伴随着运输质量差、货物在运输过程中倒装与搬运频繁、货损货差严重、人工劳动强度大以及货物装卸时间长等问题。与传统的件杂货运输方式相比，集装箱运输呈现出运输效率高、经济效益好及服务质量优等显著优点，因此在全球范围内得到了快速发展，并逐渐成为各国保障国际贸易顺利进行的最优运输方式。接下来，我们将详细探讨集装箱运输的特点及其优劣势。

1. 集装箱运输的特点

（1）提供货物"门到门"服务，确保货物安全高效流通

所谓"门到门"，就是产品供给方将最终消费品生产完毕，装入集装箱后，不管进行多长距离、多么复杂的运输，途中货物不再进行任何装卸与倒载，确保货物安全高效流通。

（2）多种运输方式联合，满足复杂物流需求

运输企业为了提供更好的服务，需要把不同地域的生产者与消费者更有效地联系起来。这就需要多种运输方式联合从事运输生产活动。而集装箱支持海、陆、空等多种运输方式无缝衔接，满足了复杂多变的物流需求。

（3）屏蔽货物差异，提供标准化运输单元，利于现代化作业

当货物被装入集装箱后，其原本各异的物理形态（如大小、形状、体积）和化学特

性（如易燃、易爆、腐蚀性等）在一定程度上被"屏蔽"或"标准化"了。这是因为集装箱提供了一个统一、封闭且标准化的运输单元，使得不同类型的货物能够在同一运输系统中被高效安全地处理。与件杂货运输相比，集装箱运输对于运输作业现代化、运输管理现代化具有特别重要的意义。

（4）配合机械和技术，装卸高效，降低劳动强度

在集装箱装卸运输作业过程中，配合大型装卸机械和现代化技术，能够显著缩短装卸时间，降低劳动强度，提升作业效率。

2. 集装箱运输的优势

与传统运输方式相比，集装箱运输具有明显的优势。

第一，扩大了成组单元，降低了装卸成本，提高了装卸效率，以机械设备作业替代人工装卸作业，降低了劳动强度。在装卸作业中，一般来说，装卸成组单元越大，装卸成本越低，装卸效率越高。

第二，减少货损、货差，保证货物安全。货物装入集装箱后，在整个运输过程中不再倒载，减少了装卸搬运的次数，也就大大减少了货损、货差，所以对于质量要求高的货物，集装箱运输有特别重要的意义。

第三，缩短货物在途时间，降低物流成本。这是物流时间管理的重要方面，现代许多运输活动都基于时间展开竞争，流通时间短是运输企业的核心竞争要素。货物在途时间短，可以缩短货物转化为资金的时间周期，减少生产企业的资金成本。

第四，节省货物运输包装费用。散装货物集装箱化后，货物自身的包装强度可减弱，包装费用可以降低。

第五，减少货物运输费用。集装箱运输可以节省运输环节的货物装卸费用。由于货物安全性提高，运输过程中的保险费用也相应下降。

3. 集装箱运输的劣势

虽然集装箱运输是一种高效率的运输方式，但同时也是一种资本高度密集的行业。它的劣势主要体现在以下几个方面。

（1）资本密集度高，投资门槛高

集装箱运输行业对资金的要求极高，建设专业化的基础设施、购置高效能的装卸设备和定制化的运输工具、维持大量的集装箱库存等需要投入巨额资本。这导致行业进入门槛极高，限制了新进入者的数量，形成了寡头垄断或垄断竞争的市场结构。但是，随着我国市场开放程度的加深，这种市场结构也在逐渐发生变化。

（2）技术密集型特征显著，人才需求高端

除了需要大量资本投入，集装箱运输还高度依赖先进的技术和高素质的人才。为了维持高效、安全的运营，企业需要不断引进新技术、提升管理水平，并培养或引进高端

技术人才和管理人才。然而，这些高素质人才的获取和培养成本高昂，且竞争激烈，给企业带来了额外的压力。

（3）派生性带来运营挑战

集装箱作为连接不同运输环节和货物的中间载体，其运输需求具有派生性。这意味着集装箱运输需要同时满足全球各地发货人和收货人的多样化需求，同时与各种运输工具和装卸设备实现无缝对接。这种特性带来了诸多运营挑战，比如，如何有效减少或避免集装箱的空驶里程、如何在全球范围内或局部地区实现集装箱供需的精准匹配等。这些问题的解决需要高度的市场洞察力和精细化的运营管理策略。

二、集装箱的标准化

按使用范围分，集装箱有国际标准集装箱、国家标准集装箱、地区标准集装箱和公司标准集装箱四种。

（一）国际标准集装箱

国际标准集装箱是指根据国际标准化组织集装箱技术委员会（ISO/TC 104）制定的国际标准来制造和使用的国际通用的集装箱。集装箱标准化经历了一个复杂的发展过程。国际标准化组织集装箱技术委员会（ISO/TC 104）自1961年成立以来，对集装箱国际标准进行了多次补充、增减和修改。现行的国际标准可以查阅国际标准化组织的网站。这里我们介绍国际标准集装箱的外部尺寸。

目前通用的第一系列国际标准集装箱根据外部尺寸，可分为 A、B、C、D 四个系列。

（1）A 系列集装箱

这类集装箱长度均为 40 英尺[①]，宽度均为 8 英尺，根据不同的高度可以分为四种：1AAA，高度为 9 英尺 6 英寸[②]；1AA，高度为 8 英尺 6 英寸；1A，高度为 8 英尺；1AX，高度小于 8 英尺。

（2）B 系列集装箱

这类集装箱长度均为 30 英尺，宽度均为 8 英尺，根据不同的高度，可以分为四种：1BBB，高度为 9 英尺 6 英寸；1BB，高度为 8 英尺 6 英寸；1B，高度为 8 英尺；1BX，高度小于 8 英尺。

[①] 集装箱中的英尺（ft），用于表示集装箱的长度单位。1 英尺＝0.3048 米。常见规格包括 20 英尺（长约 6.1 米）、40 英尺（长约 12.2 米）、45 英尺（长约 13.7 米）等。

[②] 1 英尺＝12 英寸。1 英寸＝0.0254 米。9 英尺 6 英寸＝9×0.3048+6×0.0254＝2.8956 米。考虑专业性和使用习惯，本书使用英尺和英寸时不一一转化为厘米或米。

（3）C系列集装箱

这类集装箱长度均为20英尺，宽度均为8英尺，根据不同的高度，可以分为三种：1CC，高度为8英尺6英寸；1C，高度为8英尺；1CX，高度小于8英尺。

（4）D系列集装箱

这类集装箱长度均为10英尺，宽度均为8英尺，根据不同的高度，可以分为两种：1D，高度为8英尺；1DX，高度小于8英尺。

为了使国际标准集装箱的内部合适地装载托盘和一定数量的货物，对于国际标准集装箱（主要为干货箱）也规定了规格尺寸和额定质量，如表1-1所示。

表1-1 第一系列国际标准集装箱规格尺寸和额定重量

规格/ft	箱型	长		宽		高		额定重量	
		公制/mm	英制/in	公制/mm	英制/in	公制/mm	英制/in	公制/kg	英制/lb
40	1AAA 1AA 1A 1AX	12192	480	2438	96	2896 2591 2438 <2438	114 102 96 <96	30480	67200
30	1BBB 1BB 1B 1BX	9125	359.25	2438	96	2896 2591 2438 <2438	114 102 96 <96	25400	56000
20	1CC 1C 1CX	6058	238.5	2438	96	2591 2438 <2438	102 96 ≤96	24000	52900
10	1D 1DX	2991	117.75	2438	96	2438 <2438	96 <96	10106	22400

（二）国家标准集装箱

国家标准集装箱是各国政府参照国际标准并考虑本国的具体情况，制定的本国的标准集装箱。我国现行国家标准《系列1集装箱 分类、尺寸和额定质量》（GB/T 1413—2023/ISO 668：2020）中规定了集装箱各种型号的外部尺寸、允许公差及额定质量等。

（三）地区标准集装箱

此类集装箱标准是由地区组织根据该地区的特殊情况制定的。此类集装箱仅适用于该地区，如根据国际铁路联盟制定的集装箱标准而制造的集装箱。

（四）公司标准集装箱

公司标准集装箱是某些大型集装箱运输公司，根据本公司的具体情况和条件而制造的标准集装箱。这类集装箱主要在该公司运输范围内使用。

此外，目前世界上还有不少非标准集装箱。如：非标准长度集装箱有马士基集团的351集装箱、美国总统轮船有限公司（APL）的45英尺及48英尺集装箱；非标准高度集装箱，主要有9英尺和9.5英尺两种高度集装箱；非标准宽度集装箱有8.2英尺宽度集装箱等。

三、集装箱的类型

集装箱作为装载货物的容器，其种类非常丰富，可以从不同角度进行分类。

（一）按照集装箱使用的材料分类

按不同的制箱材料，集装箱可以分为钢质集装箱、铝合金集装箱、纤维板集装箱、玻璃钢集装箱、不锈钢集装箱、木质集装箱等。现对使用量较大的四种集装箱进行介绍。

1. 钢质集装箱

该类集装箱的最大优点是强度大、结构稳、焊接性和水密性均较好，且价格低廉。它的缺点是自重大，易腐蚀、生锈，因而维修次数多，维修费用较高，使用年限较短，一般为11～12年。

2. 铝合金集装箱

铝合金集装箱一般采用铝镁合金。该类集装箱的最大优点是自重轻，比钢质集装箱轻20%～25%，且不生锈，外表美观。铝镁合金还能在大气中自然生成氧化膜，可防止腐蚀。铝合金集装箱弹性好，变形后易恢复；加工方便，加工费用低；维修费用也比钢质集装箱低；使用年限长，一般为15～16年。该类集装箱的最大缺点为造价高、焊接性能差，其价格比钢质集装箱贵30%左右。

3. 玻璃钢集装箱

玻璃钢集装箱是在钢制集装箱的框架上镶装玻璃钢复合板制成的。这种集装箱的优点是强度高，刚性好，隔热防腐，耐化学侵蚀，能防结露，保护货物免受湿损，其外观美观，易清洗，维修便捷且费用低。玻璃钢集装箱的主要缺点是自重较大，与普通钢质集装箱相近，关于塑料老化和拧螺栓处的强度降低等问题还需进一步研究解决。其价格比相同规格的钢质集装箱贵44%～50%。

4. 不锈钢集装箱

不锈钢集装箱是一种新型集装箱材料。该类集装箱的优点为高强度，不易生锈，外观精美，无须日常维护，使用效率高，耐腐蚀性能卓越。其缺点是成本高昂，初始投资大，且材料较为稀缺，不适宜大规模生产。

（二）按照集装箱的用途分类

为适应各种品类和特性的货物运输要求，保证货物运输的安全，各国制造了不同类型的集装箱。现以不同用途，将集装箱划分为以下几种类型。

1. 杂货集装箱

杂货集装箱又称干货集装箱，是一种通用集装箱，通常用来装运文化用品、日用百货、医药品、纺织品、工艺品、化工制品、五金交电、电子仪器、机器零件等。杂货集装箱占集装箱总数的80%。除了冷冻货、活的动植物、液态货物之外，在尺寸、重量等方面适合集装箱运输的货物，一般均可使用杂货集装箱。杂货集装箱常用的有20英尺杂货集装箱（见图1-1）和40英尺杂货集装箱（见图1-2）两种，其结构特点是常为封闭式，一般在一端或侧面设有箱门。

图1-1 20英尺杂货集装箱

图1-2 40英尺杂货集装箱

2. 开顶集装箱

开顶集装箱的特点是箱顶可以方便地取下和装上，其箱顶又有硬顶和软顶两种（见图1-3和图1-4）。硬顶用薄钢板制成，利用起重机械进行装卸作业。软顶一般用帆布、塑料布或涂塑布制成，开顶时只要向一端卷起就可以。这种集装箱适用于装载大型货物和重货，如钢铁、木材、机械，特别是易碎的重货。使用这种集装箱时，利用吊机从顶部将货物吊入箱内，既不易损坏货物，也便于货物在箱内固定。

图1-3　开顶集装箱（硬顶）

图1-4　开顶集装箱（软顶）

3. 通风集装箱

通风集装箱的特点是在其侧壁或顶壁上设有若干供通风用的窗口，适用于装运有一定通风和防潮要求的杂货，如水果、蔬菜等（见图1-5）。如果将通风窗口关闭，它又可作为杂货箱用。

图1-5　20英尺干散货通风集装箱

4. 框架式集装箱

这种集装箱的特点是没有箱顶和侧壁，甚至连端壁也去掉了，只有底板和四个角柱

（见图1-6）。这种集装箱可以从前后左右及上方进行装卸作业，适合装载长大件和重件货物，如重型机械、钢材、木材、钢锭等。框架式集装箱不防水，怕水湿的货物不能装运。

5. 平台式集装箱

这种集装箱比框架式集装箱更简化，只保留了底板，主要用于装卸长、重、大件货物。底板的长度和宽度与国际标准集装箱的箱底尺寸相同，可使用与其他集装箱相同的紧固件和起吊装置。这种集装箱的使用，打破了过去一直认为集装箱必须有一定容积的概念。图1-7为钢卷运输专用平台式集装箱。

图1-6　框架式集装箱　　　　图1-7　钢卷运输专用平台式集装箱

6. 冷藏集装箱

冷藏集装箱是以运输冷冻冷藏食品为主，能保持所设定低温的保温集装箱。它是专为运输鱼虾、肉类、新鲜水果、蔬菜等食品而设计的（见图1-8）。目前国际上采用的冷藏集装箱基本上可分为两种：一种是集装箱内带有冷冻机的，我们称之为机械式冷藏集装箱；另一种是箱内没有冷冻机，只有隔热设备，集装箱的端壁上设有进气孔和出气孔，箱子装入船舱后，由船舶的冷冻装置供应冷气的，我们称之为离合式冷藏集装箱。

图1-8　冷藏集装箱

> **小知识**
>
> ### 冷箱干用
>
> 冷箱干用（non-operating reefer，简称NOR），是指利用正常适货的冷箱，装运非冷藏货物的一种特殊业务操作。在国际贸易中，人们通常用它来解决贸易线上冷藏集装箱用量双向不均衡的问题。

7. 罐式集装箱

这种集装箱是专为装运液体货物如酒类、汽油、化学品而设计的。它由罐体和框架两部分组成，罐体用于装载液体，框架用来支承和固定罐体（见图1-9）。罐体的外壁采用保温材料以使罐体隔热，内壁一般要研磨抛光以避免液体残留在壁面。为了降低液体的黏度，罐体下部还设有加热器，罐体内部温度可以通过安装在其上部的温度计观察到。为了方便装卸，罐顶设有装货口，罐底设有排出阀。装货时液体由罐顶部装货口进入，卸货时由排货孔流出，也可用吸管从顶部装货口吸出。

8. 汽车集装箱

汽车集装箱是专为运输小型轿车设计的特种集装箱，为了防止汽车在箱内滑动，箱底专门设有绑扎设备和防滑钢板。大部分汽车集装箱设计成上下两层（见图1-10），可以装载多辆小汽车。由于其结构及尺寸的特殊性，汽车集装箱通常不属于国际标准集装箱系列。

图1-9　散装水泥罐式集装箱

图1-10　双层汽车集装箱

9. 动物集装箱

这是一种专门用来装运鸡、鸭、猪、牛等活畜禽的集装箱（见图1-11）。为了避免阳光照射，动物集装箱的箱顶和侧壁是用玻璃纤维增强塑料制成的。另外，为了保证箱内有比较新鲜的空气，侧面和端面都有用铝丝网制成的窗户。侧壁下方设有清扫口和排水口，并配有可以上下移动的拉门，便于把垃圾清扫出去。箱体侧壁还装有喂食口。动物集装箱在船上一般装在甲板上，因为甲板上空气流通，也便于清扫和照顾。

图1-11　动物集装箱

10. 服装集装箱

服装集装箱内部上梁装有许多根横杆，每根横杆上垂下若干条皮带扣、尼龙带扣或绳索；将成衣衣架上的钩直接挂在带扣或绳索上（见图1-12）。这种服装装载方法属于无包装运输，它不仅节约了包装材料和包装费用，也减少了人工，提高了服装的运输质量。

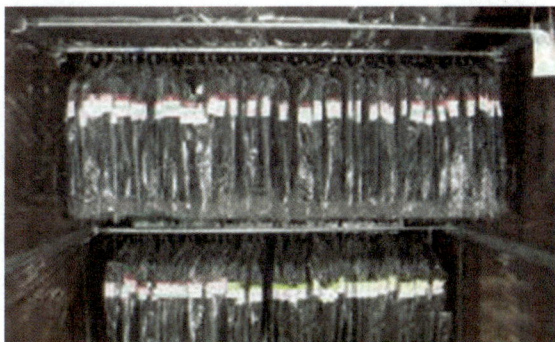

图1-12　服装集装箱

11. 散货集装箱

这种集装箱用来装运粉状或粒状货物，如大豆、大米、各种饲料等。这种集装箱的顶部设有1～3个装货口，箱门下部设有卸货口（见图1-13）。使用这种集装箱装运散货，一方面提高了装卸效率，另一方面提高了货运质量，降低了粉尘对人体和环境的危害。

图1-13 干散货集装箱

四、集装箱的结构与标记

（一）集装箱的结构

不同类型集装箱的结构稍有区别，下面我们以干货集装箱为例来介绍集装箱的结构。通用的干货集装箱是一个六面长方体，由一个框架结构（包括立柱、顶梁和底梁）、两个侧壁（即箱侧板）、一个端面（前板）、一个箱顶（箱顶板）、一个箱底、一个箱门组成（见图1-14）。

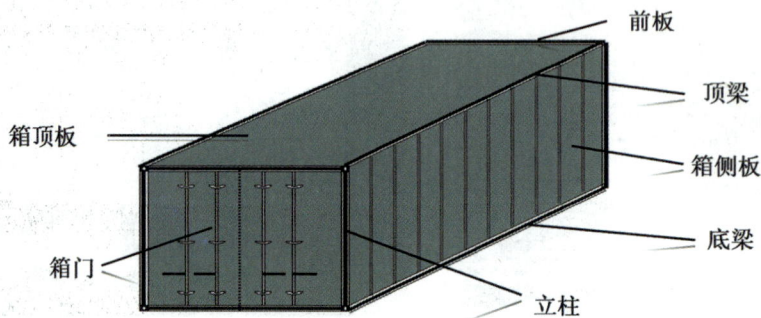

图1-14 集装箱结构示意图

1. 集装箱的方位性术语

① 前端（front）：指没有箱门的一端。

② 后端（rear）：指有箱门的一端。

③ 左侧（left）：从集装箱后端向前看，左边的一侧。

④ 右侧（right）：从集装箱后端向前看，右边的一侧。

⑤ 纵向（longitudinal）：指集装箱的前后方向。

⑥ 横向（transverse）：指集装箱的左右、与纵向垂直的方向。

2. 通用集装箱主要部件名称和说明

① 底部结构（base structure）：核心承重组件，承受箱内及搬运时的载荷，包括角件、横梁、门槛、叉槽、鹅颈槽及箱底面板。

② 前端框架（front frame）：抵御刹车时货物前冲负荷，由角件、立柱、横梁及前端板构成。

③ 后端框架（rear frame）：与前端框架相对，设计承重能力相当，包括角件、立柱、门楣及门槛，空心设计，无前端板。

④ 侧壁结构（sidewall structure）：抵御货物侧向力，由上侧梁、下侧梁及侧壁板构成，可能包括透气罩或通风设施。

⑤ 箱顶结构（roof structure）：应对顶部维修作业载荷，主要由上侧梁及顶板组成，无须过度强化。

⑥ 角件（corner fitting）：关键承重联结点，位于箱体边缘，传递负荷。其结构尺寸与定位要遵循严格的规定。

（二）集装箱的标记

为了便于集装箱流通和使用过程中的识别和管理，国际标准化组织制定了集装箱标记标准。我们在这里主要介绍 ISO 6346：2022 Freight containers—Coding, identification and marking（《集装箱代码、识别和标记》）标准。国际标准化组织规定的标记有必备标记和自选标记两类。

1. 必备标记

（1）识别标记

每个集装箱都有一个标准箱号作为识别标记，采用 ISO 6346：1995 标准，标准集装箱箱号由 11 位编码组成。识别标记包括箱主代码、设备识别码、箱号和校验码，如图 1-15 所示。

① 箱主代码。前三位代码为箱主代码，主要说明箱主、经营人，是集装箱所有者自己设定并向国际集装箱局登记注册的。

② 设备识别码。设备识别码用1个大写拉丁字母表示，用以表示集装箱的类型。最常见的是"U"，用于表示所有常规的集装箱。"J"表示集装箱所配置的挂装设备，"Z"表示集装箱拖挂车和底盘挂车。

③ 序列号，又称箱号。由6位阿拉伯数字组成，不足6位应在前面置0以补足6位。

④ 校验码通过箱主代码、设备识别码和序列号来运算得到，用于校验箱主代码和序列号传递的准确性。它位于箱号后，以1位阿拉伯数字来表示。

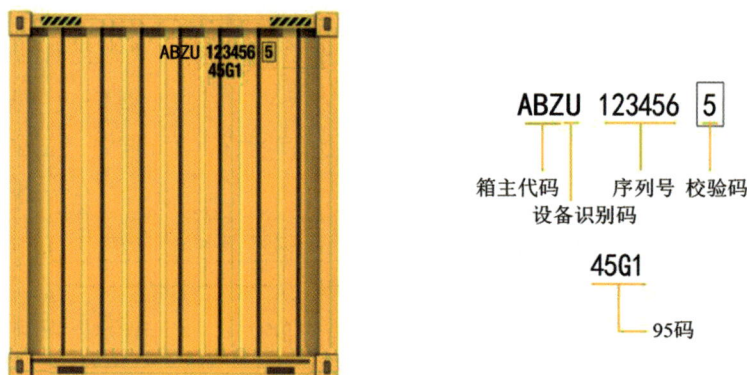

图1-15　必备标记

（2）作业标记

作业标记标打在箱体上，提供某些信息或视觉的警示。

图1-16　最大总质量和空箱质量

① 最大总质量、空箱质量。最大总质量、空箱质量应按一定样式（见图1-16）在箱体上标出，净货载和内容积也尽可能标出。最大总质量用"MAX. GROSS"（或MAX.GR.）表示，是集装箱的自重与最大载货量之和。任何类型的集装箱装载货物后，都不能超过这一重量；空箱质量即自重，用"TARE"表示。国际标准化组织规定应以千克（kg）和英磅（lb）同时标示。CU.CAP. 表示最大内容积，即集装箱可以承受的最大装货容积，以立方米（CU.M.）和立方英尺（CU.FT.）同时表示。

② 防电击警示标记（见图1-17）。该标记一般设在罐式集装箱和位于登顶箱顶的扶梯处，以警告登顶者有触电危险。

③ 箱高超过2.6米（8英尺6英寸）（见图1-18）的集装箱高度标记。超高标记为在黄色底上标出黑色数字和边框，此标记贴在集装箱每侧的左下角，距箱底约0.6米处，

同时贴在集装箱主要标记的下方，凡高度超过2.6米的集装箱都应贴上此标记。

图1-17　防电击警示标记

图1-18　箱高超过2.6米的集装箱高度标记

④ 箱宽大于2.438米（8英尺）的集装箱宽度标记。箱宽超过2.438米（8英尺）的集装箱均应在集装箱两端、两侧、顶部两端标打集装箱宽度标记。标记样式如图1-19所示。

图1-19　箱宽超过2.438米的集装箱宽度标记

⑤ 空陆水联运集装箱标记。空陆水联运集装箱标记作为作业标记的一种，专门用于标识既适合航空运输又能与公路、铁路、水路等地面运输方式无缝衔接联运的集装箱（见图1-20）。此类集装箱虽在尺寸上与海运集装箱一致，但为满足空陆水联运的特殊需求，其结构、功能及操作规范具有独特性。例如，配备可冲洗箱底、顶角件与底角件、与飞机机舱栓固系统兼容的装置，并采用滚装装卸系统；其强度设计通常仅允许堆码两层。因此，空陆水联运集装箱必须使用该特殊标记，以区别于其他国际标准集装箱。

2. 可选标记

（1）可选识别标记

可选的识别标记包括：国家和地区代号，如中国

图1-20　空陆水联运集装箱标记

用CN，美国用US；尺寸和类型代号（箱型代码）。例如：CN 45 G1；其中"CN"代表中国，"45"表示集装箱的尺寸（40英尺高箱），"G1"表示集装箱的类型（通用干货集装箱）。

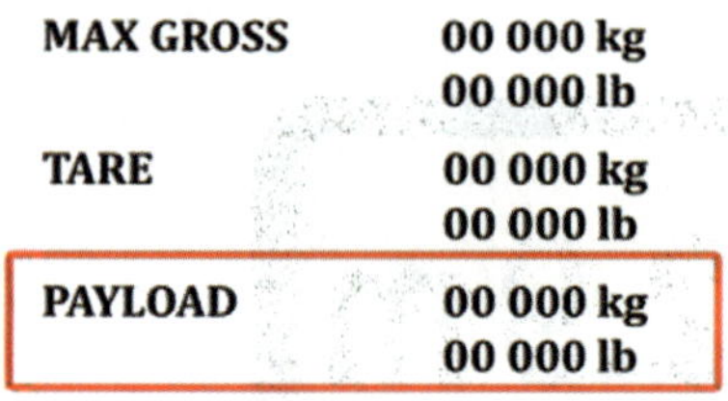

MAX GROSS	00 000 kg
	00 000 lb
TARE	00 000 kg
	00 000 lb
PAYLOAD	**00 000 kg**
	00 000 lb

图1-22 最大载货量标记

（2）可选作业标记

除了标注最大总质量和空箱质量外，用最大载货量标注集装箱亦是常见的行业惯例。如果使用，最大载货量应标注在最大总质量和空箱质量等信息之后，标记为"PAYLOAD"或"NET"，如图1-22所示。

课后练习

一、选择题

1.国际标准化组织对集装箱的定义中，要求其内容积至少为（　　　）立方米。

A.0.5　　　　　　　　　　　　B.1

C.2　　　　　　　　　　　　D.3

2.（　　　）最适合运输肉类和海鲜等货物。

A.杂货集装箱　　　　　　　　B.开顶集装箱

C.冷藏集装箱　　　　　　　　D.框架式集装箱

3.集装箱运输的一大核心优势是屏蔽货物差异，这主要是通过（　　　）来实现的。

A.多种运输方式联合使用　　　B.标准化运输单元设计

C.高强度材料制造　　　　　　D.全程人工装卸

4.中国—澳大利亚航线北行（澳大利亚至中国）主要运输冷藏集装箱，为解决空箱调运问题，以下哪种措施最直接有效？（　　　）

A.增加南行航线的冷藏货物运输量　B.将北行空置的干货箱用于其他航线

C.提高集装箱租赁费用　　　　D.降低货物包装强度

5.集装箱的箱主代码由（　　　）位字母组成。

A.3　　　　　　　　　　　　B.4

C.5　　　　　　　　　　　　D.6

二、简答题

1.列举三种按用途分类的集装箱，并简要说明其适用场景。

2.请结合中国—澳大利亚航线的集装箱流向不平衡问题，提出两种解决空箱调运问题的具体措施。

专题二 集装箱货物的装载

任务导入

　　某服装进出口公司委托 E 公司办理 600 箱男士服装出口。E 公司将货物装船，并签发联运提单，标明货物分装在 6 个集装箱内。这批货物到达日本神户后，工作人员发现其中一个集装箱中的 45 箱服装湿损，实际货损约 32000 美元。湿损由集装箱顶部破损导致。

请思考：

1. 为避免出现案例中的情况，在运输之前要如何选择集装箱？
2. 装箱时应如何做好检查工作？

知识点

一、集装箱货物

　　集装箱货物即以集装箱为装载单元进行运输的货物。集装箱货物通常具备两大特点：一是高效利用集装箱的载重与容积能力；二是货物本身价值较高。尽管货物种类多样，对集装箱的适用性各异，但大多数货物均可适配通用型集装箱（即杂货集装箱）。而特种集装箱因针对特定需求而设计，其运输与装卸成本通常高于通用型集装箱。因此，在实际操作中，应根据货物种类精准选择最合适的集装箱，以优化运输成本，提高运输效率与安全性。

（一）按货物性质分类

集装箱货物按货物性质可分为普通货物和特殊货物。

1. 普通货物

普通货物可称为件杂货或杂货，是按货物性质不需要特殊方法保管和装卸的货物。

其特点是货物批量不大，品种较多，包括各种轻工业品、车床、纺织机械、衣服类货物等。普通货物按有无污染又可分为清洁货物和污染货物两种。

清洁货物是指本身清洁干燥，在保管和运输时没有特殊要求，和其他货物混载时不易损坏或污染其他货物的货物，如纺织品、棉、麻、纤维制品、橡胶制品、玩具等。

污染货物是指本身的性质和状态容易改变，如发潮、发热、发臭等，易对其他货物造成严重湿损、污损或熏染臭气的货物，如水泥、石墨、油脂、沥青、樟脑、胡椒等。

2. 特殊货物

特殊货物也称特种货物，是指在形态上具有特殊性，运输时需要用特殊集装箱装载的货物。具体来说包括以下几种。

（1）超尺度和超重货物

超尺度和超重货物是指因长宽高尺度超出了国际标准集装箱的尺寸而装不下的货物或单件质量超过了国际标准集装箱最大载质量的货物，如动力电缆、大型机械设备等。

（2）冷藏货物

冷藏货物是指需要保持在常温以下进行运输的货物，如肉类食品、鸡蛋、水果、蔬菜、奶类制品等。

（3）液体或气体货物

液体或气体货物是指无包装、需要装在容器内进行运输的散装液体或气体货物，如酒精、酱油、葡萄糖、食用油、天然气、液化气等。

（4）干散货物

干散货物是指散装在集装箱内的无包装的货物，如盐、谷物、麦芽、树脂、黏土等。

（5）活的动植物

这种货物是指需要在运输过程中提供维持其正常生命活动环境的货物，如鸡、鸭、猪、羊、牛、马等家禽家畜，花卉、树苗等植物。

（6）危险货物

危险货物是指因具有易燃、易爆、毒害、腐蚀和放射性危害而在运输过程中需要做好安全防护的货物。

（7）贵重货物

贵重货物是指单件价格比较昂贵的货物，如精密仪器、家用电器、手工艺品、珠宝首饰、出土文物等。

（二）按货物是否适合装箱分类

根据货物是否适于集装箱运输，一般把各类货物分为四个类别，即最适合装箱货物、适合装箱货物、临界装箱货物和不适合装箱货物。

1. 最适合装箱货物

这类货物一般本身价值较高，运价也比较高；其外包装形状、尺度及质量等属性，可以使之有效地装载于集装箱内进行运输。最适合装箱货物有医药品、小型电器、仪器、小五金、针纺织品、烟、酒、包装食品等。

2. 适合装箱货物

这类货物一般指本身价值和运价低于最适合装箱货物，但属性与最适合装箱货物类似的货物，包括金属制品、纸浆（板）、某些装饰材料、皮张、电线等。

3. 临界装箱货物

这类货物一般可用集装箱装载，但由于其本身价值和运价都较低，使用集装箱运输不够经济，而且从该类货物的外形尺度、包装形式及质量等属性来看，使用集装箱运输也较为困难，如钢锭、钢材、木材（原木）、生铁、小型构件等。

4. 不适合装箱货物

这类货物由于其本身属性，一般不能用集装箱运输，如废钢铁、大型构件、机械设备、大型货车等。这些货物中有一部分更适合使用专用运输设施来运输。

二、集装箱的选择与检查

（一）集装箱的选择

在集装箱货物装箱之前，应根据货物的种类、性质、形状、包装、重量、体积以及相关运输要求，选择适合货物运载的集装箱。具体来说，选箱时需要考虑以下方面。

1. 货物的种类与性质

对货物的种类与性质进行了解，主要是看其对装箱、选箱及装卸方式等有无特殊要求。例如，对于危险货物，要了解其属于哪一类危险货物；对于普通货物，应了解其是清洁货物还是污染货物等。不同的货物具有不同的特性。比如,有的货物具有危险性,有的货物具有易碎性,有的货物对温湿度具有敏感性,有的货物不能与其他货物混装等,这些具体特性在装箱前必须了解清楚。

2. 货物的尺寸与质量

在选箱前要对货物的具体尺寸与质量有所了解,这样才能合理选用适应其尺寸与质量的集装箱,并确定箱内可装载的货物数量。集装箱所装货物的质量受集装箱最大载货质量的限制。

3. 货物的包装

货物因采用不同的包装方式或不同的包装材料而使其包装强度有所差别。货物的包装强度和包装材料应符合各种运输方式的运输与装卸条件的要求。

通常情况下,杂货集装箱、通风集装箱适用于普通杂货运输;开顶集装箱、框架式集装箱、平台式集装箱适用于质量重、体积大的货物运输;冷藏集装箱、通风集装箱适用于冷冻、冷藏货物运输;罐式集装箱适用于散装液体货物运输;动物集装箱、通风集装箱适用于动植物运输;另外,杂货集装箱还可用来装运贵重货物和危险货物。

(二)集装箱的检查

在货物装箱前,必须对集装箱进行全面细致的检查,以防范潜在风险,确保运输安全。有瑕疵的集装箱可能引发货损甚至严重事故,因此,各相关方(发货人、承运人、收货人等)在交接时,除直观检查外,还应通过设备交接单等书面方式确认集装箱情况。无论装箱责任方是哪个,所选集装箱均需满足以下基本条件:① 符合 ISO 标准;② 四柱、六面、八角完好无损;③ 箱子各焊接部位牢固;④ 箱子内部清洁、干燥、无味、无尘;⑤ 不漏水、不漏光;⑥ 具有合格的检验证书。

集装箱检查具体流程如下:① 外部检查,即全面审视箱体六面,标记并记录任何损伤、变形或破口,确保外观完好;② 内部检查,即细致检查箱内六面,确认无漏水、漏光、污点及水迹,确保内部装载环境适宜;③ 箱门检查,即验证箱门完好,四周密封,门锁完整且能顺畅开启至270°,确保货物安全;④ 清洁检查,即清除箱内残留物、污染、锈蚀异味及水湿,确保箱体清洁无害;⑤ 附属件检查,即针对不同类型的集装箱(如框架式集装箱、平台式集装箱、开顶集装箱),检查其支柱、加强结构等附属件状态,确保其稳固有效。

三、集装箱货物的装载

（一）集装箱货物装载的一般要求

可用集装箱装载的货物五花八门，装载要求也各不相同，但均须遵循以下基本原则以确保安全运输。

1. 质量均衡分配

按货物体积、重量、包装强度及性质分类装载。坚固重货置于箱底，轻脆货物置于上层，确保箱内质量分布均匀，防止箱底受损或底梁弯曲。

2. 必要衬垫

脆弱及易碎货物在装载时需要夹衬缓冲材料，以防碰撞损坏。货物间及与箱壁空隙应填充垫板或覆盖物，确保货物下端稳固，质量分布均匀。涉及植物检疫的衬垫材料需要进行特别处理，避免使用植物检疫对象材料。

3. 合理固定

装箱后要对货物进行固定，以防运输途中因摇晃而倒塌或破损。固定方法包括支撑、塞紧、系紧等。支撑是指用方形木条等支柱使货物固定。塞紧是指货物与集装箱侧壁之间用方木等支柱在水平方向加以固定，货物之间插入填塞物、缓冲垫、楔子等，防止货物移动。系紧是指用绳索、带子等索具或网具等捆绑货物。

4. 合理混装

混装货物时，要注意防止污染与其他事故。干湿货物混装时，要避免液体或潮湿货物与干燥货物直接接触，除非采取了有效的隔离措施；具有强烈气味的货物不得与需要保持自身气味的货物（如茶叶、咖啡等）混装，或在混装时采取相关气味阻隔措施；粉末类货物尽量单独装载，以防扬尘污染；危险货物要严格隔离，不得混装；不同包装类型的货物一般分别装载。

5. 纵向质量分布与偏心限制

对于密度远超集装箱容重的货物，装箱时需控制其纵向质量分布至最小长度限制，且装载时需要考虑货物质量与集装箱最大载货量的比例及偏心率，确保装载安全。

想一想

A公司代理运输的6吨茶叶（罐装之后箱装）已抵达货运站待装，由甲负责监装。甲应为该货物准备哪种集装箱？应做哪些检查工作？假如同时有一批相同目的地的榴莲需要运输，可以与茶叶装载于一个集装箱内吗？

（二）特殊货物的集装箱装载

1. 超高货物的装载

超高货物是指高度超过集装箱箱门高度的货物。超高货物只能用开顶集装箱或框架式集装箱装载。装载超高货物时，不仅需要考虑装载作业本身的可能性，还需要考虑以下因素。

（1）道路通行能力的限制

在陆上运输时，公路对通过车辆的高度一般都有一定的限制。对于有高度限制的路段或隧道等，可以用特制的低架式底盘车运输，或改用驳船进行水上运输。装载超高货物前，应对运输路线进行周密细致的调查。

（2）车站和码头装卸作业条件的限制

装卸超高货物时，在装卸机械上要临时安装一定的附属器具，如在装卸桥的集装箱专用吊具的四角分别安装钢丝绳，用来吊装超高货物。

（3）船舶装载空间的限制

集装箱船装载超高货物时，一般只能装在舱内或甲板的最上层，或利用舱内高度空隙。

2. 超宽货物的装载

超宽货物的装载受限于集装箱构造、装卸环境及船载规范。车站与码头超宽标准因装卸机械而异，如集装箱跨运车对超出自身宽度10厘米的货物装卸困难。集装箱船依据箱格入口导槽设限，装载时要预留8～15厘米超宽余量，并特别注意横向固定，以防挤压或损坏相邻集装箱。

3. 超长货物的装载

超长货物一般只能用框架式集装箱装载。装载时，需要将集装箱两端的插板取下，并铺放在货物下部。超长货物的超长量有一定的限制，最大不得超过306毫米（即1英尺左右）。在箱格结构的集装箱船上，舱内是不能装载超长货物的，因为每个箱格都有横向构件，所以只能在其甲板上装载。

4. 超重货物的装载

集装箱运输和装卸机械均按国际标准化组织规定的最大总重设计。因此，集装箱及其载货的实际总重不得超过规定，如约6.1米（20英尺）集装箱总重限24吨，约12.2米（40英尺）集装箱总重限30.481吨。装载超重货物时，需要考虑运载工具能力和道路通行限制，以确保装卸作业和运输安全。

（三）集装箱的选择与运费计算

在进出口贸易中，合理选择集装箱类型和运输模式是控制物流成本、保障货物安全的核心环节。常见的集装箱类型包括20英尺和40英尺的普通干货箱、冷藏箱等，运输模式分为整箱运输（FCL，即 Full Container Load）和拼箱运输（LCL，即 Less than Container Load）。具体决策需要基于货物特性、体积重量及运费成本等进行综合判断。

1. 计算货物总毛重和总体积

我们首先需要计算所运货物的总毛重和总体积。毛重是指货物与包装的总重量，而体积则是指货物所占用的空间大小。例如，如果我们有一批货物，每件货物的重量和体积都是已知的，那么我们就可以通过将每件货物的重量和体积分别相加，得到货物总毛重和总体积。

2. 运输模式选择：整箱运输或拼箱运输

在国际海运领域，整箱运输与拼箱运输是两种核心的货物运输方式。整箱运输是指由单一货主租用并装满一个或多个标准集装箱的货物运输方式，而拼箱运输则将多个货主的货物合并装入同一个集装箱中。运输方式的选择需要综合评估货量、成本、时效性及货物特性等因素，以实现物流效率与成本效益的优化。

（1）货量与成本因素

货量是运输模式的核心判断指标。当货物总体积达到或超过15 CBM（立方米），或为重货时，整箱运输通常更具经济性。

对于小批量货物（总体积显著小于15 CBM，或为轻泡货时），拼箱运输虽然单位费率较高，但其按实际货量计费的特点，可能使总运输成本低于整箱方案。

（2）时效性与货物特性因素

① 时效要求：若对运输时间有严格要求，整箱运输因其直达性（无集货/分拨环节）往往能提供更快捷的服务。

② 货物特性：整箱运输特别适用于高价值、易碎、精密或需要特殊防护（如恒温、防潮）的货物，因其能最大限度减少搬运次数和外界干扰。拼箱运输则更适用于普通、抗风险能力较强的常规货物。

在实际操作中，我们应精确核算货物体积、重量，评估时效敏感度及货物自身属性，通过量化对比不同方案的成本与服务特点，选择最适配的整箱或拼箱运输方式。

3. 选择集装箱类型及数量

计算出货物总毛重和总体积之后，我们需要据此来选择集装箱类型及数量。在POCIB（国际贸易从业技能综合实训）中，每个20英寸的集装箱可装体积为33 CBM、限重25 TNE（25000 KGS）的货物，每个40英寸的集装箱可装体积为67 CBM、限重29 TNE（29000 KGS）的货物。其中，1 TNE＝1000 KGS。我们可以先分别计算使用20英寸和40英寸集装箱所需的数量，然后取其中较大的一个作为所需集装箱的数量。

在选择集装箱时，我们还需要考虑海运费的因素。通常，我们会选择海运费较低的集装箱规格。

4. 计算海运费并选择更好的方案

海运费的计算通常基于集装箱的类型、规格和数量。对于整箱装的货物，我们可以直接查询对应集装箱规格的运费。而对于拼箱装的货物，则由船方以能收取的较高运价为准，运价表上常注记M/W或R/T，表示船方将从货物的重量吨或体积吨中择运费较高者计算。重量吨即按货物总毛重，以1公吨为1个运费吨；体积吨即按货物总毛体积，以1立方公尺（1 Cubic Meter，简称1 MTQ、1 CBM或1 CUM；又称1体积吨）为1个运费吨。

5. 实例解析

我们可以通过两个实例来更好地理解上述过程。

实例 1

从圣地亚哥出口02003女式套头衫9110件至纽约，销售单位是PC（件），包装单位是CARTON（箱），单位换算显示每箱20件，每箱毛重13 KGS，每箱净重11 KGS，每箱体积0.14308 CBM。在货运公司网站中的"航线及运费查询"中查得圣地亚哥至纽约的海运费如表1-2所示。

表1-2　圣地亚哥至纽约的海运费

运输方式	运费标准	价格	装载能力
20英尺整箱	整箱费率	USD 355	容积33 CBM，限重25 TNE
40英尺整箱	整箱费率	USD 605	容积67 CBM，限重29 TNE
拼箱	按体积（MTQ）	USD 40/CBM	无最低货量限制
	按重量（TNE）	USD 43/TNE	
拼箱操作附加费	—	USD 80/票	

试分别计算毛重和体积，并指出如何选择集装箱规格，同时计算海运费。

【解析】

步骤1：计算毛重和体积

包装箱数=9110÷20=455.5，进位取整为456箱。

总毛重=每箱毛重×箱数=13×456=5928 KGS=5.928 TNE

总体积=每箱体积×箱数=0.14308×456=65.24448 CBM

步骤2：判断运输模式选择整箱还是拼箱

总体积=65.24448 CBM＞15 CBM，货物总体积显著超过15 CBM门槛，整箱运输更经济高效。

步骤3：选择集装箱规格

由表1-2可知，每个20英尺的集装箱可装体积为33 CBM，限重25 TNE（25000 KGS），每个40英尺的集装箱可装体积为67 CBM，限重29 TNE（29000 KGS）。

按重量算，总毛重低于25 TNE，只要1个20英尺的集装箱即可。

按体积算，如果使用20英尺的集装箱，需要2个（65.24448÷33≈1.98，进位取整）；如果使用40英尺的集装箱，需要1个（65.24448÷67≈0.97，进位取整）。

步骤4：计算并比较海运费

使用20英尺的集装箱海运费为：355×2=USD 710；使用40英尺的集装箱海运费为USD 605。

综上所述，选择1个40英尺的普通集装箱更经济，海运费为USD 605。

实例2

从墨尔本出口02003女式套头衫200件至纽约，销售单位是PC（件），包装单位是CARTON（箱），单位换算显示每箱20件，每箱毛重13 KGS，每箱净重11 KGS，每箱体积0.14308 CBM。查得20英寸集装箱整箱运费为USD 1264；普通拼箱按体积算海运费为USD 137，按重量算海运费为USD 126。试分别计算毛重和体积，并指出如何选择集装箱，同时计算海运费。

【解析】

步骤1：计算毛重和体积

包装箱数=200÷20=10箱

总毛重=每箱毛重×箱数=13×10=130 KGS=0.13 TNE

总体积=每箱体积×箱数=0.14308×10=1.4308 CBM

步骤2：选择整箱或拼箱

整箱：可选择1个20英尺的集装箱（因为重量和体积均未超过20英尺集装箱的限制）。

拼箱：考虑按体积或重量计费。

步骤3：计算并比较海运费

整箱海运费为USD 1264。

按体积算，海运费A=137×1.4308=USD 196.02（四舍五入取小数点后两位）

按重量算，海运费B=126×0.13=USD 16.38

因为A>B，所以，拼箱海运费为USD 196.02。

因此，选择拼箱更经济，海运费为USD 196.02。

课后练习

【任务1】

一个集装箱端门上的标记如图1-23所示，请注明图中①—⑩分别为哪种标记。

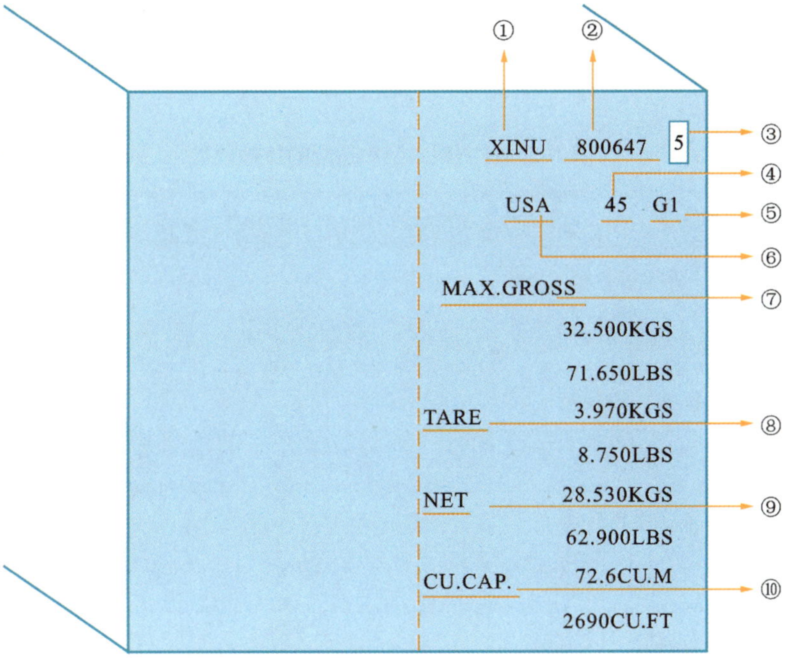

图1-23 某集装箱端门上的标记

① ＿＿＿＿＿＿＿＿＿＿＿＿＿　⑥ ＿＿＿＿＿＿＿＿＿＿＿＿＿

② ＿＿＿＿＿＿＿＿＿＿＿＿＿　⑦ ＿＿＿＿＿＿＿＿＿＿＿＿＿

③ ＿＿＿＿＿＿＿＿＿＿＿＿＿　⑧ ＿＿＿＿＿＿＿＿＿＿＿＿＿

④ ＿＿＿＿＿＿＿＿＿＿＿＿＿　⑨ ＿＿＿＿＿＿＿＿＿＿＿＿＿

⑤ ＿＿＿＿＿＿＿＿＿＿＿＿＿　⑩ ＿＿＿＿＿＿＿＿＿＿＿＿＿

【任务2】

假设相关运价为1700 USD/20 ft、1850 USD/40 ft、1950 USD/45 ft、2050 USD/48 ft。根据条件计算。

① 木箱装货物的外形尺寸为：1050 mm×800 mm×700 mm，每件重240 KG，共有111件。

② 木箱装货物的外形尺寸为：1050 mm×800 mm×700 mm，每件重230 KG，共有111件。

③ 纸箱装货物的外形尺寸为：1000 mm×600 mm×550 mm，每件重40 KG，共有726件。

④ 20英尺集装箱能装多少箱尺寸为61.5 cm×41.5 cm×33 cm的箱子？（20英尺集装箱内部尺寸参考：长5.898 m×宽2.352 m×高2.385 m）

【任务3】

完成如表1-3所示表格的填写，总结各类型集装箱适配的货物种类。

表1-3　各类型集装箱适配的货物种类

集装箱种类	适配货物种类
杂货集装箱	
开顶集装箱	
框架式集装箱	
散货集装箱	
平台式集装箱	
通风集装箱	
动物集装箱	
罐式集装箱	
冷藏集装箱	

综合实训

【实训内容】

本实训聚焦于集装箱的全面检查，旨在通过实践操作，使学生掌握集装箱检查的具体流程、关键检查点及注意事项。实训内容涵盖集装箱的外观检查（包括箱体完整性、标识清晰度等）、内部检查（清洁度、干燥度、异味及潜在危险物品等）、封条检查（完整性、号码核对等）以及其他相关检查（如通风孔、排水孔、门锁具等的检查）。

【实训目的】

1. 知识掌握

加深学生对集装箱基础知识、类型、结构及标识系统的理解。

2. 技能提升

通过实际操作，使学生能够独立、准确地完成集装箱的全面检查，提升专业技能。

3.安全意识

强化学生在物流作业中的安全意识，特别是在处理大型、重型货物时的风险防范意识。

4.团队协作

通过分组实训，培养学生的团队合作精神和沟通协调能力。

【实训要求】

1.安全第一

严格遵守安全操作规程，穿戴好必要的防护装备，确保实训过程中的人身安全。

2.认真细致

对集装箱进行全面、细致的检查，不遗漏任何细节，确保检查结果的准确性。

3.独立操作

每位学生独立完成分配到的集装箱检查工作，培养独立思考和解决问题的能力。

4.准确记录

详细记录检查过程中的发现与问题，为后续分析与总结提供可靠依据。

5.团队合作

在独立操作完成任务后，学生互相分享，共同解决遇到的问题，增强团队凝聚力。

【实训步骤】

1.准备阶段

教师进行实训动员，明确实训目的、要求及安全注意事项。

学生复习集装箱基础知识，准备检查工具及记录本。

2.前往实训场地

集体前往指定集装箱堆场，途中教师再次强调安全和纪律。

3.分配任务

学生以小组或个人形式分配集装箱，确保每位学生都有检查任务。

4.实施检查

①外观检查：检查集装箱箱体是否有破损、变形、锈蚀等现象，核对编号、尺寸、类型等信息。

②内部检查：打开集装箱门（注意安全），检查内部清洁度、干燥度、是否有异味及是否有残留物或潜在危险物品。

③封条检查：检查封条是否完好、号码是否清晰，确认未被篡改。

④其他检查：检查通风孔、排水孔、门锁具等是否完好。

5. 记录结果

学生详细记录每项检查结果，包括正常状态与异常情况。

6. 总结交流

小组内部讨论检查过程中遇到的问题、解决方法及经验分享。

全班交流，各小组选派代表向全班汇报检查情况，教师进行总结点评。

7. 撰写实训报告

学生根据实训过程及记录，撰写实训报告，总结实训收获与体会。

学习评价

序号	知识点	评价标准	分值	评价结果（是/否）	得分
1	了解集装箱	能说出集装箱产生的原因	10		
		能说出集装箱的内涵	10		
		能说出集装箱的常用标准	10		
		熟悉集装箱的不同类型	10		
		熟悉集装箱的结构，能解释常见的集装箱标记含义	10		
2	集装箱货物的装载	能根据货物特点选择合适的集装箱	10		
		能独立检查集装箱	20		
		能正确地进行集装箱货物装载	20		
合计			100	—	

注：评价结果"是"为该选项得满分，"否"为该选项得0分。

模块一
课后练习参考答案

模块二

集 装 箱 船

专题一　集装箱船概述

专题二　全集装箱船

专题三　集装箱在集装箱船上的位置表示

模块导读

　　集装箱船是伴随着集装箱运输的发展而诞生的特殊船型。它不仅是海上货运的佼佼者，更是推动集装箱运输这一高效率、高效益运输方式不断完善的核心力量。近年来，为了满足日益增长的货运需求和船舶营运的高效要求，集装箱船的设计和运营也迎来了快速的发展与变化。在本模块中，我们将在了解集装箱船的种类及发展历程的基础上，重点学习全集装箱船的结构及集装箱在集装箱船上的位置表示方法。

学习导图

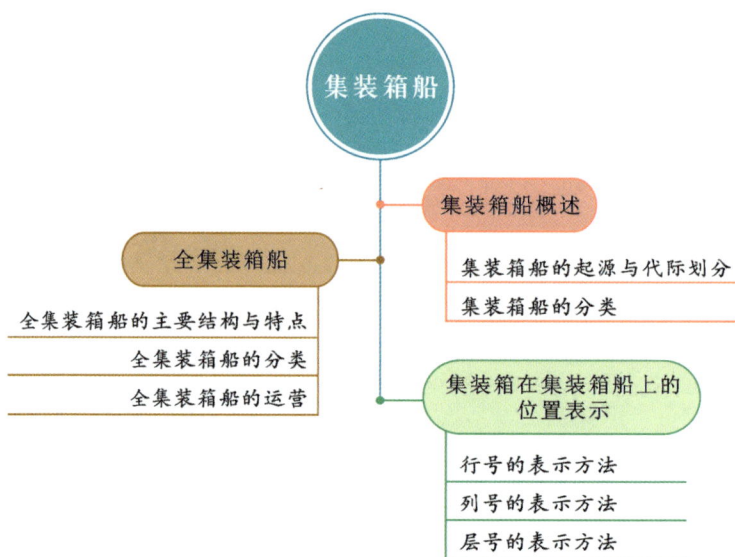

学习目标

◆ 知识目标

1. 了解集装箱船的种类。

2. 掌握全集装箱船的结构特点。

3. 掌握集装箱在集装箱船上的位置表示方法。

◆ 能力目标

1. 能够根据集装箱船的规格进行分类。

2. 能正确表示集装箱在集装箱船上的位置。

◆ **素养目标**

1. 养成严谨、求真的职业态度。
2. 培养团队合作能力。

专题一　集装箱船概述

任务导入

　　2023年3月22日，我国自主研制的全球最大的超大型集装箱船"地中海伊琳娜"（MSC IRINA）号在山东港口青岛港开启了首航。该船由江苏扬子江船业集团建造，拥有完全自主知识产权，总长399.99米，型宽61.3米，最高单贝堆箱层高达25层，相当于22层楼的高度；甲板面积接近4个足球场，驾驶台高度相当于20层楼，但船员通常只有20～30人。它的最大载箱量为24346 TEU，在港装箱量7500 TEU，相当于把1.5亿双鞋或2.4亿部手机一次运走。"地中海伊琳娜"号满载货物如图2-1所示。

图2-1　"地中海伊琳娜"号满载货物

请思考：

1. "地中海伊琳娜"号属于第几代什么类型的集装箱船？
2. 这种巨型船舶的推出对海运市场产生了哪些影响？

知识点

随着全球贸易的不断深化，集装箱运输已成为主流运输方式。据统计，在国际进出口杂货贸易中，70%~90%的货物是通过集装箱船来运输的，这足以证明其在现代物流链条中的核心地位。随着集装箱船的重要性和影响力日益凸显，我们有必要深入了解其发展历史，探寻这一航运巨擘是如何一步步成为现代海运支柱的。

一、集装箱船的起源与代际划分

20世纪50年代以来，随着全球工业化的迅速推进与国际商贸活动的蓬勃开展，经济领先国家提升港口作业效率与船舶周转速度的需求日益迫切，进而萌生了将陆上（公路与铁路）集装箱运输模式拓展至海上的构想，旨在打造海陆一体化的集装箱联运体系。美国率先踏上了这一探索与实践的征途。

1956年，美国企业家马尔科姆·麦克莱恩创新性地将一艘T-2型油轮"盖特威城"号进行了改造并命名为"理想X"号（Ideal X），在甲板上加装了金属框架以固定集装箱，并设计了33英尺长的集装箱以配合装载。1956年4月26日，"理想X"号试验性地装载了58个集装箱，自诺瓦克港启程驶向休斯敦，完成了首次海上集装箱运输的壮举。此次尝试成效显著，相较于同级别杂货船，其靠泊时间大幅缩减至仅15小时，装卸成本更是锐减至后者的1/37，开创了海上集装箱运输的新纪元。

随后几年，该公司又成功改造了六艘船舶为集装箱船，美国美森轮船有限公司紧随其后，也完成了六艘船舶的集装箱化改造。至1961年，美国航运业正式步入集装箱船订造阶段，美国总统轮船有限公司（APL）的"林肯总统"与"泰勒总统"号作为首批代表，搭载了126个标准集装箱（尺寸为20×8×8英尺），穿梭于美国西海岸与远东地区之间，标志着集装箱运输向标准化、规模化迈出了重要一步。

随着国际标准化组织确立统一的集装箱规格，集装箱航运业迎来了飞速发展期，船舶大型化趋势显著加速。国际上常以集装箱船载箱量的多少进行分代，故出现了第一代集装箱船、第二代集装箱船、第三代集装箱船等。

（一）第一代集装箱船的发展

20世纪60年代，第一代集装箱船开始横跨太平洋和大西洋。这些船只的载重吨位为17000~20000 DWT，一般能够装载700~1000 TEU（个别能达到1500 TEU）。这类船只通常长约150米、宽约22米，并有8~9米的吃水深度。它们能在船舱内装载6列货物，高度为5~6层，甲板上则可装载6列，高度一般为1~2层。

（二）第二代集装箱船的提升

到了20世纪70年代，第二代集装箱船的载重吨位增加到了40000～50000 DWT，能够装载1800～2000 TEU。这些船只有着更长的船身，长度为175～225米，宽度为25～30米，吃水深度为9.5～10.5米。它们在船舱内可以装载7～8列货物，高度为6～7层，在甲板上则能装载8～10列，高度为2～4层。此外，它们的速度也从第一代的23节（1节为每小时1海里）提升到了26～27节。

（三）第三代集装箱船的节能设计

受1973年石油危机的影响，第三代集装箱船的设计更加注重效率和节能，船速被调整至20～22节。尽管速度有所下降，但通过扩大船体尺寸，这些船只装载货物量高达3000 TEU。这些船只的尺寸为240～275米长、32米宽，吃水深度为10.5～12米。它们能在船舱内装载9～10列货物，高度为7～9层，在甲板上则能装载12～13列，高度为2～4层。

（四）第四代集装箱船的技术革新

20世纪80年代，随着高强度钢材和大功率柴油机的应用，第四代集装箱船应运而生，装载能力达到了4400 TEU。由于这些船大型化的限度以能否通过巴拿马运河为准绳，因此被称为巴拿马型。它们的尺寸为275～295米长、32米宽，吃水深度为11.5～12.5米。它们在船舱内可以装载10～11列货物，高度为8～9层，在甲板上则能装载13～14列，高度为3～5层。

（五）第五代集装箱船的进一步发展

随后，通过对巴拿马型集装箱船的船体稍作扩展和优化货物排列方式，尤其是增加甲板上的层数，这些船舶的装载能力大大提升。20世纪90年代中期，德国建造了5艘APLC-10型集装箱船，这些船只的长度与宽度比例为7∶1～8∶1，提高了船舶的稳性，能够装载4800 TEU。由于它们的宽度超过了32.2米，无法通过巴拿马运河，因此被称为超巴拿马型。这一代的船只长度通常为280～300米，宽度为32.2～39.4米，吃水深度为11.5～13.5米。船舱内可装载14列货物，高度为9层，甲板上则能装载16列，高度可达6层。这一代的载箱量可达4000 TEU以上，最大可达6000 TEU。

（六）第六代集装箱船的突破

第六代集装箱船诞生于1996年，以突破超巴拿马型限制（船长约300米、船宽40米）和结构创新为标志，采用"U"形船体降低航行阻力，双岛式布局（驾驶室前置、机舱后置）扩展甲板堆箱能力至13层，舱口宽度占船宽89%以上以实现装载效率最大化，载箱量突破了8000 TEU。其超大型设计倒逼全球港口升级航道水深（≥14米）及岸桥外伸距（≥62.5米），单箱运输成本降低40%，直接催生万箱级巨轮并重塑现代多式联运体系。

（七）第七代集装箱船的大型化与绿色化。

第七代集装箱船（见图2-2）的概念始于2013年马士基集团推出的3E级集装箱船（Economy of Scale，Energy Efficiency，Environmentally Improved），其设计理念以规模经济、能效提升和环保性能为核心。相较于第六代集装箱船，第七代集装箱船的载箱量提升至18000 TEU以上，并引入了双燃料动力、废热回收等创新技术。

图2-2　第七代集装箱船"马士基 麦金尼-莫勒号"号（Maersk Mc-kinney Moller）
（2013年18270 TEU）

🚚 小知识

集装箱船的长度为何以400米为界

集装箱船作为全球贸易的核心载体，其设计需要综合考量多重工程限制与经济规律。当前主流超大型集装箱船总长通常控制在400米以内，这背后是多重限制因素的平衡。

①国际航道通行限制：苏伊士运河作为连接亚欧非三洲的航运要道，其最窄航道仅280米宽，400米长船转弯极易碰撞河岸，绕行好望角则成本飙升。因此，船商常将船长设为极限399.99米，以规避运河审批流程。

②结构强度与安全性：超长船体在风浪中承受的纵向应力成倍增加，需大幅强化钢材，导致成本激增。历史上曾发生超长船断裂事故，超长船体的稳性风险更高。

③港口适配性要求：要容纳400米级巨轮，港口需匹配深水航道（吃水≥16米）、超长泊位及巨型岸桥。目前全球只有少数港口能做到。

④规模经济边际效应：超过24000 TEU后，单箱成本降幅趋缓，但燃料、保险和维护费用显著上涨。

当然，未来如果航道扩建或实现新材料技术突破，集装箱船长400米这一"魔咒"可能被打破。

二、集装箱船的分类

鉴于集装箱船在全球贸易中扮演的关键角色及其设计的多样性，深入了解其不同分类对于我们掌握现代航运技术与管理方法至关重要。接下来，我们将探讨集装箱船的主要分类及其特点。

（一）按船体设计方式分类

1. 全集装箱船

全集装箱船（见图2-3）的所有货舱都是专门为装运集装箱而设计的，不能装载其他货物，这种船也称为集装箱专用型船。

图2-3　全集装箱船

2. 半集装箱船

这种船舶一部分货舱设计成专供装载集装箱,另一部分货舱可供装载一般件杂货(见图2-4)。集装箱专用舱一般是选择在船体的中央部位,这种船也称为分载型船。

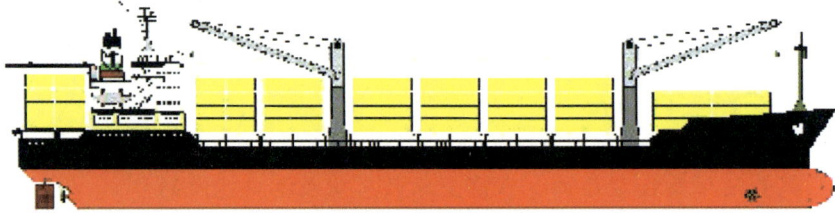

图2-4　半集装箱船

3. 兼用集装箱船

兼用集装箱船(见图2-5)又称可变换集装箱船,这种船舶在舱内有简易可拆装的设备。当不装载集装箱而装运一般杂货或其他散货时,可将其拆下。散/集两用船或多用途船都属于兼用集装箱船。

图2-5　兼用集装箱船

(二)按货物装卸方式分类

根据装卸方式来划分,集装箱船主要有吊装式集装箱船和滚装式集装箱船两种。此外,也有人把载驳船作为浮装式集装箱船,归入集装箱船中,而载驳船上的驳船则被称为"浮动集装箱"。

　　吊装式集装箱船包括全集装箱船、半集装箱船、两用船。

　　滚装式集装箱船（见图2-6）在码头装卸集装箱不需要借助码头的装卸设备，而是利用船舷、船首或船尾处的开口跳板，将集装箱连同底盘车一起拖进（出）船舱。滚装式集装箱船虽具备装载多样、装卸高效且不受码头设备限制的优点，但其舱容利用率低、造价高昂，且受跳板坡度限制较大，尤其在潮差大的港口需候潮作业，这些因素共同制约了其在集装箱运输中的广泛应用，使其成为全集装箱船运输中的一种补充方式。

图2-6　滚装式集装箱船

　　载驳船（见图2-7）又称子母船，将驳船装入母船体内，货物或集装箱装在驳船上，而海上运输由母船完成。采用载驳船方式可以加快母船的周转速度，简化对码头设施的要求。载驳船往往作为支线船使用，比较适合江海联运的情况。

图2-7　载驳船

课后练习

一、选择题

1.下列船型中专门为装载集装箱设计且货舱不可装载其他货物的是（　　）

A.半集装箱船　　　　　　　　　B.兼用集装箱船

C.全集装箱船　　　　　　　　　D.滚装船

2.第七代集装箱船的核心设计理念不包括（　　）

A.规模经济　　　　　　　　　　B.能效提升

C.航速最大化　　　　　　　　　D.环保性能

3.超巴拿马型集装箱船无法通过巴拿马运河的主要原因是（　　）

A.船长超过400米　　　　　　　B.船宽超过32.2米

C.吃水深度超过15米　　　　　　D.甲板堆箱层数过高

4.滚装式集装箱船的装卸方式特点是（　　）

A.利用码头岸桥吊装　　　　　　B.通过跳板拖运集装箱

C.驳船直接浮入母船　　　　　　D.舱内可装载散货

二、简答题

1.简述吊装式集装箱船与滚装式集装箱船的优缺点。

2.为何第七代集装箱船的设计强调"绿色化"？请结合技术革新与行业需求分析。

专题二　全集装箱船

任务导入

相关数据显示，在繁忙的集装箱港口中，70%以上的挂靠船舶为全集装箱船，这一比例足以说明全集装箱船是运输工作中不可或缺的工具。无论是在物流管理、船舶运营还是港口操作中，我们都会与全集装箱船频繁接触。因此，深入了解全集装箱船的特点与运营方式，对于我们未来的职业发展具有重要意义。

请思考：

1. 全集装箱船的船型结构有什么特点？
2. 全集装箱船在运营方面有什么特点？

知识点·

人们所说的集装箱船一般是指吊装式集装箱船中的全集装箱船（或者叫集装箱专用船），它是集装箱船中最典型的一种，也是目前集装箱运输中最常见、最有效的运输工具。

一、全集装箱船的主要结构与特点

全集装箱船的船身主要由甲板、船体、船舱、船舱盖板等组成。它的设计重心是容纳集装箱和提高运输效率，因此船舱内的结构相对简单。船体线形尖瘦，外形狭长，船宽及甲板面积较大，保证高航速和合理的甲板装载量；机舱基本设置在艉部或偏艉部，使货舱尽可能方整、多装；货舱设计得非常规则，其尺寸完全按照集装箱的规格来定制，以确保空间利用最大化。此外，为了减小航行时波浪的冲击，船上特别设置了球鼻艏。全集装箱船主要结构示意图如图2-8所示。

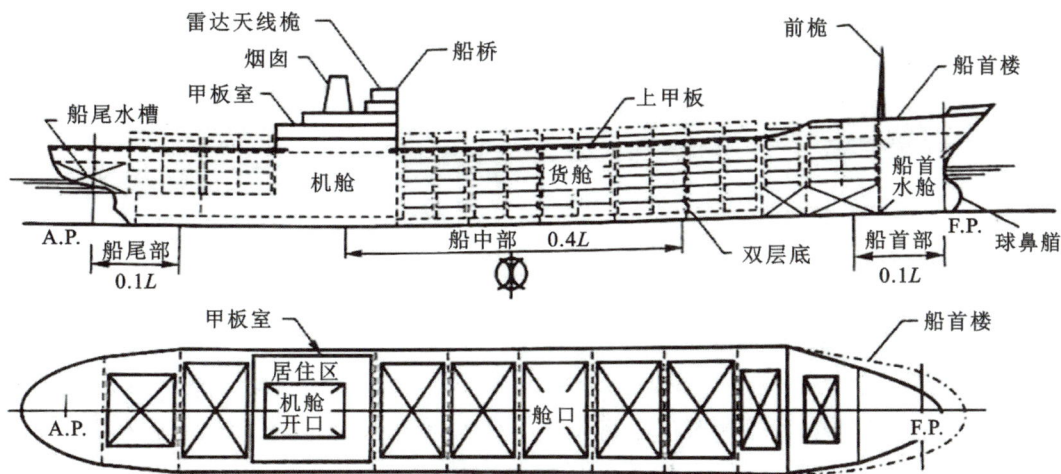

L—船长；A.P.—尾垂线；F.P.—首垂线

图2-8　全集装箱船主要结构示意图

为了让读者对全集装箱船有一个整体性认识，下面将介绍全集装箱船的主要结构与特点。

（一）舱口宽大，提高装卸效率

全集装箱船属于统舱口船，即船舱的尺度与舱口的尺度相同。特别设计的大型舱口，其宽度可达船宽的70%～90%，舱口总长度占船长的60%～80%，便于装卸和充分利用舱容。

（二）双层结构保证船体强度

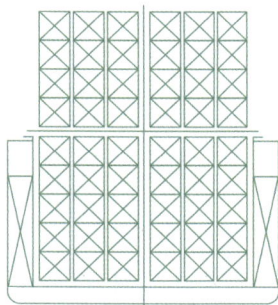

图2-9　全集装箱船的双层结构

全集装箱船的横剖面呈"U"形。为了抵抗横向水压力、波浪冲击载荷、纵向弯矩和扭力，防止横剖面上部自由端变形，全集装箱船在纵向上设置了多道横舱壁，以增加横向强度。此外，双层侧壁和双层船底的设计增强了船体的整体结构强度，显著提升了纵向强度和抗扭曲能力，这对于保证集装箱船的安全至关重要。统舱口船的设计特点在于船舱和舱口的尺寸一致，使得舱口缘材能够垂直延伸至舱底，自然形成双层壳结构，同时船底也是双层设计。这种构造不仅优化了船体强度，还为集装箱的装载提供了便利。全集装箱船的双层结构如图2-9所示。

（三）只设单层上甲板，便于装卸作业

为了便于集装箱装卸，全集装箱船只设单层连续上甲板，无舷弧和梁拱，不设置起货设备，甲板上可堆放2～5层集装箱，直接堆装在舱口盖上，有专用加固件或捆扎装置，利于固定集装箱。

（四）舱内设箱格结构保持箱位固定

为了减少舱内的绑扎作业，使舱内集装箱固定而不能随意移动，同时使舱内的上下层集装箱堆放整齐，不造成偏码现象，一般集装箱船舱内均设有箱格导柱（见图2-10）。箱格从船舱底部到舱口垂直设置，集装箱装卸时角钢起导向柱作用，故称箱格导柱，它便于人们沿着导柱对集装箱进行装卸和定位，并可省去舱内固定集装箱的设备。

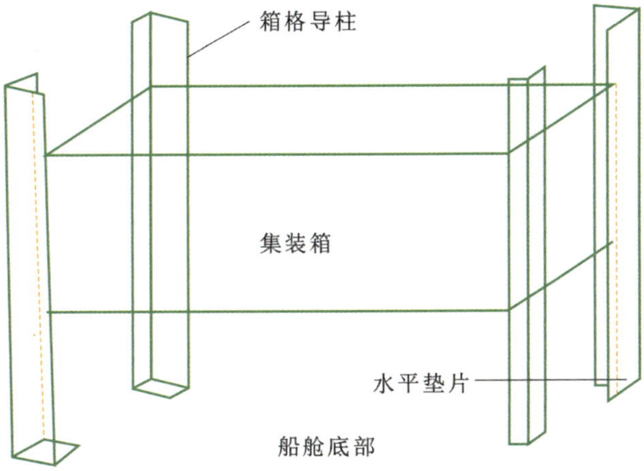

图2-10 舱内分割结构示意图

图中标注：箱格导柱、集装箱、水平垫片、船舱底部

🚚 **小知识**

全球首艘"折纸船"

马士基Triple-E级集装箱船暗藏"折纸黑科技"，其舱盖板采用铰链折叠设计，展开后面积相当于3个篮球场，收拢时仅占甲板1/5的空间。这项创新设计使船舶重心降低了12%，抗风浪能力提升了30%。更酷的是，折叠舱盖内置太阳能薄膜，航行时可发电供冷藏箱使用，日均发电量达800 kWh，足够200个家庭日用。2016年玛丽皇后2号首航时，因折叠舱盖减重160吨，单箱运输成本下降7%。这种"变形金刚"式的设计，让集装箱船兼具实用功能与美学价值，成为"海上移动艺术品"。

二、全集装箱船的分类

随着船舶的大型化，全集装箱船的尺寸也越来越大，但由于连接太平洋和大西洋的重要通道——巴拿马运河的船闸尺寸限制（最窄处仅为33.5米），集装箱船的船宽和吃水被严格限制，以便在适应巴拿马运河航道的前提下运送尽量多的货物。因此，全集装箱船根据能否通过巴拿马运河分成如表2-1所示的五类。

表2-1 全集装箱船以能否通过巴拿马运河分类

	船型名称	船长（m）	船宽（m）
第一类	亚巴拿马型	<300	<32.3
第二类	巴拿马型	<300	32.3

续表

船型名称	船型名称	船长（m）	船宽（m）
第三类	超宽巴拿马型	≤300	>32.3
第四类	超长巴拿马型	>300	≤32.3
第五类	新巴拿马型	>300	>32.3

（一）传统主力船型：亚巴拿马型

作为集装箱航运业发展初期的核心运力，亚巴拿马型船涵盖前三代集装箱船型，其船宽普遍控制在28.4米以内，吃水深度不超过12米。典型代表有美国海陆公司的费尔兰号（Fairland）（第一代，1966，1100 TEU）；马士基集团的马士基·斯文堡号（Svendborg Maersk）（第二代，1972，3000 TEU）；长荣海运长麒轮（Ever Unicorn）（第三代，1984，4300 TEU）。

克拉克森研究相关数据显示，该类船舶目前仍占全球集装箱船队总运力的18.7%，主要活跃于亚洲区域内航线。

（二）运河标准船型：巴拿马型

这是专为旧巴拿马运河船闸（长294.1米、宽32.3米、深12米）设计的第五代船型。其主要技术特征为：船长受限于船闸闸室长度被限制在294米；船宽32.3米（最大限度利用旧运河船闸）；吃水13.5米（潮汐修正型）；载箱量4000～6000 TEU。

（三）超宽巴拿马型

超宽巴拿马型为宽度超出巴拿马运河限制的全集装箱船，如APL的C-10型船。这类船舶以其宽大的船体带来行驶的稳定性，无须额外压舱即可确保航行安全。其甲板上满载货物，加上较短的船长设计，有效降低了建造成本。然而，显著的宽度也限制了其通过巴拿马运河的能力，通常只能穿梭于太平洋与大西洋的彼岸之间，或绕道苏伊士运河，连接远东与欧洲市场。

（四）超长巴拿马型

这是一种以牺牲经济性换取特殊作业能力的船型：船长超过335米；船身配备双舵

系统，转向半径增加至 1.2 千米；与相同载箱量的其他船型相比，建造成本溢价达 28.5%。典型案例为 2019 年的地中海航运海古尔松号（MSC Gülsün），因苏伊士运河通行效率下降，近年逐渐退出主干航线。

（五）新巴拿马型

随着 2016 年巴拿马运河船闸的扩建，依据巴拿马运河船闸最大通航能力设计的巴拿马型船设计方案也随之改变，新巴拿马型船应运而生。新巴拿马型即宽度与长度均超越巴拿马运河标准的巨型船，它们的载箱量普遍超过巴拿马型船，成为海上运输的"巨无霸"，代表着集装箱航运业技术与规模达到了巅峰。HMM 在 2020 年推出的 Algeciras 级船舶是该类船型的典型代表，其单位 TEU 碳排放较前代船型下降 42%。

随着全球贸易的持续增长，巴拿马运河的扩建与现代化也在不断推进，这为各种集装箱船提供了新的发展机遇。同时，集装箱船的设计与技术也在不断演进和完善，以更好地满足市场需求及日益严格的环保标准。

三、全集装箱船的运营

全集装箱船的高效运营需要海上运输与陆路集疏运体系的协同配合。船舶需严格执行预定航期，同时建立标准化的集装箱陆运调度机制，对码头装卸人员、卡车司机等开展定期操作规范培训，确保货物在港口节点的快速中转。在提升船舶运营效率方面，重点采取以下四方面优化措施。

（一）装卸效率提升

现代集装箱码头普遍采用双小车岸桥、自动化轨道吊等设备，配合智能配载系统预先规划集装箱堆存位置。

以上海洋山港四期码头为例，在自动化操作系统调度下，集装箱由双小车岸桥从船上卸到中转平台，所有水平运输均由无人驾驶的自动导引车完成，整个码头上埋设了 6 万多枚磁钉，对车辆进行定位和自动导航。自 2017 年 12 月开港以来，洋山港四期码头的生产效率屡创世界纪录：岸桥最高台时量高达 57.4 自然箱；昼夜吞吐量达 20823.25 TEU（标准集装箱）；生产作业实现本质安全和直接排放为零，且人均劳动生产率为传统码头的 213%。[1]

---

[1] 蔚子.超大型自动化集装箱码头关键技术研究与应用获 2020 年度上海市科技进步奖特等奖[J].上海质量，2021（6）：23-24.

（二）航速与燃油成本平衡

受国际油价波动影响，当前主流集装箱船设计航速多控制在18～22节。马士基航运的实践表明，在亚欧航线上将航速从24节降至21节，可使单航次燃油消耗减少25%[①]，同时通过优化班期编排仍能保证运输时效。

（三）港口网络集约化

可以采用"枢纽港+支线港"的运营模式。比如，地中海航运在地中海区域以比雷埃夫斯港为核心枢纽，通过小型支线船舶辐射周边12个次级港口。这种模式使干线船舶挂靠港口数量减少40%，平均每个航次节省3～5天靠泊时间。

（四）船舶动态管理

推广"零待时"作业模式，船舶抵达港口前6小时即通过电子数据交换（EDI）完成舱单确认，实现靠泊后立即开展装卸作业。长荣海运亚洲-北美在航线上应用此模式后，船舶周转周期压缩至原周期的70%[②]。

东南亚区域航线受限于港口水深及货量碎片化，3000 TEU以下小型集装箱船凭借其灵活调度能力（周转周期7～10天）及单航次成本优势（较中型船低18%），成为运营效益最优选择[③]；跨洋主干航线（如亚欧、跨太平洋）则通过20000～24000 TEU超大型船舶实现规模经济，单箱运输成本较8000 TEU船舶降低40%，但需匹配深水港条件（吃水≥16米）及90%以上装载率[④]；针对电子产品、医疗器械等高附加值货物，提供定制温控舱（$-30℃$至$+25℃$）与优先配载服务（如抵港前完成报关压缩中转48小时），但班期加密受限于港口效率与地缘冲突影响（2024第一季度准班率仅65%）[⑤]。

在客户服务方面，建立船舶动态追踪系统至关重要。中远海运集运的"船顺"平台可实时查询全球集装箱船的船位、ETA（预计到达时间）及货物状态，系统自动推送48小时到港预警，将客户提货准备时间的误差控制在2小时以内。这种精细化运营模式已成为国际航运企业的标准实践。

① 数据来源于马士基官网网站新闻"Changes on Asia Europe Network"，2023年5月11日。

② 数据来源于长荣海运官网公告"运营优化"板块案例发布。

③ 数据来源于东南亚船型效益：东海证券《亚洲集装箱供给报告》（2025）、德鲁里港口适配性分析（2024）。

④ 数据来源于主干航线规模经济：中远海运24000 TEU船队运营数据（2024）、地中海航运红海绕行成本报告（2024）。

⑤ 数据来源于高附加值服务时效：长荣"零待时"操作案例（2023）、德鲁里《全球班轮准班率报告》（2024Q1）、中集集团冷藏箱技术规范（2024）。

课后练习·

一、选择题

1.下列船型中专门适配旧巴拿马运河船闸的是（　　）

A.亚巴拿马型

B.超宽巴拿马型

C.巴拿马型

D.新巴拿马型

2.超宽巴拿马型集装箱船的典型特征是（　　）

A.船长超过400米

B.船宽39.4米需绕行苏伊士运河

C.载箱量限3000 TEU以下

D.专用于大西洋沿岸航线

3.新巴拿马型集装箱船的设计参数主要响应（　　）

A.2016年巴拿马运河扩建工程

B.苏伊士运河通行费上涨

C.北极航线的开通

D.国际油价下跌

4.超长巴拿马型集装箱船的主要缺点是（　　）

A.甲板堆放层数受限

B.港口靠泊难度增加

C.单位TEU建造成本过高

D.航速低于20节

5.亚巴拿马型船的主要运营区域是（　　）

A.跨太平洋主干航线

B.欧洲内河航道

C.东南亚近洋航线

D.非洲西海岸航线

二、简答题

1.请简述巴拿马型船在运河通行受限时，可采取的三种运营调整措施。

2.分析超大型集装箱船（20000 TEU以上）的发展对港口基础设施的要求。

三、连线题

请将左侧船型名称与右侧特征描述连线。

1. 亚巴拿马型	A. 宽度与长度均适配扩建后的巴拿马运河，载箱量普遍超过巴拿马型船，且其碳排放量也有了显著降低
2. 巴拿马型	B. 船长被限制在 294 米；船宽 32.3 米；吃水 13.5 米；载箱量 4000～6000 TEU。
3. 超宽巴拿马型	C. 宽度超出巴拿马运河限制的全集装箱船，如 APL 的 C-10 型船
4. 新巴拿马型	D. 一种以牺牲经济性换取特殊作业能力的船型，船长超过 335 米
5. 超长巴拿马型	E. 船宽普遍控制在 28.4 米以内，吃水深度不超过 12 米

专题三 集装箱在集装箱船上的位置表示

任务导入

在青岛港码头，新手装卸司机王师傅面对载有 24000 TEU 的巨轮手足无措——甲板上 25 层集装箱堆叠如迷宫，系统显示需紧急提取"BAY17-ROW09-TIER22"的疫苗冷藏箱。对讲机里传来指令："集装箱船就是带坐标的立体仓库，每个箱子都有唯一位置码！"此刻，船舶配载系统正以每箱 20 秒的速度扫描定位，但一次误操作将触发每小时 5000 美元的滞港罚金。

请思考：

1. 集装箱三维定位编码如何实现快速检索？

2. 不同类别集装箱（如普通货柜、危险品柜、冷藏柜）在船上的存放区域需遵循哪些基本规则？

知识点

根据国际标准化组织 ISO 9711-1：1990《集装箱 与船载集装箱有关的信息 第1部分：箱位坐标》，集装箱在船上的位置采用六位阿拉伯数字箱位号表示，该编码通过三维空间坐标精确定位：前两位表示集装箱的行号（Bay），用以标识集装箱在船舶纵向的位置序列；中间两位表示列号（Row），用以确定集装箱在横向左舷/右舷的分布；后两位表示层号（Tier），用以区分集装箱在垂向甲板或舱内的堆叠层级。

编码体系以"行-列-层"的逻辑结构系统化标注集装箱的空间坐标，为船舶配载与装卸作业提供标准化定位依据。

一、行号的表示方法

"行"是指集装箱在船舶纵向（首尾方向）的排列顺序号，规定奇数行位表示20英尺集装箱，用01、03、05、07等表示；偶数行位表示40英尺集装箱，用02、06、10、14等表示。由于04、08、12等箱位间有大舱舱壁隔开，所以无法装40英尺集装箱。集装箱船的行号编号如图2-11所示。

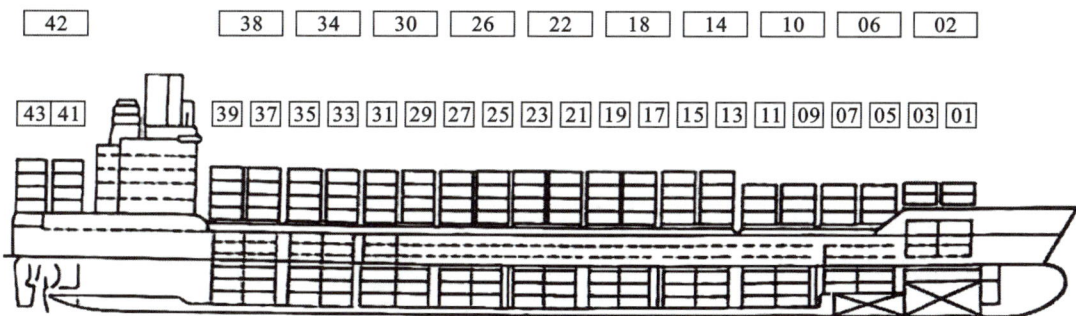

图2-11 集装箱船的行号编号

二、列号的表示方法

"列"是指集装箱在船舶横向（船舶左右舷方向）的排列顺序号，有两种表示方法。

一种是从右舷算起向左舷顺序编号：01、02、03、04……，依此类推，如图2-12所示。

另一种是从中间列算起，向左舷为双数编号，向右舷为单数编号。如左舷为02、04、06等，右舷为01、03、05等，中间列为"00"，如总列数为双数，则"00"不存在，如图2-13所示。这种表示方法目前较为常用。

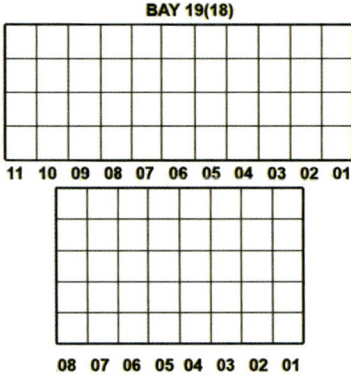

图 2-12 集装箱在船上的列号表示方法（1）　　图 2-13 集装箱在船上的列号表示方法（2）

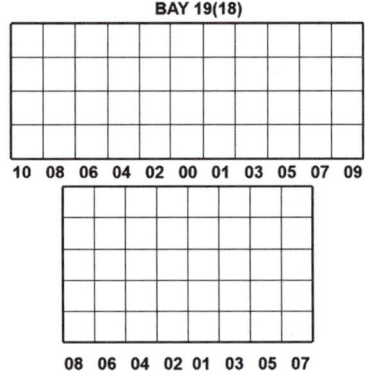

三、层号的表示方法

"层"是指集装箱在船舶竖向（垂直方向）的排列顺序号，有三种表示方法。

第一种是从舱内底层算起，一直往上数到甲板顶层，依次编号，如舱底第1层为01，往上依次为02、03、04……，如图2-14（a）所示。

第二种是舱内和甲板上的集装箱分开编号，舱内层号数字前加"H"字头，从舱底算起依次为H1、H2、H3、H4……。甲板上层号数字前加"D"字头，从甲板底层算起依次为D1、D2、D3……，如图2-14（b）所示。

第三种是舱内和甲板上分开编号，舱底由下至上用双数02、04、06、08等表示。甲板上从甲板底层算起，往上依次用数字82、84、86等表示，如图2-14（c）所示。目前这种编号方法比较常用。

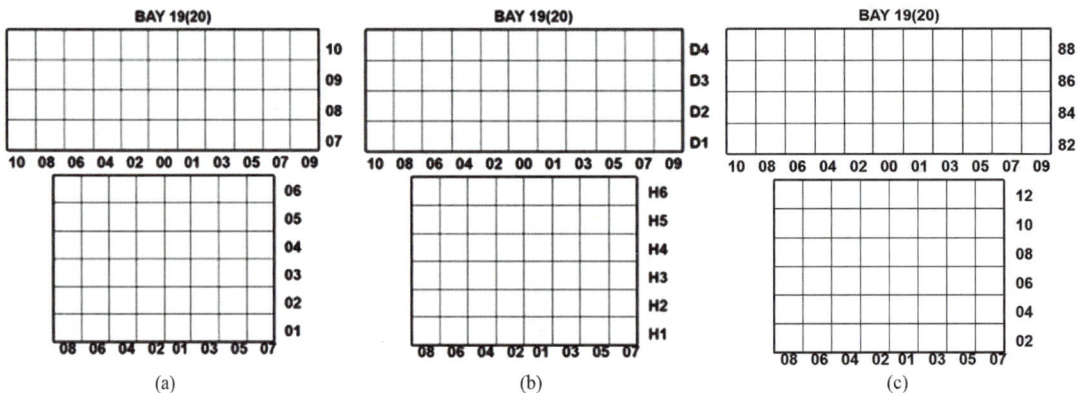

图 2-14 集装箱在船上的层号表示方法

结合上述内容，集装箱船上载运的每一个货箱都有一个6位数字的编码作为其在船上位置的唯一确认，如位置为17（行）02（列）84（层）的集装箱，6位编码的构成如图2-15所示。

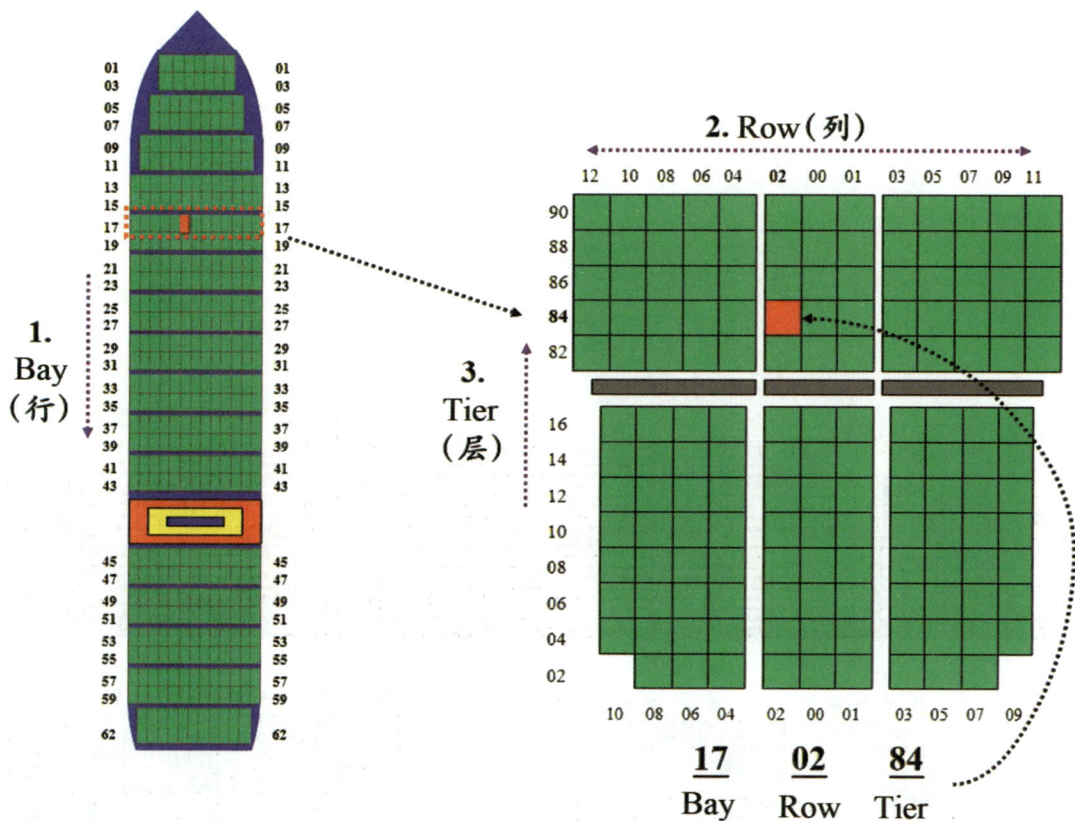

图2-15 集装箱在船上的装载位置示意图

课后练习

【练习内容】

在集装箱船上定位集装箱。

【练习目的】

掌握集装箱在船上的箱位表示方法。

【练习要求】

1. 独立完成。

2. 根据课堂所学知识，进行找箱体验。

【题目】

根据框内的信息，在图2-16中分别标示A、B、C、D四个集装箱的位置。

A. 40英尺集装箱，位置180088；

B. 40英尺集装箱，位置180804；

C. 20英尺集装箱，位置170802；

D. 20英尺集装箱，位置190802。

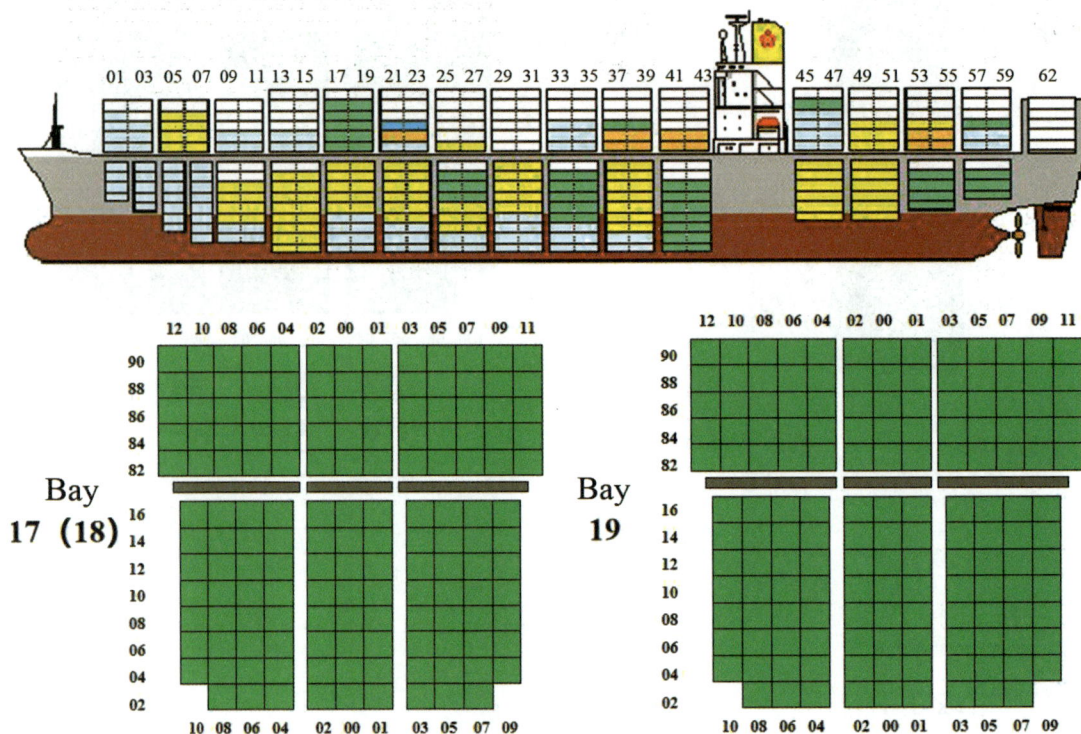

图2-16　集装箱在船上的装载

学习评价

序号	知识点	评价标准	分值	评价结果（是/否）	得分
1	集装箱船的种类	能说出集装箱船的种类	10		
		能说出各类集装箱船的应用场合	10		

续表

序号	知识点	评价标准	分值	评价结果（是/否）	得分
2	全集装箱船	能说出全集装箱船的结构特点	15		
		能说出全集装箱船的运营特点	15		
3	集装箱在集装箱船上的位置表示方法	能根据集装箱在集装箱船上的实际位置标出箱位	25		
		能按指定箱位找到集装箱在集装箱船上的位置	25		
合计			100	—	

注：评价结果"是"为该选项得满分，"否"为该选项得0分。

模块二
课后练习参考答案

模块三

集装箱码头

专题一　集装箱码头的职能

专题二　集装箱码头的选址

专题三　集装箱码头的构成布局

专题四　集装箱码头机械设备

专题五　集装箱码头堆场内箱位表示

模块导读

集装箱码头是集装箱运输系统的重要组成部分，它既是海上运输和陆上运输的连接点，又是各种运输方式衔接的换装点及集装箱的集散地，集装箱的海转陆、陆转海、海转海，以及拆、拼箱等业务都要在这里进行。因此，集装箱码头在整个集装箱运输过程中，具有重要的地位和作用。做好集装箱码头的各项工作，对于加快车、船和集装箱周转速度，提高运输效率和运输效益，降低运输成本，具有十分重要的意义。

在本模块中，我们将介绍集装箱码头的职能、选址、构成布局，以及码头机械设备，还会重点介绍集装箱码头堆场内箱位表示方法。

学习导图

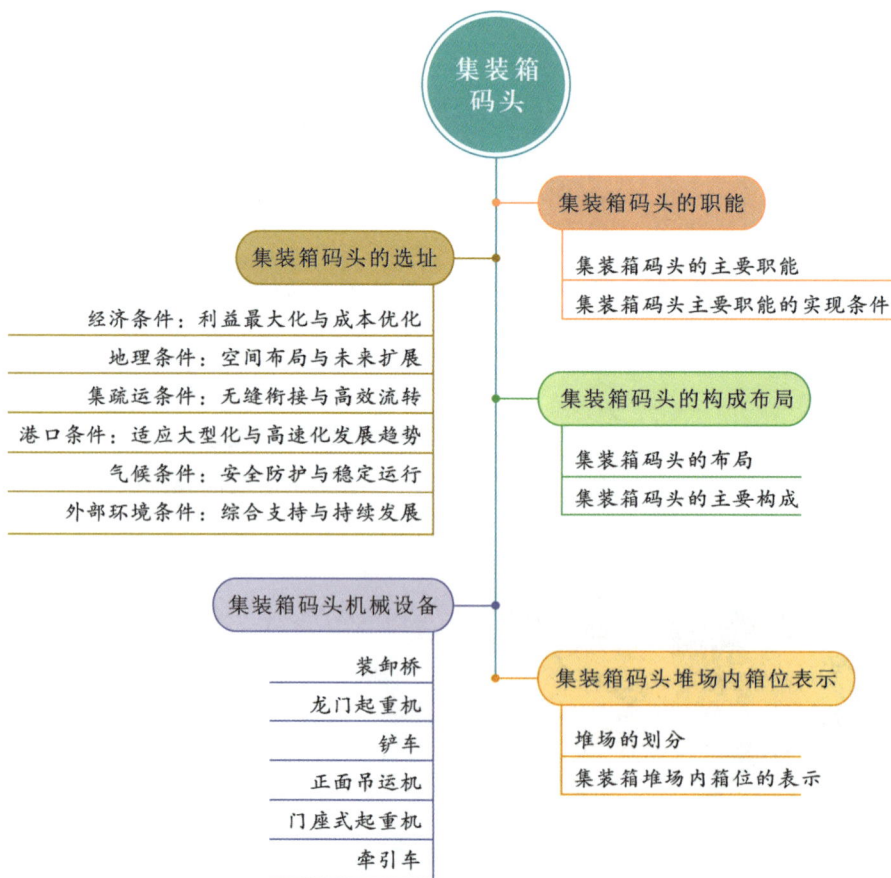

学习目标

◆ **知识目标**

1. 了解集装箱码头的职能与选址。

2. 了解集装箱码头机械设备的种类及其应用场合。

3. 掌握集装箱码头堆场内箱位表示方法。

◆ **能力目标**

1. 能正确使用各种码头装卸机械。

2. 能正确表示集装箱在码头堆场的位置。

◆ **素养目标**

1. 养成认真、负责、严谨的态度。

2. 培养独立思考的钻研精神。

专题一　集装箱码头的职能

任务导入

　　小李刚刚加入一家大型集装箱码头运营企业。作为一名新成员，他对这个全新的工作环境充满了好奇。他不禁思考起集装箱码头的核心功能及其背后的逻辑。在他看来，理解这些功能不仅能帮助他更快地融入工作，还能让他对整个行业有更深刻的认识。

思考：

1. 集装箱码头具备哪些主要职能？

2. 这些职能是如何实现的呢？

知识点

为了回答任务导入中的问题，我们需要深入了解集装箱码头的运作原理及其在整个物流链中所扮演的角色。接下来，我们将一起探讨这些问题的答案，揭开集装箱码头运作的秘密。集装箱码头如图3-1所示。

图3-1　集装箱码头

一、集装箱码头的主要职能

随着海上集装箱运输在国际范围内的快速发展，作为这一运输模式重要组成部分的集装箱码头扮演着至关重要的角色。为了确保集装箱运输的高效率并促进其进一步发展，了解集装箱码头的职能尤为重要。我们可以通过分析传统的货物运输过程来探究这一点。

一般来说，我们可以把传统的海上货物运输过程分为两个阶段，即动态阶段和静态阶段。动态阶段是指货物在车辆、船舶或飞机等运输工具上受载运输的阶段；静态阶段是指货物在车站、码头、机场或其他地点，进行装卸、保管和堆存等相对静止的阶段。

上述两个阶段所耗费的时间和劳动量所占比例相差较大，如表3-1所示。

表3-1　传统海上货物运输过程中各阶段所占用的时间及劳动量比例

阶段	占所需时间的比例	占所需劳动量的比例
动态阶段	40%～50%	30%～35%
静态阶段	50%～60%	65%～70%

从表3-1来看，在整个海上货物运输过程中，货物在50%～60%的时间处于静态阶段，而这一阶段的劳动量占所需总劳动量的65%～70%。静态阶段的货物一般是在进行码头装卸、堆存和保管等。因此，提高运输效率的关键在于提高码头生产力水平，尽量缩短货物在码头处理的时间。基于此，集装箱码头的主要职能包括以下几点。

① 货物集散职能：集装箱码头应设有拆箱和拼箱的空间，以适应小件货物的运输需求。

② 货物堆存职能：集装箱码头应设有存放集装箱的空间，并配备仓库以存放小件货物，作为转换集装箱运输的缓冲地带。

③ 装卸作业职能：装卸作业包括堆场交收箱的装卸作业和船舶装卸作业。

④ 其他相关服务职能：包括为船舶提供靠泊泊位、集装箱通关和检验服务、信息接收处理与传递等。

二、集装箱码头主要职能的实现条件

为了实现集装箱码头的主要职能，集装箱码头必须具备以下条件。

（一）足够的专用设备和机械

集装箱码头必须拥有足够数量且高质量的专用设备和机械，以确保船舶装卸、货物交接、搬运和堆码以及货物保管等工作顺利进行。

（二）有效的组织管理

集装箱码头应当设立相应的组织机构，以有效地组织和运用各种设备和机械，充分发挥它们的效能。

（三）发达的内陆运输体系

集装箱码头应建立发达的内陆运输网络（包括公路、铁路、内河甚至航空运输），以确保集装箱货物能够及时集散。

（四）高素质的人才队伍

集装箱码头的所有工作人员，包括管理人员、驾驶员、调度员、装卸工、检查员等，都应当具备与其工种相匹配的文化水平和熟练技能，以确保码头高效运营。

（五）充足的堆场容量

为了保证装卸作业均衡进行，集装箱码头必须具备足够的堆场（包括前方堆场和后方堆场）容量，以便于集装箱临时堆存。

（六）先进的信息技术应用

随着集装箱运输规模的不断扩大以及新技术的不断出现和应用，采用电子计算机等先进的技术手段来参与码头的管理和日常事务已成为必然趋势。

综上所述，通过优化上述职能和条件，集装箱码头能够显著提高整个物流链条的效率，降低静态阶段的时间和劳动成本，从而更好地服务于国际贸易和全球经济的发展。

小知识

集装箱码头的冷门职能——横滨港的"救灾模式"

2011年东日本大地震后，横滨港在48小时内切换为全球最大救援物资枢纽。这主要得益于其"双轨堆场"——平时存放集装箱的区域预埋了快速排水系统和抗震加固货架。港口启用AI调度系统，优先处理药品和食品集装箱，每小时处理300标箱，72小时内向灾区输送超2万吨物资。该码头还利用冷藏集装箱临时搭建野战医院，供电系统直接接入岸电网络，成为救灾史上的经典案例。

课后练习

一、选择题

1. 集装箱码头的主要职能不包括（　　　　）

A. 货物集散职能 　　　　　　　　B. 货物堆存职能

C. 船舶维修职能 　　　　　　　　D. 装卸作业职能

2. 在传统货物运输中，静态阶段所需劳动量占总劳动量的比例为（　　　　）

A. 40%～50% 　　　　　　　　　B. 30%～35%

C. 50%～60% 　　　　　　　　　D. 65%～70%

3. 以下哪项是集装箱码头实现职能的必要条件？（　　　）

A. 发达的航空运输网络　　　　　B. 充足的专用设备和机械

C. 小型堆场容量　　　　　　　　D. 手工操作管理

4. 集装箱码头需要建立的发达内陆运输体系通常不包括（　　　）

A. 公路运输　　　　　　　　　　B. 内河运输

C. 人力搬运　　　　　　　　　　D. 铁路运输

5. 集装箱码头应用先进信息技术的主要目的是（　　　）

A. 减少堆场面积　　　　　　　　B. 提升管理效率和作业速度

C. 降低劳动力成本　　　　　　　D. 增加货物种类

二、简答题

1. 列举集装箱码头的四项主要职能。

2. 为什么说高素质人才队伍是集装箱码头高效运营的关键条件？

专题二　集装箱码头的选址

任务导入

　　小李所在的集装箱运营企业决定投资兴建集装箱码头，他的团队接到了一项重要任务——评估投资兴建集装箱码头的可行性。为了确定最佳的投资地点，小李和他的团队需要进行详细的市场调研，了解在何处建造集装箱码头最为合理。

知识点

　　集装箱码头的选址是否合理，直接关系到集装箱码头建成投产后的经营效益，国内外集装箱码头经营运作的成功经验与失败教训启示我们，在集装箱码头的选址过程中，应仔细考虑以下几方面的条件。

一、经济条件：利益最大化与成本优化

经济条件是影响集装箱码头选址的重要因素。选址需要优先满足核心经济条件：紧邻货物的主要产地与消费市场，以此实现船公司、港口当局和货主的多方共赢。通过缩短远洋、支线及内陆运输的全链条距离，显著降低综合物流成本，为码头奠定长期竞争力基础。再通过详尽的货流调研，确保码头拥有稳定且可持续增长的货源。这是维系码头运营活力与繁荣的关键支撑。

同时，为了降低整个运输过程的费用，运输过程的总距离应当尽可能短，但这一点通常是难以实现的。当一种运输方式的运距短时，另一种运输方式的运距可能就长，因此，集装箱码头最适宜的选址地点应是远洋运输和内陆运输各自希望地点的中间，成为远洋运输与内陆运输的交会点。

二、地理条件：空间布局与未来扩展

地理条件决定了码头的物理基础。集装箱码头需要足够的场地来储存集装箱和货物，并预留足够的空间以应对未来业务增长和扩建需求。因此，选择码头地点或进行码头建设时，不仅要考虑当前运营所需的面积，还要前瞻性地规划未来的扩展空间。顺岸式布局因具有便于扩建和管理的优势，成为当前的主流选择。此外，码头地基的承载能力和机械作业区的规划也是不可忽视的重要因素。

三、集疏运条件：无缝衔接与高效流转

集装箱运输的高效性离不开完善的集疏运体系。这要求码头与后方的公路、铁路、水路等交通网络紧密相连，确保大型集装箱船到港后能迅速集散货物，缩短泊港时间，提升码头整体通过能力。因此，在集装箱码头选址时，应优先考虑交通网络发达的区域，以实现便捷高效的"门到门"运输。

四、港口条件：适应大型化与高速化发展趋势

这里的港口条件，主要是指集装箱船进出港的条件。随着集装箱船的不断大型化和高速化，其对港口基础设施提出了更高的要求。码头水深、航道宽度等必须满足大型集装箱船的进出需求，同时尽量减少潮水等自然因素对船舶进出港的影响。只有这样，才能确保船舶安全高效地进出港，提升集装箱船大型化和高速化的效益。

五、气候条件：安全防护与稳定运行

气候条件对集装箱码头的运营安全至关重要。为保证集装箱码头上集装箱保管和堆存的安全性，避免集装箱及其箱内货物损坏，在集装箱码头选址时，必须详细了解该地区的气候条件，特别是台风和潮汐对码头的影响。因为台风可能把堆场上堆层较高的集装箱刮倒，导致严重损失，潮水上岸也会使集装箱浸入海水，从而损坏集装箱及箱内货物。因此，码头的地址最好能设在背风隐蔽区域。

此外，还应考虑该地区季风强度和方向，集装箱船是一种受横向风压面积较大的船型，因此应尽量避免码头受横向风袭击。强横风不仅会让集装箱船的靠泊作业面临困难，还会妨碍装卸桥的正常作业。

小知识

极端选址奇迹——挪威纳尔维克港的"北极驿站"

北极圈内的纳尔维克港是地球上最北的终年不冻集装箱码头。为应对−30℃极寒天气，其岸桥轨道埋设电热丝防止结冰，龙门起重机润滑油采用航天级低温配方。冬季作业时，集装箱锁具要预热至10℃，以防脆裂。港口还独创"极昼运营表"——夏季24小时无休装卸，利用午夜阳光抢运铁矿和冷冻海鲜，年吞吐量达到惊人的1800万吨，成为北极航线的"隐形冠军"。

六、外部环境条件：综合支持与持续发展

外部环境条件对集装箱码头的发展同样具有重要影响。现代化集装箱码头需要依托经济发达的大城市及其完善的交通、金融、通信、信息和服务体系。这样的环境不仅能更好地服务于货主和船公司，还能吸引更多货源和航线，促进码头的持续繁荣。因此，在选择码头位置时，应充分考虑其外部环境的综合支持与可持续发展潜力。

案例解析

洋山深水港——突破地理限制的选址典范

一、地理突破：从滩涂到深水良港

洋山深水港的选址颠覆了传统港口建设逻辑。长江口因泥沙淤积水深不

足，无法满足超大型集装箱船（24000 TEU级）的停泊需求，为此，我国选择在距离上海芦潮港30千米的外海群岛——崎岖列岛，建造全球首个离岸式深水港。这里天然水深达15～20米，无须疏浚即可容纳吃水16米的"海上巨无霸"，彻底突破长江口地理限制。

二、经济整合：跨海长虹连接长三角

通过全长32.5千米的东海大桥（这也是世界上最长的跨海集装箱通道），洋山深水港将国际航线与长三角经济腹地无缝衔接。这座双向六车道的大桥每小时通行2000标箱，使苏州、无锡等制造业重镇的货物出海时间缩短4小时，每年为长三角企业节省物流成本超120亿元。

三、工程创举：孤岛上的超级枢纽

在面积仅为3平方千米的小洋山岛上，工程师通过爆破削平7座山峰、填海造陆6平方千米，打造出7个深水泊位。港区配备52台超巴拿马型桥吊，单机每小时处理50自然箱，2022年完成4700万标箱吞吐量，占上海港总箱量的45%，连续12年蝉联全球集装箱吞吐量第一。

四、战略价值：改写东北亚航运版图

洋山深水港凭借深水条件和自动化效率，吸引马士基、地中海航运等巨头将原设在釜山、神户的东北亚中转业务迁至上海，将东北亚转运中心从韩国迁至洋山，每年减少中日韩企业跨洋绕行成本超8亿美元。

这座"向海要地"的超级工程，完美诠释了集装箱码头选址中地理条件突破、经济腹地联动与基础设施创新的"三位一体"智慧。

课后练习

一、选择题

1.集装箱码头选址的核心经济条件是（　　　）

A.靠近旅游景点　　　　　　　　B.临近货物产地和消费市场

C.土地价格低廉　　　　　　　　D.政府补贴政策

2.选择码头位置时，需要优先考虑的地理条件是（　　　）

A.场地面积和扩展空间　　　　　B.周边商业设施数量

C.当地人口密度　　　　　　　　D.风景优美

3.集装箱码头选址要避免的气候风险是（　　　）

A.台风和潮汐影响　　　　　　　B.冬季降雪

C.昼夜温差大　　　　　　　　　D.常年多雾

4.集疏运条件的核心要求是（　　　）

A.码头与后方交通网络无缝衔接　　　B.配备豪华酒店

C.建设大型购物中心　　　D.提供免费 Wi-Fi

5.港口水深不足可能导致的问题是（　　　）

A.船舶无法靠泊　　　B.货物装卸速度慢

C.堆场容量不足　　　D.员工通勤困难

二、简答题

1.分析集装箱码头选址时需要考虑的六个方面的条件，并说明其优先级。

2.为何码头需要进行背风隐蔽区域布局？举例说明气候条件对码头上集装箱的影响。

专题三　集装箱码头的构成布局

任务导入

　　小李和他的团队成功完成了集装箱码头的选址工作。现在，他们面临的下一个挑战是如何规划和布局码头的基础设施，以确保码头高效安全运营。小李深知，集装箱码头的基础设施是其成功运营的关键，因此他开始研究码头基础设施以及如何进行合理的布局。

知识点

　　集装箱码头的装卸作业都是采用机械化、大规模的方式进行的，要求各项作业密切配合，以实现装卸工艺系统的高效率。这就要求集装箱码头布局合理，合理布置码头上各项设施，并使它们有机联系起来，形成各项作业协调一致、互相配合的有机整体，形成高效率的、完善的流水作业线，以缩短车、船、箱在港口码头的停留时间，加快车、船、箱的周转速度，降低运输成本和装卸成本，实现最佳的经济效益。

一、集装箱码头的布局

在集装箱运输中，不同类型的船舶需要配有相应的码头设施。对于滚装式集装箱船，其特有的装卸方式要求码头提供倾斜跳板，以便于集装箱以滚动方式进行装卸。同时，为了满足带轮滚装的需求，码头还需预留广阔的陆域和堆场空间。多用途船则通常在多功能码头进行作业，而载驳船的码头设施需求相对简单，有时甚至在锚地等开放水域就能完成作业。

接下来，我们将重点关注适合全集装箱船（吊装式）装卸作业的集装箱专用码头布局，如图3-2和图3-3所示。这类码头的布置和设计要满足一系列精确的要求。

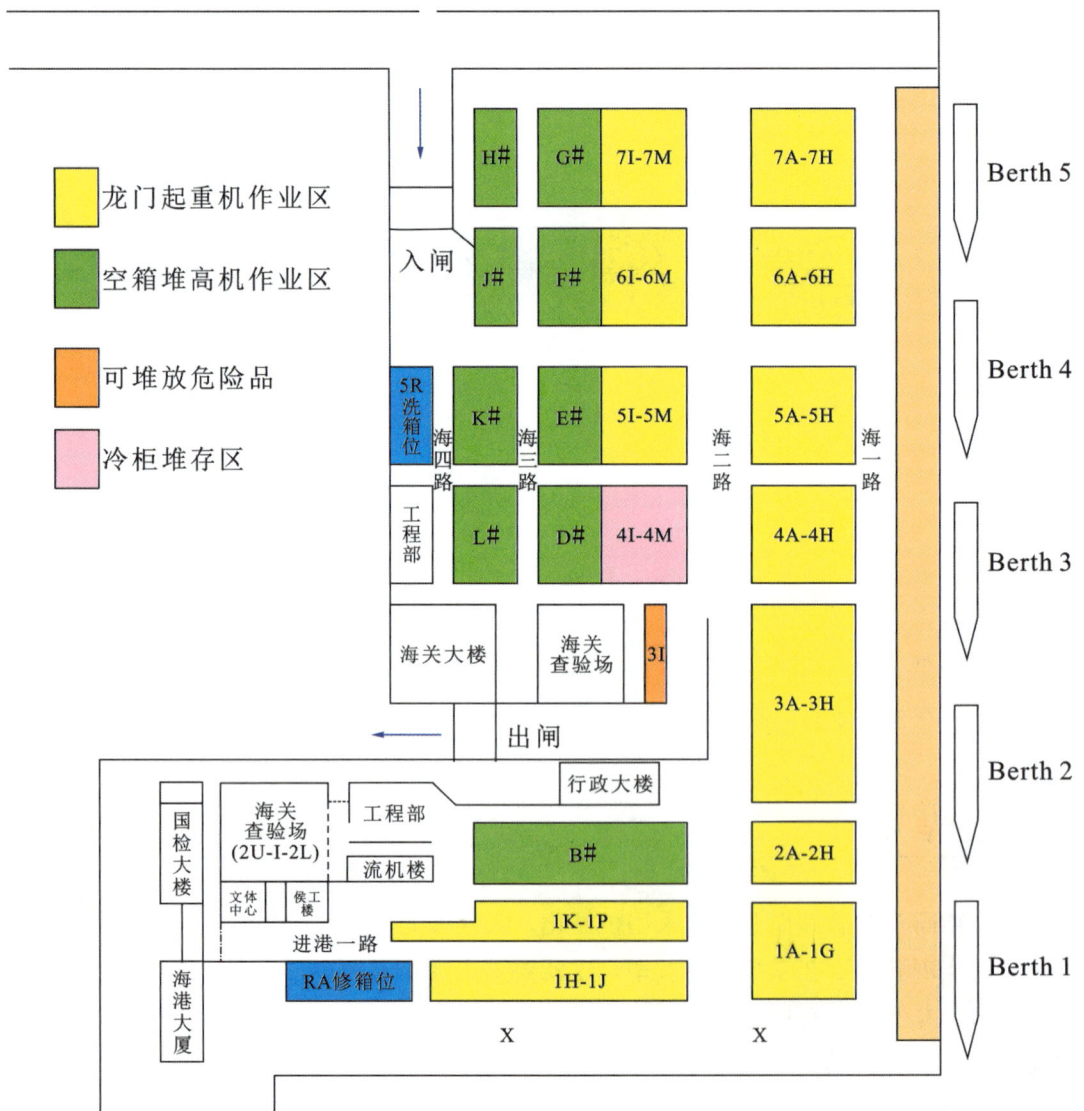

图3-2　集装箱码头的标准布局

图3-3　集装箱码头模拟布局图

（一）集装箱泊位岸线长度

为确保大型集装箱船的停靠和作业，泊位岸线长度应为300米以上。

（二）陆域纵深

随着集装箱船的不断大型化，其载箱量也在持续增加。为满足这一趋势要求，集装箱码头的陆域纵深通常应超过350米，部分先进码头甚至达到500米的纵深。

（三）码头前沿宽度

这一参数通常约为40米，具体取决于集装箱的装卸系统、岸壁装卸桥的技术规格以及码头内部的运输机械类型等。

（四）前沿设计考虑

为了提高装卸效率，码头前沿一般不铺设铁路线，也不采用船边直接取货的装卸方式。

（五）装卸桥配置

每个集装箱专用泊位都会配备3台岸壁式集装箱装卸桥，以确保高效完成装卸作业。

（六）集装箱堆场

这是进行集装箱装卸和存储的关键区域。其面积大小要根据特定船型的装载能力和船舶到港的密度来确定。例如，一个泊位岸线长为300米的泊位，其集装箱堆场面积可能达到或超过10500平方米。此外，集装箱堆场的面积大小还与其采用的装卸工艺及集装箱在港口的停留时间紧密相关。

（七）集装箱货运站（拆拼箱库）

集装箱货运站（拆拼箱库）可以布置在集装箱码头内部，通常位于大门与集装箱堆场之间，也可以将其设置在码头外部。

（八）通道布置

所有通道的规划和设计都需要严格根据装卸工艺和机械设备的要求来进行，以确保整体作业的高效与顺畅。

总之，集装箱专用码头的规划和设计是一个高度专业化的过程，需要综合考虑船舶大小、装卸效率、堆存能力以及工艺流程等多个方面。通过精心设计和优化，我们可以确保集装箱运输的高效、安全和顺畅。

二、集装箱码头的主要构成

在集装箱码头的日常运营中，高效的装卸作业与科学的业务管理离不开一系列完善的设施支持。下面详细介绍集装箱码头的一些主要构成。

（一）靠泊设施

靠泊设施主要由码头岸线和码头岸壁组成。码头岸线是供来港装卸的集装箱船停靠使用的，其长度应根据所停靠集装箱船的主要技术参数及有关安全规定而定。码头岸壁一般是指集装箱船停靠时所需要的系船设施。集装箱泊位岸线长度一般为300～400米，前沿水深应满足设计船型的吃水要求，一般为12米以上；岸壁上设置系缆桩，用于集装箱船靠泊时拴住集装箱船；为保护岸壁不受损坏，岸壁上要设有防碰撞装置。

（二）码头前沿

码头前沿是指码头岸壁到集装箱编排场之间的码头面积。码头前沿设有岸边集装箱装卸桥及其运行轨道。码头前沿的宽度可根据岸边集装箱装卸桥的跨距和使用的其他装卸机械种类而定，一般取40米左右。集装箱码头前沿如图3-4所示。

集装箱码头前沿一般不铺设铁路线，因为各种车辆及集装箱的衔接交换都是在前沿作业区进行的，前沿作业区非常繁忙，如果为了部分集装箱的车船直取而铺设铁路线，会严重影响更多的集装箱的装卸作业，结果可能是得不偿失，所以很多学者都不主张在集装箱码头前沿铺设铁路线，只有在个别情况下（如装卸作业直取占比很大的码头），码头前沿才铺设铁路线。

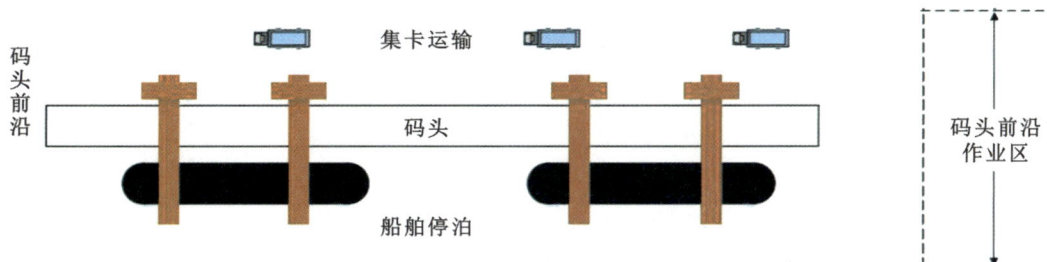

图3-4　集装箱码头前沿示意图

（三）集装箱编排场

集装箱编排场又称前方堆场或编组场，是供待装船的集装箱和即将卸船的集装箱堆放的场所。这种编排场主要堆放上航次进港的集装箱和本航次即将出港的集装箱，通常被布置在码头前沿与集装箱堆场之间（参考图3-5中的前方堆场），其主要作用是保证船舶装卸作业能够快速且不间断地进行。

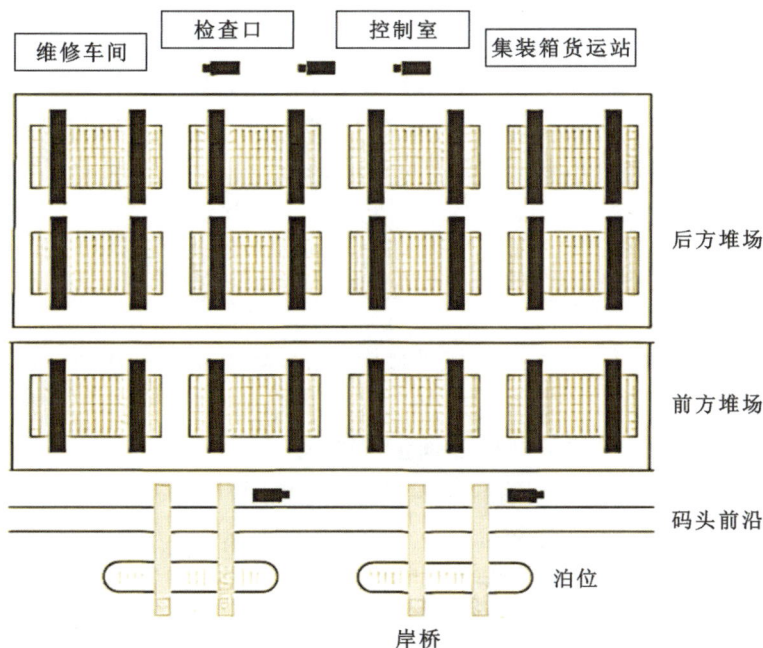

图3-5　集装箱堆场平面布局图

集装箱编排场面积大小的确定主要与集装箱码头的吞吐量、设计船型的载箱量、到港船舶密度及装卸工艺系统等有关。例如，集装箱直接堆放或者放在底盘车上、是堆放一层还是数层等不同的情况会直接影响其所需的面积。同时，集装箱编排场的配置方法及其与码头前沿的距离等因素会对装卸作业产生影响，因此需要慎重考虑。

通常情况下，在集装箱编排场上会按照集装箱的尺寸预先在场地上用白线或黄线画好方格，即箱位，并给这些箱位编上箱位号。当集装箱装船时，可以根据船舶配载图找到这些待装箱的箱位号，从而有次序地进行装船作业。

（四）集装箱堆场

集装箱堆场是进行集装箱交接和保管的场所，有的集装箱堆场还包括存放底盘车的场地。由于进出码头的集装箱基本上都需要在堆场存放，因而集装箱堆场面积的大小必须适应集装箱吞吐量的要求，应根据设计船型的装载能力及到港的船舶密度、装卸工艺系统、集装箱在堆场上的排列形式等来确定。

集装箱在堆场上的排列形式一般有纵横排列法和"人"形排列法。纵横排列法即将集装箱按纵向或横向排列，此法应用较多。"人"形排列法即将集装箱在堆场堆放成"人"形，这种方法适用于底盘车装卸作业方式。

（五）集装箱货运站

集装箱货运站有的设在码头内，有的设在码头外。集装箱货运站是拼箱货物进行拆箱和拼箱的场所，主要任务有出口拼箱货的接收、装箱，以及进口拼箱货的拆箱、交货等。集装箱货运站应配备拆装箱场所及集装箱堆码用的小型装卸机械等设备。集装箱货运站的规模应根据拆箱量及不平衡性综合确定，其宽度、纵深、高度应便于叉车进出作业。

（六）维修车间

维修车间是对集装箱及其专用机械进行检查、修理和保养的场所。它的主要任务是及时对集装箱及主要机械进行检查、维修和保养，使其经常处于完好的技术状态，提高完好率，以保证集装箱码头作业不间断地正常进行。

维修车间的规模应根据集装箱的损坏率、修理期限、码头内所使用的车辆，以及装卸机械的种类、数量及检修内容等确定。

（七）控制室

控制室是集装箱码头作业的指挥中心（见图3-6），其主要任务是监视和指挥船舶装卸作业及堆场作业。控制室应设在码头的最高处，以便清楚地看到码头上所有集装箱的箱位及全部作业情况，有效地进行监督和指挥工作。

图3-6　控制室内部

（八）大门

大门也叫闸口，是集装箱码头的出入口，也是划分集装箱码头与外界有关部门责任的分水岭。集装箱码头大门的工作十分重要，所有进出集装箱码头的集装箱均在大门处接受检查，同时办理交接手续并制作有关单据。这些单据不仅是划分责任的依据，也是集装箱码头实行电子化管理的重要数据来源。

近年来，计算机视觉技术的应用帮助码头实现了闸口的无纸化、无操作员操作。智能码头闸口系统可以在短时间内自动检测和识别集装箱序列号等。通过与信息系统的对接，该系统可以减少大量人力资源，降低错误率。新一代智能闸口如图3-7所示。

图3-7　新一代智能闸口

（九）集装箱码头办公楼

集装箱码头办公楼是集装箱码头行政、业务管理的大本营，目前已基本实现电子化管理，正逐步向自动化管理迈进。

（十）集装箱清洗场

集装箱清洗场负责对污箱进行清扫和冲洗，确保空箱符合使用要求。集装箱清洗场一般设于码头后方，并配备齐全的清洗设施。

课后练习

一、选择题

1.集装箱码头前沿一般不铺设铁路线的主要原因是（　　　）

A.成本高　　　　　　　　　　　　B.影响装卸作业效率

C.码头面积不足　　　　　　　　　D.环保要求

2.集装箱编排场的主要作用是（　　　）

A.存放维修设备　　　　　　　　　B.临时堆放待装船集装箱

C.提供员工休息区　　　　　　　　D.处理危险品货物

3.控制室通常设置在（　　　）

A.码头大门旁　　　　　　　　　　B.堆场中央

C.码头最高处　　　　　　　　　　D.维修车间内

4.智能码头闸口系统的核心功能是（　　　）

A.自动检测集装箱序列号　　　　　B.提供餐饮服务

C.管理员工考勤　　　　　　　　　D.播放背景音乐

二、简答题

1.描述靠泊设施的结构与功能。

2.集装箱专用码头的泊位岸线长度至少需多少米？为什么需要这样的长度？

专题四　集装箱码头机械设备

任务导入

　　小李在进行集装箱码头的布局设计时，面对码头上各种各样的装卸机械设备，有点茫然——这些机械设备是做什么用的呢？具体又该怎么使用呢？

知识点

　　集装箱码头机械设备是集装箱码头的重要组成部分。要充分发挥集装箱运输高效率的优点，集装箱码头作业必须具有高效率，这就对码头作业机械设备提出了较高的要求。集装箱码头作业必须使用现代化的、先进的装卸设备，以缩短码头装卸作业时间，加快作业进度，达到船舶停港时间短、周转速度快的目的，实现集装箱高效率运输。

一、装卸桥

　　装卸桥是一种配置在码头岸边的装卸机械（见图3-8），因此有时被称为岸吊。由于其吊臂很长，展开时就像一座桥梁，所以也被称为桥吊。由于其支撑部分的形状似宝塔，所以又被称为塔吊。在码头实际操作中，码头工人习惯简称它为"塔"。由于码头上的泊位通常不止一个，且运输集装箱的船舶均是大型船舶，占据码头岸线距离较长（一般一个泊位占码头岸线长约300米），为提高作业效率，码头上每兴建一个集装箱船泊位，就会给这个泊位配置3台装卸桥，即泊位与装卸桥的数量比是1∶3。

　　在繁忙的码头作业环境中，为了提升管理效率与作业便利性，通常会对每一台装卸桥进行编号处理。在码头工人的日常交流中，他们更倾向于使用"几号塔"这一称谓。例如，1号泊位上的三座装卸桥会被依次编号为1、2、3，而相邻的2号泊位的装卸桥则继续编号为4、5、6，依此类推。因此，我们可以清晰地指代这些设备为1号泊位的1号塔、2号塔、3号塔，或是2号泊位的4号塔、5号塔等。

图 3-8　装卸桥实景

　　图 3-9 是装卸桥的结构示意图，它采用塔式结构，塔顶延伸出长长的吊臂（大梁），操作司机的控制室（机房）安装于后大梁上。控制室下方装有吊具机构，俗称"吊排"，它们既可以沿大梁水平移动，也可以单独垂直升降，实现集装箱从岸上到船上或从船上到岸上的转运。前大梁的长度称为外伸距，外伸距越长，装卸桥的作业范围就越广。目前使用的装卸桥外伸距一般为 35～60 米。

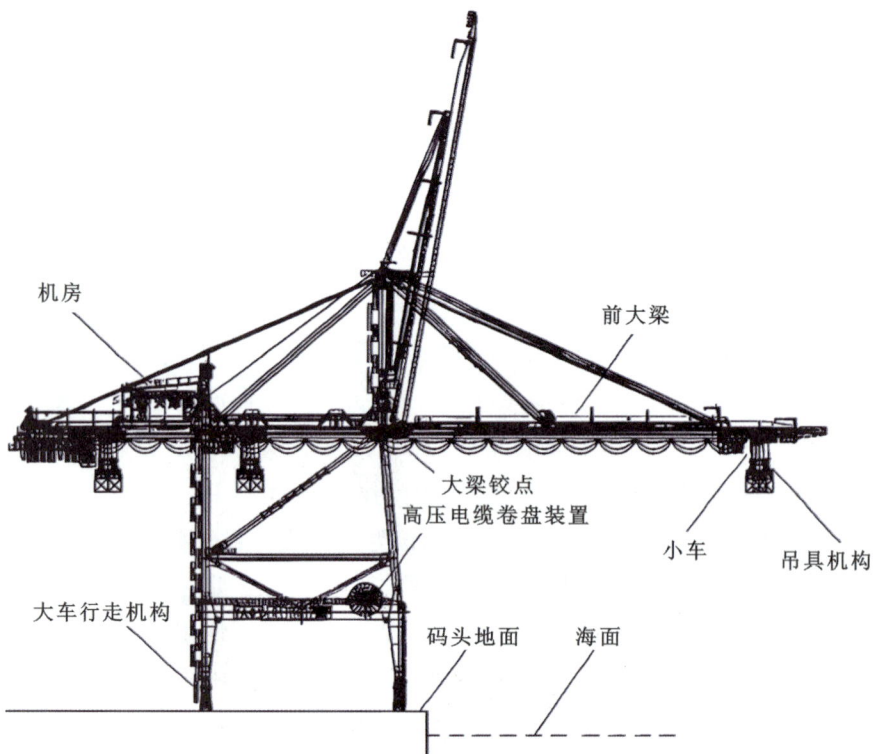

机房　前大梁　大梁铰点　高压电缆卷盘装置　小车　吊具机构　大车行走机构　码头地面　海面

图 3-9　装卸桥结构图

装卸桥用四只"脚"（即图3-9中的大车行走机构）支撑在地面上，每只"脚"装有四个导轨轮和一台驱动电动机，使装卸桥可以沿码头岸线移动。装卸桥的电源来自码头，通过埋设的电源线和电缆槽铺设的电缆与装卸桥连接。为解决电缆长度问题，装卸桥上设有一个可旋转的高压电缆卷盘装置，实现电缆的长短变化。

考虑到集装箱码头可能遭受台风等自然灾害的威胁，各码头均会采取防台风措施。装卸桥在不使用时，会停放在指定的安全位置，并通过锁紧装置"大车锚锭"牢牢地固定在地面上。

装卸桥的作业效率取决于操作司机的技术熟练程度以及作业外部环境。正常情况下，装卸桥的作业效率为每小时完成35～45个吊次的装卸作业。

二、龙门起重机

在繁忙的集装箱码头堆场，有一种不可或缺的装卸设备，它身形高大，形如门户，因此得名"龙门起重机"，装卸工人们亲切地称之为"龙"或"场桥"。面对广阔的堆场和密集的作业需求，"龙"的数量远超过装卸桥，并且每台"龙"都拥有专属编号，如1号龙、2号龙等，便于识别与调度。

图3-10直观地展示了龙门起重机的外形结构。其核心结构为一座稳固的"门"，门梁之上镶嵌着操作控制室，这里是司机操控全局的指挥中心。控制室前下方，一只灵活的吊具悬垂而下，如同巨人的手臂，既能随控制室沿门梁水平滑行，也能独立进行垂直升降。正是这两种灵活的移动方式，让龙门起重机能够轻松地将沉重的集装箱从拖车上稳稳吊起，再精准地放置在堆场指定位置，或从堆场搬运至拖车上，实现货物的高效流转。

图3-10 龙门起重机

龙门起重机家族中，有两位主要成员，即轨道式龙门起重机和轮胎式龙门起重机。

轨道式龙门起重机，正如其名，装备有钢质车轮，沿着固定的轨道行驶，作业区域固定，适合那些作业量大、位置变化少的码头。其强大的定位能力和自动化潜力，使之成为自动化集装箱码头的优选。

轮胎式龙门起重机则以灵活多变著称。四个橡胶轮胎不仅承载着龙门起重机庞大的身躯，还能实现90°旋转，让龙门起重机能够轻松穿梭于不同作业区域，根据需求调整位置，实现资源的优化配置。需要注意的是，由于其重量庞大，转向时要谨慎选择地点，通常借助镶嵌在地面上的铁板——"转向位"来减少对地面的损坏。当然，随着技术的进步，部分码头采用高强度水泥砖铺设地面，进一步提升了轮胎式龙门起重机的作业灵活性和地面保护能力。

龙门起重机的设计充分考虑了集装箱堆场的实际需求，其跨度达到6行集装箱加一条拖车道，确保了作业的宽广覆盖。同时，它能够堆码4～6层的集装箱，极大地提升了堆场的空间利用率。值得一提的是，龙门起重机的动力并非依赖外部电网，而是依靠自身携带的柴油发动机组，这种自给自足的设计保证了其不受外界电源限制，在各种环境下都能稳定作业。

三、叉车

叉车（见图3-11）也是一种用于堆场作业的机械，由自身携带的柴油发动机驱动，可以自由地在码头堆场内运动，因而具有较强的机动性和灵活性。受起重量小的限制，叉车一般用于空箱堆场的作业，它的堆码能力最高可以达到8层，即可堆8个集装箱的高度。它将前端伸出的两个叉臂插入集装箱底部的叉槽中，再通过液压装置提升叉臂，达到提升集装箱的目的。

图3-11　叉车

叉车根据其提升结构的不同，可以分为顶部起吊式和侧面起吊式两种。

四、正面吊运机

正面吊运机也称正面吊，是一种专门用于装卸和短距离运输集装箱的特种起重设备（见图3-12）。它结合了龙门起重机和铲车的一些特点，但设计上更为紧凑和灵活。在操作正面吊时，只需将吊具对准集装箱顶面四角的吊具孔，插入后锁紧，即可轻松起吊。这种设计使得正面吊在集装箱的吊装作业中表现出色，既稳定又高效，特别适用于港口、码头、堆场、铁路货场以及大型物流中心。

图3-12　正面吊运机

五、门座式起重机

门座式起重机如图3-13所示。我们可以清晰地看到，其底部结构类似于一扇门，因此得名"门座式起重机"，简称"门机"。这种起重机在码头作业中扮演着重要的角色，通常用于件杂货以及驳船集装箱的装卸工作。

与装卸桥相似，门座式起重机也是码头岸边的一种装卸作业机械。与装卸桥不同的是，它没有外伸的吊臂，且起重量相对较小。这使得它更适合小船和空箱的装卸作业。

门座式起重机的吊具由四条带有铁钩的钢丝绳组成。在工作时，这些铁钩会钩住集装箱四角的吊具孔，从而轻松起吊集装箱。其起吊机构具有360°旋转的能力，并且可以进行变幅（伸缩）运动，这使得它在装卸作业中更加灵活多变。

图3-13　门座式起重机

此外，门座式起重机的底部装有钢质车轮，类似于列车轮，这使得它可以沿着码头岸线的轨道行走，轻松移动位置。与装卸桥一样，门座式起重机在码头岸边的停放位置也有严格规定，必须放在指定位置，以确保作业的安全性和稳定性。

六、牵引车

牵引车是一种专为公路运输设计的机械，特别适合运输各种尺寸的集装箱。这种车辆通常由柴油发动机提供动力，其功率范围多样，能够满足不同的运输需求。牵引车的独特之处在于车头与车架可以分离，这种设计使得牵引车在使用时更加灵活。

根据车头的结构形式，牵引车可以分为平头型牵引车和长头型牵引车（见图3-14）。

图3-14　平头型牵引车（左）和长头型（右）牵引车

平头型牵引车的主要优点是驾驶室短，司机视线良好。同时，由于其轴距和车身较短，转弯半径小，因此操作非常灵活，特别适合在码头内进行作业。然而，这种类型的牵引车也存在一些缺点。由于发动机直接布置在司机座位下面，司机可能会受到机器振动的影响，舒适感较差。此外，在发生意外时，驾驶员的人身安全可能会面临较大的威胁。

长头型牵引车的发动机和前轮都布置在驾驶室前面,司机在驾驶时会更加舒适和安全。同时,这种布局也使得发动机的维修更加方便。然而,长头型牵引车的驾驶室较大,车头较长,导致车身整体长度增加,回转半径变大,操作灵活性相对较差。

小知识

黑科技设备——新加坡港的"机器狗巡检员"

新加坡港的秘密武器是波士顿动力Spot机器狗。这些四足机器人配备了热成像仪和激光雷达,夜间穿梭于集装箱缝隙,检测冷藏箱的压缩机温度异常,精度达±0.5℃。它们还能攀爬45°斜坡,用机械爪拧紧松动的转锁装置。2023年,机器狗在8个月内发现了327处隐蔽故障,包括1起岸桥钢丝绳微裂纹,避免了千万美元的损失。更酷的是,它们还会"汪汪"报警,成为码头工人的AI哨兵。

课后练习

一、选择题

1.装卸桥的作业效率通常为每小时(　　　)

A.10～20吊次　　　　　　　　　　B.35～45吊次

C.60～80吊次　　　　　　　　　　D.100吊次以上

2.轮胎式龙门起重机的优势是(　　　)

A.固定轨道作业　　　　　　　　　B.灵活转向移动

C.无须柴油动力　　　　　　　　　D.堆码高度达10层

3.正面吊的主要应用场景是(　　　)

A.远洋船舶装卸　　　　　　　　　B.短距离集装箱运输

C.码头前沿作业　　　　　　　　　D.危险品处理

4.门座式起重机与装卸桥的主要区别是(　　　)

A.无外伸吊臂　　　　　　　　　　B.使用电力驱动

C.仅用于空箱作业　　　　　　　　D.堆码高度更高

5.平头型牵引车的缺点是(　　　)

A.驾驶舒适性差　　　　　　　　　B.转弯半径大

C.维修困难　　　　　　　　　　　D.油耗高

二、简答题

1. 比较轨道式龙门起重机与轮胎式龙门起重机的适用场景及优缺点。
2. 为何装卸桥需配置"大车锚锭"？说明其作用。

专题五　集装箱码头堆场内箱位表示

任务导入

张师傅接到一个任务——从码头提取编号为"2301052"的集装箱。面对码头上堆积如山的集装箱，他有些迷茫，不知道如何找到这个位置。

如果你是码头的工作人员，如何引导张师傅找到正确的箱位呢？

知识点

集装箱码头80%以上的面积都会用作堆场，在堆场上通常同时存放着数万个集装箱。在集装箱码头操作中，对于给定的集装箱，我们可以通过箱主和箱号来加以识别，但是，对于给定集装箱在码头堆场上的摆放位置，我们怎样才能很快确定呢？如果将运到码头堆场的集装箱随意地摆放，势必造成码头堆场混乱、难以查找集装箱的局面，因此有必要确定一种表示集装箱在码头堆场内摆放位置的方法，以便能迅速查找到想要的集装箱。

一、堆场的划分

（一）整个堆场，按区划分

按照泊位顺序，每个泊位对应一个区。如1号泊位对应1号箱区，2号泊位对应2号箱区……，依此类推，如图3-15所示。

图3-15 堆场分区

（二）区内分块

区内继续分块（Block）。如图3-16所示，将第5区按照从海侧到陆侧的顺序，分别编为5-1、5-2、……如果数到第10块还没结束，就用5-A、5-B、5-C等类推。

图3-16 区内分块

（三）块内分贝

在每个块内部，可以根据集装箱船箱位的布局习惯，划分为多个"贝"（Bay）。这里的"贝"与集装箱船上的Bay（行）相对应，用于区分集装箱在横向上的位置。按照行业惯例，奇数编号（如1、3、5等）通常用于标识20英尺小箱的摆放位置，而偶数编号（如2、4、6等）则用于标识40英尺大箱的摆放位置，如图3-17所示，这样的划分有助于快速识别并安排不同尺寸的集装箱。

图3-17　贝位划分

（四）贝内分列

每个贝位一般有6列（Row），从靠近车道一侧起，分别为1、2、3、4、5、6列，如图3-18所示。

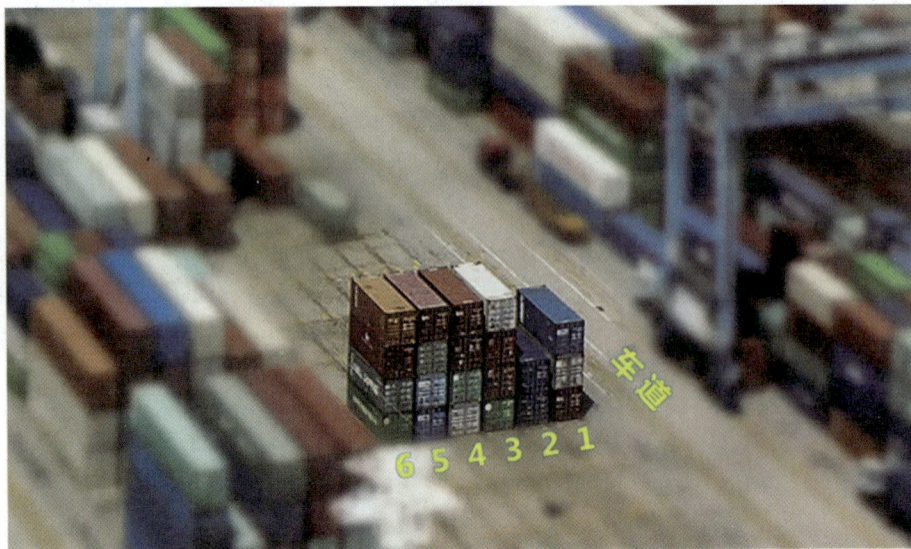

图3-18　列数划分

（五）列内分层

在垂直方向上，每列集装箱又被堆叠成不同的层（Tier）。层的数量受到堆垛设备的能力、安全规范及作业效率要求的限制，通常控制在4～5层。从底部开始，逐层向上编号为1、2、3、4等，如图3-19所示。这种分层堆叠的方式不仅提高了空间利用率，还确保了堆场的整体稳定性和安全性。

图3-19　层数划分

二、集装箱堆场内箱位的表示

（一）重箱箱位

不同的集装箱堆场内的箱位编号方法可能会根据码头的实际情况和操作习惯而有所不同，但大体上都是遵循"区/块/贝/列/层"的编号顺序来进行箱位划分的。有了这样的位置表示方法，集装箱在码头堆场的摆放就非常清楚了，也很容易查找。每个集装箱运到码头时，闸口服务部的职员会给出一个位置给该集装箱存放，并输入到电脑存档，等下次要找这个集装箱时，只要在电脑中输入箱号，电脑即会显示该箱的位置。如图3-20所示，2301052，表示该箱在2-3区块第一行第五列的第二层。

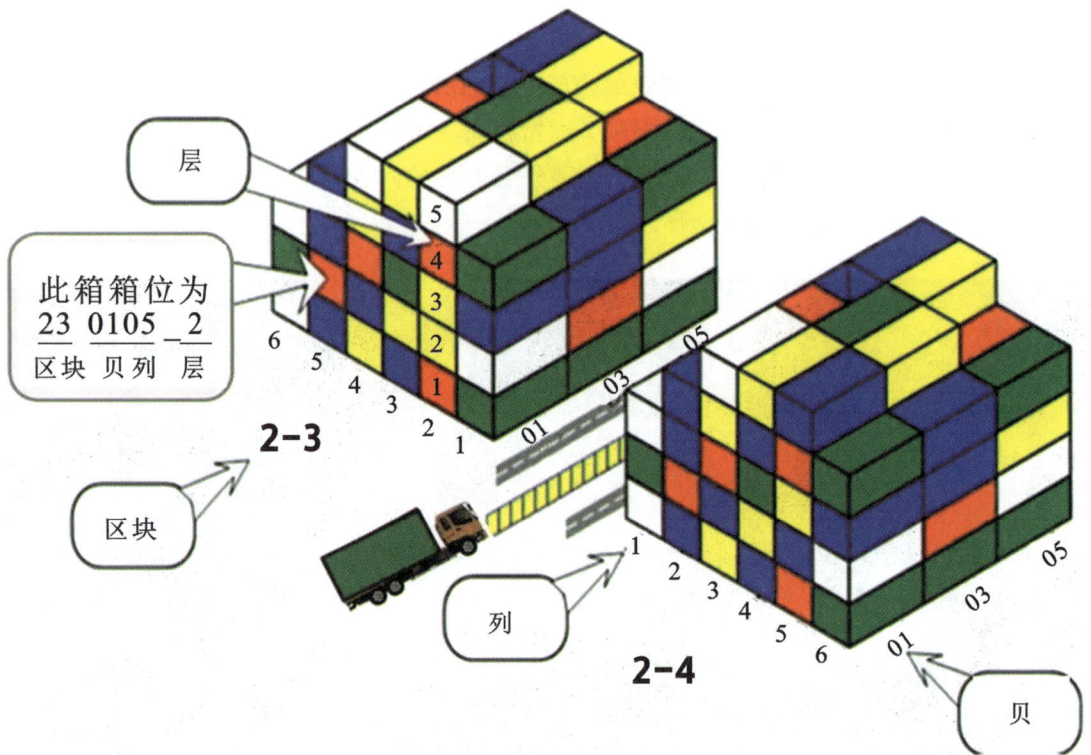

图3-20　堆场具体箱位示意图

（二）空箱箱位

上面所讲的是重箱在集装箱堆场内的摆放方法。对于空箱的摆放，我们通常只规定它们应该放在哪个区块内，而不像重箱那样具体到行位和列位。这主要是因为在使用空箱时，很少会有指定要特定箱号的情况。也就是说，如果客户（通常是船公司）需要取空箱去装货，只要是该船公司的空箱就可以，而不是非要某个特定号码的空箱。

因此，在码头堆场上，我们会划出几个专门的区域来存放空箱，每个区域又会被分成若干部分，然后再将这些区块分配给不同的集装箱箱主。在空箱场上，集装箱会按照不同的箱主分开摆放。由于取箱时不需要指定箱号，也就不会出现查找困难的问题。

也有一些集装箱堆场对空箱的摆放位置像对待重箱一样进行具体规定。这种做法更适合于集装箱码头堆场面积比较大、龙门起重机设备较多的情况。

课后练习

一、选择题

1.码头堆场内箱位号"2301052"中的"05"表示（　　　）

A.区号　　　　　　　　　　　　　　B.贝号

C.列号　　　　　　　　　　　　　　D.层号

2.空箱堆场的管理特点是（　　　）

A.需精确到列和层　　　　　　　　　B.按箱主分区存放

C.使用随机编号　　　　　　　　　　D.仅存放危险品

3.贝号划分中，偶数贝通常用于存放（　　　）

A.20英尺集装箱　　　　　　　　　　B.40英尺集装箱

C.危险品箱　　　　　　　　　　　　D.空箱

4.堆场划分中，块的编号规则是（　　　）

A.按颜色区分　　　　　　　　　　　B.海侧到陆侧顺序

C.随机分配　　　　　　　　　　　　D.按箱主首字母

二、简答题

1.解释箱位号"1708022"的含义，并说明其对应的堆场位置。

2.为何空箱堆场通常不规定具体列和层？举例说明其管理优势。

三、找箱体验

【练习目标】

1.掌握集装箱堆场箱位表示方法。

2.加深对集装箱堆场运作流程的理解。

3.培养实践能力和团队协作精神。

【任务要求】

1.实训过程中遵守安全规定，穿戴适当的防护装备。

2.根据课堂所学知识，参与找箱活动。

【任务步骤】

1.集体前往指定集装箱堆场。

2.事先准备一份包含5个箱位的清单，每个箱位代表堆场中一个具体的集装箱位置，学生按所给箱位找到该位置的集装箱。

3.在找箱过程中，学生互相帮助，共同解决问题。

4.找箱活动结束后，学生交流分享找箱过程中的体会和遇到的问题。教师对学生的操作进行点评，并解答学生在找箱过程中遇到的问题。

学习评价

序号	知识点	评价标准	分值	评价结果（是/否）	得分
1	码头的职能	能说出码头的职能	10		
		能说出实现码头职能的条件	10		
2	码头的选址	能说出码头的选址条件	10		
		能说出码头选址的理由	10		
3	码头的构成	能说出码头的构成	10		
4	码头装卸机械	能说出码头装卸机械的种类与作用	10		
		能说出码头装卸机械的具体应用	10		
5	集装箱在码头堆场内的位置表示方法	能按指定箱位号找到集装箱	15		
		能根据集装箱的实际位置标出箱位	15		
合计			100	—	

注：评价结果"是"为该选项得满分，"否"为该选项得0分。

模块三
课后练习参考答案

策划篇

04

模块四

泊 位 策 划

专题一　泊位分配图

专题二　泊位分配图的制作

专题三　泊位策划的日常工作

模块导读

　　港口是国际物流网络的重要"节点"，港口的高效运转是国际物流得以畅通运行的前提条件。泊位策划是船舶在港口作业环节的"起点"，泊位策划对于确保船舶安全、高效地靠泊和离泊，提升船舶作业效率，缩短船舶在港口停留的时间，以及最终提升港口整体作业能力具有至关重要的作用。在具体实施过程中，泊位策划需要全面考量船舶的尺寸、类型、装卸需求、预计到达时间及离港要求等关键因素，据此科学安排船舶的靠泊位置、靠泊顺序以及作业班组配置。此外，泊位策划还需要注意与港口内部船舶策划、泊位策划及现场作业等环节顺畅对接，以保证整个港口作业流程的高效运作。

学习导图

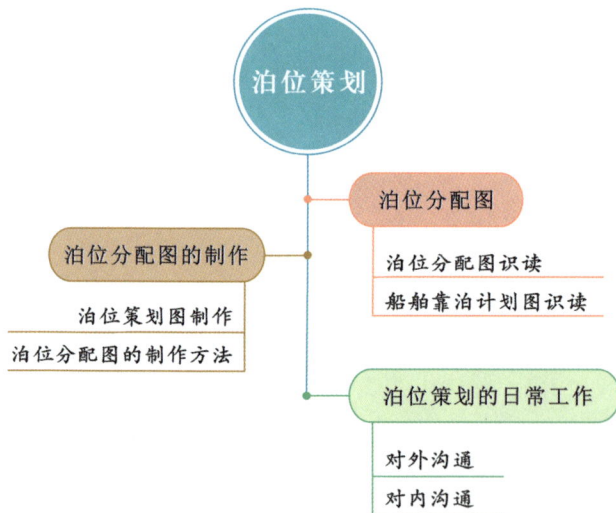

学习目标

◆ **知识目标**

1. 了解泊位分配图，能够识读泊位分配图。
2. 掌握泊位分配图的制作方法。
3. 了解泊位策划的日常工作。

◆ **能力目标**

1. 能正确识读和制作泊位分配图。

2.能熟知并处理泊位策划的日常工作。

◆ **素养目标**

1.养成认真、负责、严谨的态度。
2.培养团队协作的精神。

专题一 泊位分配图

任务导入

作为国际物流的重要"节点",一个成功运营的集装箱码头要服务于众多船舶及成千上万的集装箱,需提前一天乃至一周对未来工作进行计划和预估。泊位计划是码头所有工作计划的核心指导文件,因此,准确识读并制作泊位分配图,是优秀计划员的重要能力之一。那么,泊位分配图上都包含什么信息?它是如何指导其他部门的工作人员进行工作安排的?制作一个科学的泊位分配图需要哪些信息呢?带着这些问题,我们一起进入本专题内容的学习。

知识点

一、泊位分配图识读

泊位分配图(Berth Allocation Map)是用以表示船舶靠泊计划的图纸,即把一段时间内(一般是7天内)到港船舶的停靠位置及停靠时序以图示方式展示在一张图纸上。泊位分配图的主页面主要展示近期码头各泊位的船舶动态,包括靠泊时间、位置、离港时间以及装卸箱量等关键信息。

(一)泊位分配图的结构

不同港口的泊位分配图有所区别,这里以华南地区某一集装箱港口企业的泊位策划图为例进行讲解。如图4-1所示为某码头2022年12月11日14时26分制作的泊位分配图(可扫码查看原图,后同)。一张完整的泊位分配图应包括以下内容。

Berth Allocation

Berth & QC Maintenance

Berth 2	25/1721 25/1721 122.9-123.0 PARKING AREA
Berth 2	26/2200 19/1700 102.5-120.0 BARGE OPERATION QC1-4(BIT101.5-120)
Berth 8	05/0800 15/1600 353.0-355.0 QC34 UPGRADE BITT351-362 (USE QC33# TIE DOWN)
Berth 2	12/2200 13/2017 118.5-118.5 PARKING AREA
Berth 16	28/2200 08/1800 903.5-911.0 XF AREA(BITT903-911)
Berth 12	12/0000 12/2000 584.5-550.0 QC55-62 PRE-ANNUAL EXAMINATION
QC 011	10/0800 16/1600 160.5-162.5 BOOM DOWN; MOBILE; GIRDER ANTI-COLLISION SYSTEM()

Remarks

N -New Vessel
B -Bunkering/Sludge
H -Next Port HKG
@-Previous port is from domestic
? -ETA not confirm
T -Target vessel
C -COVID-19 document confirmed

(1) PH5SB GMNS/BFTIGE/247S AD9.2M D12/L 176
   B3--PH5SB--BF TIGER 134.0-125.4-123.2
   11/1800 A2/2 R12 HKHKG ETD 10/2030

(2) IA7SB GMN
  B4--IA7SB-
  5 @H
  12/0400 12

(3) EUXT YSLE
  B5--EUXT--
  @
  12/1900 12

(4) PANDA MS
  B3--PANDA
  7-128.0
  13/0100 13
  G ETD 12/0

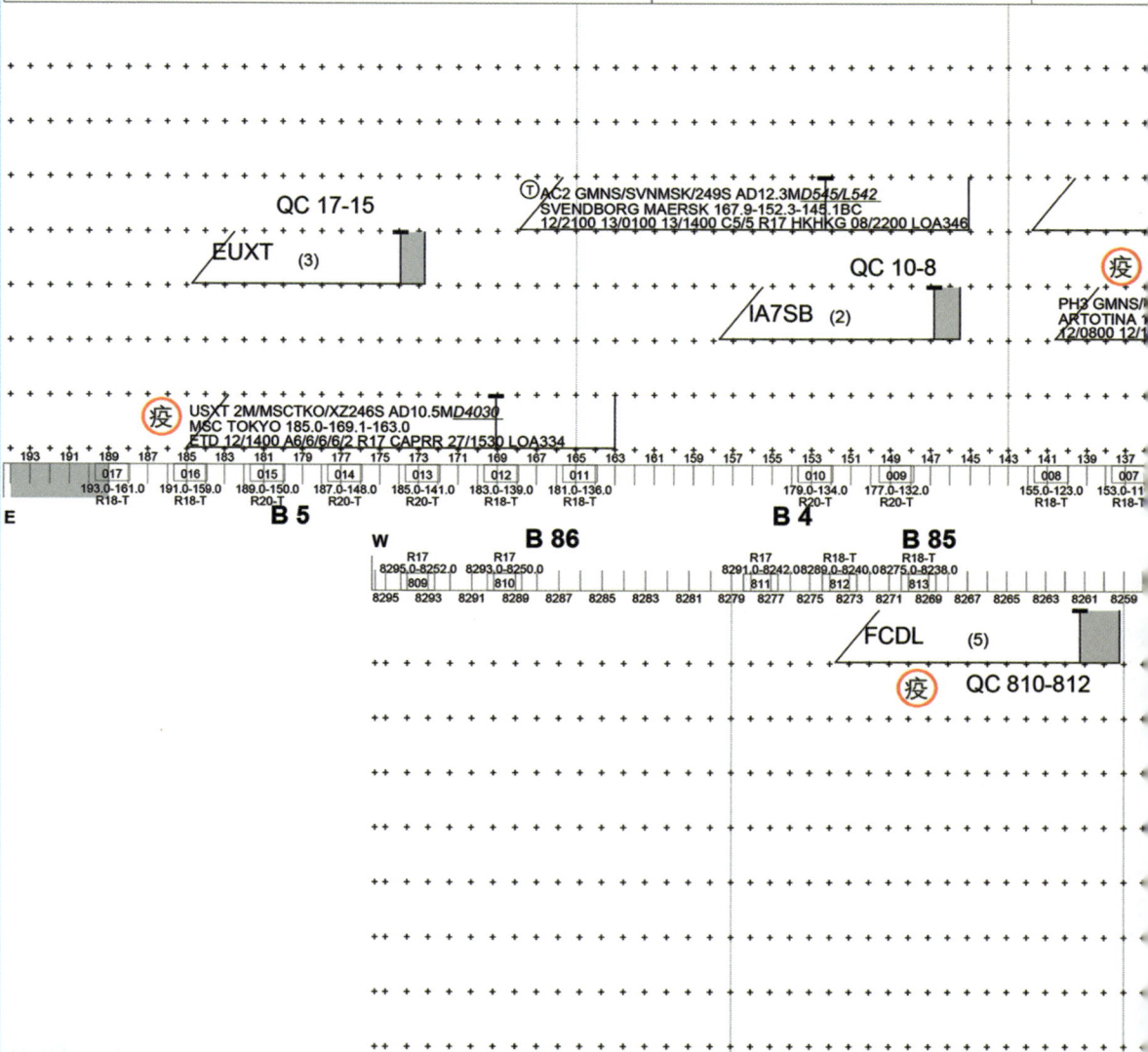

泊位分配图

CONFIDENTIAL
Date: 11/12/22 14:26:51
D95/L400
7.7-146.8-145.
R14
109/L291
173.9-172.7 C
/2 R10
8A D3/L400
E III 141.8-130.
/2 R13 HKHK
(5) FCDL CCFE/FESSOF/016N D702/L317
B85--FCDL--FESCO SOFIA 8273.7-8261.2-8259.2 @
12/1000 12/1200 13/0700 A1/3/3 R13 RUVVO ETD 06/1430
B3--PH3--ARTOTINA
Q;
B3--PH5SB--BF TIGER
Q-;POB AFT 0500/11,110/2G(93/CI2.02)
B85--FCDL--FESCO SOFIA
Q-PCR-E/?(15*RUS on RUS/5th);29TF+148F;
B4--IA7SB--MCC YANGON
Target for VIP cargo
B3--PANDA--MSC BELMONTE III
Q?
B5--USXT--MSC TOKYO
Q;599TF(143*domestic T/S to AM2E/USWC2/USWC1);7HQ/9.3/QC816/-63CM;692(472/CI8.5)
B4--AC2--SVENDBORG MAERSK
NIL Q; SLG/163CBM/9H;D-OV8HQ,L-8HQ,233/5G(217/CI5.1);
B5--EUXT--XIN HE HE
NIL Q;PA B2;
...
(a)
(1)
疫
520
12
129 127 125 123 121 119 117 115 113 111 109 107 105 103 101
006 005 004 003 002 001
0-110.0 140.0-108.0 132.0-106.5 128.5-105.0 126.5-103.5 125.0-102.0
R16 R16 R16 R16 R13 R13
B 84
B 2
E
S
B 83
B 1
W
N
18-T R18-T R18-T R16 R16 R16
-8236.0 8268.0-8234.0 8266.0-8232.0 8225.5-8214.8 8223.5-8213.5 8222.0-8211.3
14 815 816 803 802 801
8249 8247 8245 8243 8241 8239 8237 8235 8233 8227 8225 8223 8221 8219 8217 8215 8213 8211 8209
L/ZHGUFJ/007E AD9.6MD12/L407
U FU JIAN 8253.9-8239.6-8235.8
2/1400 13/0000 A2/3 R13
疫
QC 814-816

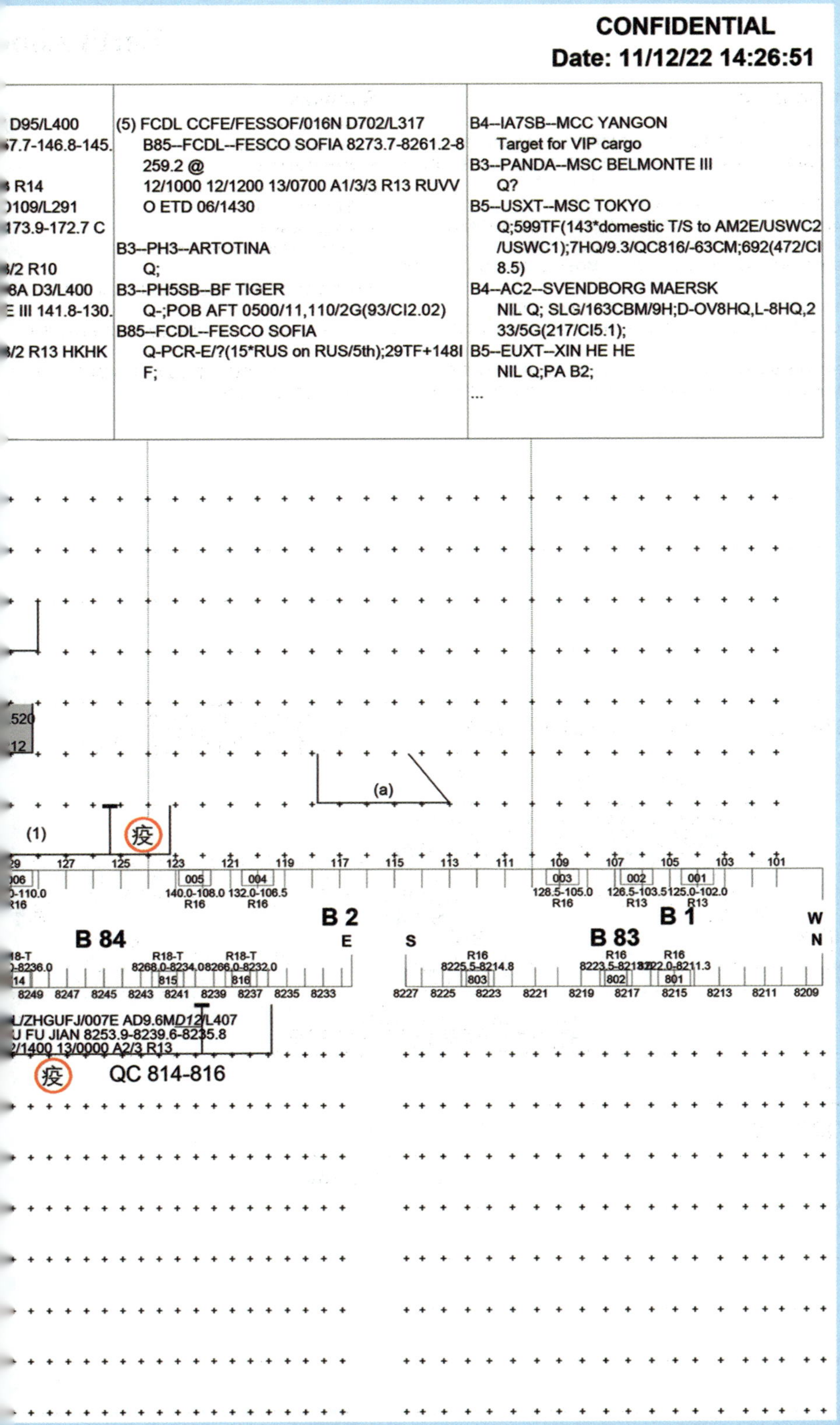

图4-1 泊位分配图

Berth Alloc

Berth & QC Maintenance

Berth 2	25/1721 25/1721 122.9-123.0 PARKING AREA
Berth 2	26/2200 19/1700 102.5-120.0 BARGE OPERATION QC1-4(BIT101.5-120)
Berth 8	05/0800 15/1600 353.0-355.0 QC34 UPGRADE BITT351-362 (USE QC33# TIE DOWN)
Berth 2	12/2200 13/2017 118.5-118.5 PARKING AREA
Berth 12	12/0000 12/2000 584.5-550.0 QC55-62 PRE-ANNUAL EXAMINATION
QC 025	07/0800 11/1600 324.0-326.0 BOOM UP; MOBILE; HOISTING
QC 063	09/2230 19/1530 597.5-599.5 BOOM DOWN; MOBILE; CONDUCTOR RAIL(
QC 037	10/0800 12/1600 362.0-360.0 BOOM UP; MOBILE; PROJECT
QC 036	10/0800 13/1200 360.0-358.0 BOOM UP; IMMOBILE; SPREADER CABLE
QC 058	12/0800 12/2000 563.0-561.0 BOOM DOWN; IMMOBILE; BOOM WIRE
QC 038	12/0800 13/1600 373.0-375.0 BOOM DOWN; MOBILE; TROLLEY WHEEL

Remarks

N -New Vessel
B -Bunkering/Sludge
H -Next Port HKG
@-Previous port is from domestic
? -ETA not confirm
T -Target vessel
C -COVID-19 document confirmed

(6) USWC1 2M/MSKEDI/249N AD11.5M D373/L2300

B13--USWC1--MAERSK EDINBURGH 625.0-616.0-600.9 ?
12/0600 12/0800 13/2100 A2/6/6/4/4 R19 HK HKG ETD 11/2200

(7)
12

(8)
13

QC 67-64/QC 67-64,62-61(A2>B4>6/C6A4?)

USWC1 (6)

ONEU7 OA/THAAVR/043W AD11.6M D626/L1527
THALASSA AVRA 624.6-615.6-600.4C@
ETD 12/0400 C5/4/4/4 R20 CNSHA 08/1600 LOA368

PCC3 COOO/OOCEGY/048E D19/L1361
OOCL EGYPT 596.8-587.5-572.7?@
12/2200 13/0000 14/0100 C3/3/5/2 R19 LOA366

B 15 B 6 B 14 B 13 B 1 B 7 B 8

AX1 HOH/SEABRG/2251E AD11.3M D1820/L554
SEASPAN BRIGHTNESS 327.7-343.6-349.9HBC
ETD 12/0400 A6/6/6 R19 HKHKG 09/2130 LOA337

USW
MSC
ETD

USEC7 (7)

QC 21-26

TEC1 (8)

QC 26-33

p PIII

CONFIDENTIAL
Date: 11/12/22 14:26:51

AN/51E AD10.2M D1768/L	B11--ONEU6--EVER ACT	B9--USWC2--MSC BEATRICE
N CANYON 306.8-320.4-3	Q-PCR/E/ok(TPE 5*on/8th);15bays10HQ/QC 52/-1.03m;576/8Q7G(566/Cl5.7)	NIL Q;310/3G(186/Cl4.6),7HQ/8mEK/QC35/ +1m;
13/0200 C6/6/6/2 R16 CNX	B6--USEC7--GLEN CANYON	B10--AM2E--MSC SIXIN
	NIL Q;D-6HQ,AD10m?	Q;SLG/75CBM/5H;D:9HQ/14.3m/B12/-90cm,
V0048E AD10.7M D3500/L	B7--TEC1--HYUNDAI DREAM	487TF+208RF;1000*MSC 20'XM(POD TAO);
	Q? 8HQ?653/7.4?,AD:10.7M?D:3262EM	LW:6Gangs;1050(734/8.3)
DAI DREAM 332.5-342.0-3	B13--USWC1--MAERSK EDINBURGH	B12--PCC3--OOCL EGYPT
	Q-/PCR/E/?(7*PH ON VH/7th);S.P/cancel(S	XMN ETB? AD/Tier? R/T 6HQ,
14/0400 B2/8/8/8/8 R19 HK	.P unit malfunction),D-OV6HQ,CSI:1800/12/	B16--ONEU1--OOCL SCANDINAVIA
	MSC	NIL Q;BOA & ASAP by Z,line REQ ETB b4 1
	B10--NEU2W--MANCHESTER MAERSK	100/11 & ASAP for EU schedule;318(284/7.3
	target svc;Tier?full speed,ETD B4 0700/14 fo	);13baysL-9HQ/13.4m;
	r TPP	...

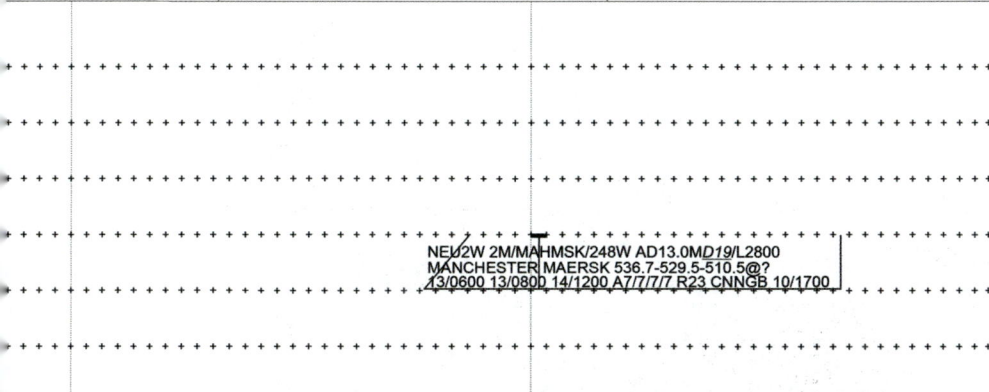

NEU2W 2M/MAHMSK/248W AD13.0M*D19/L2800*
MANCHESTER MAERSK 536.7-529.5-510.5@?
13/0600 13/080D 14/1200 A7/7/7/7 R23 CNNGB 10/1700

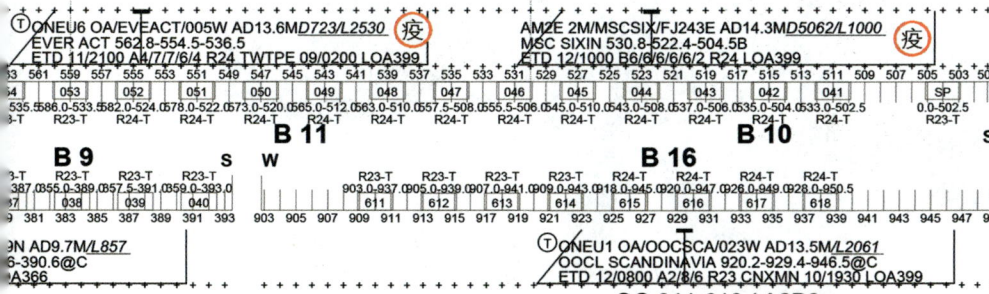

ⓉONEU6 OA/EVEACT/005W AD13.6M*D723/L2530*　🔴疫
EVER ACT 562.8-554.5-536.5
ETD 11/2100 A4/7/7/6/4 R24 TWTPE 09/0200 LOA399

AM2E 2M/MSCSIX/FJ243E AD14.3M*D5062/L1000*　🔴疫
MSC SIXIN 530.8-522.4-504.5B
ETD 12/1000 B6/6/6/6/2 R24 LOA399

3	561	559	557	555	553	551	549	547	545	543	541	539	537	535	533	531	529	527	525	523	521	519	517	515	513	511	509	507	505	503	501
	053		052		051		050		049		048		047		046		045		044		043		042		041				SP		

535.5 586.0-533.5 582.0-524.0 578.0-522.0 573.0-520.0 565.0-512.0 563.0-510.0 557.5-508.0 555.5-506.0 545.0-510.0 543.0-508.0 537.0-506.0 535.0-504.0 533.0-502.5　0.0-502.5
R24-T　R24-T　R24-T　R24-T　R24-T　R24-T　R24-T　R24-T　R24-T　R24-T　R23-T

B 9　　　　　　　**B 11**　　S　　　**B 10**　　　　　　　　　　　　　　　　S

-T　R23-T　R23-T　R23-T　　S　　W　　　R23-T　R23-T　R23-T　R23-T　　　**B 16**　　R24-T　R24-T　R24-T　　　　　　　E

903.0-937.0 905.0-939.0 907.0-941.0 909.0-943.0 918.0-945.0 920.0-947.0 926.0-949.0 928.0-950.5
387.0 855.0-389.0 857.5-391.0 859.0-393.0

	038		039		040		611		612		614		615		616		617		618		

9	381	383	385	387	389	391	393	903	905	907	909	911	913	915	917	919	921	923	925	927	929	931	933	935	937	939	941	943	945	947	949	951	953

N AD9.7M*L857*
6-390.6@C
A366

ⓉONEU1 OA/OOCSCA/023W AD13.5M*L2061*
OOCL SCANDINAVIA 920.2-929.4-946.5@C
ETD 12/0800 A2/8/6 R23 CNXMN 10/1930 LOA399

QC 611-618 / A2B8

① 标题。标明码头泊位分配图（Berth Allocation Map）。该泊位策划图包括PI/II（第一、二期码头）和PIII阶段（第三期码头）的码头泊位分配图。

② 泊位分配图的制作日期与时间，以及相应的文件等级。本泊位分配图的打印时间为2022年12月11日14时26分51秒。

③ 码头现在泊位分布情况，按比例据实绘制，并标出装卸桥或门座式起重机的配置和位置，码头系缆桩（见图4-2）的号码和位置。图4-1中B6至B16表示本港口第6号泊位到第16号泊位，图中虽以黑色实线划分泊位，但实际码头布局则以系缆桩作为标志进行区分。此图有严格的位置坐标，但是没有严格的时间坐标。B1至B6对应着严格的位置坐标，表示码头泊位所处的地理区间位置，每一位置后面会有一系列虚线，而这些虚线并不是严格的"等时线"，每一虚线之间的时间也不相同。

图4-2　码头系缆桩示意图

④ 按船舶到港时间的先后，整齐排列从当天起至未来3～4天的船舶到港情况，包括船名、航次、航线、船长、操作量、靠泊方向（左舷靠泊或右舷靠泊）、目标操作效率、操作岸桥号、系缆桩号、船舶代理、吃水、上一港口/下一港口、压港时间、ETA（预计到达时间）、ETB（预计靠泊时间）、ETD（预计离港时间）、特别跟进事项等内容。

⑤ 码头岸线及岸桥信息，包括码头每个泊位岸线长度、系缆桩号、相邻系缆桩距离、岸桥号、岸桥行走限位数据、码头岸线、岸桥维护信息和需要特殊跟进的事项。由于图4-1比例尺过小，为了更清晰地识别内容，这里选择其中的10号泊位进行说明，将图4-1中10号泊位进行放大，如图4-3所示。

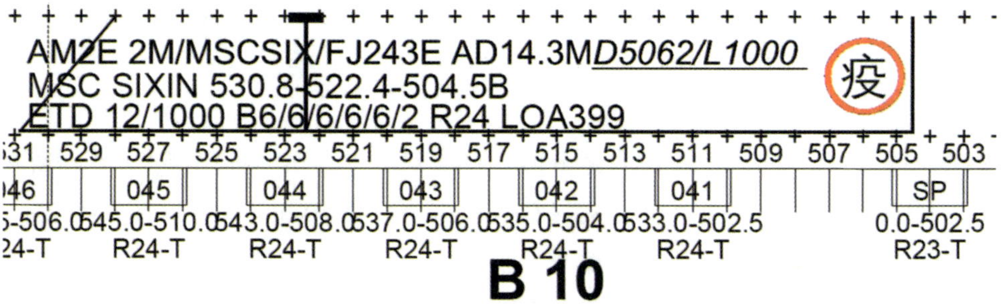

图4-3 泊位10细节图

图中503至531就是码头系缆桩的号码，此处表示10号泊位从502号系缆桩开始到530号系缆桩结束。041至046表示岸桥的编号，041下面的533.0-502.5表示此岸桥的活动空间。

（二）泊位分配图的主要信息

以图4-1为例，我们对泊位分配图中的主要信息按从上到下的顺序进行讲解。

（1）Berth Allocation Map PI/II（PIII）

表示该图为某集装箱PI/II（PIII）码头泊位分配图。

（2）Date：11/12/22 14：26：51

表示此泊位分配图的制作时间是2022年12月11日下午2时26分51秒。

（3）Berth & QC Maintenance

此处注明泊位和装卸桥的维修保养安排。比如，Berth8 05/0800 15/1600 353.0-355.0 QC34 UPGRADE BITT351-362（USE QC33# TIE DOWN），表示8号泊位5号的8时至15号的16时，34号岸桥（占用353至355系缆桩之间的位置）进行系统升级，此段时间内，351至362系缆桩区域使用33号岸桥安全受限。再如QC 036 10/0800 13/1200 360.0-358.0 BOOM UP；IMMOBILE；SPREADER CABLE表示第36号岸桥在10号8时至13号12时之间会铺设电缆，占用系缆桩358至360之间的位置，此段时间岸桥作业臂会升起，岸桥无法移动，此信息表示此处这段时间不能安排靠泊。

（4）Remarks

此处注明的是船舶靠离泊所需要跟进的特殊事项。相关解释如下：N-New Vessel表示第一次靠泊本港口的船舶，B-Bunkering/Sludge表示在本港口加油或回收污油，H-Next Port HKG表示下一港口去香港，@-Previous port is from domestic表示从国内的港口过来，？-ETA not confirm表示具体到港时间不确定，T-Target vessel表示重点关注目标船舶。此处的（6）（7）（8）等数字对应下面相应的船舶。其余单独标注的表示其他要特别注意的事项，如B5—USXT—MSC TOKYO Q；599TF（143*domestic T/S to AM2E/US-WC2/USWC1）表示5号泊位的船舶MSC TOKYO，需要建议（Q），有599个中转柜，其中143个为来自日本国内的中转柜，这些柜子将被转至AM2E/USWC2/USWC1航线的船舶上。

（5）主体内容

除了上述几项，剩下的就是泊位分配图的主体内容了。泊位分配图中心所显示的B1、B2、B3直到B16，说明这个码头共有16个泊位，B1到B16表明泊位的位置。与这些数字相连的就是码头岸线了，岸线上共有四行标识，其中靠近岸线的一行数字，从001至953，代表缆桩的编号及其位置，是泊位定位时的重要参考，然后就是标注在方框内稍微大一些的数字表明装卸桥的号码，在这个方框下方所标明的数字是这个装卸桥的位置限制了，意思就是这台装卸桥左右移动所能到的最远地方；最下方一行标注如R24-T，表明该装卸桥能操作最多24列集装箱的船舶，且具备并排作业能力（T代表twin），即能一次性吊起两个20英尺的集装箱，如图4-4所示。

图4-4 集装箱码头双向作业

（三）船舶靠离泊信息

图4-3为从图4-1剥离出来的10号泊位某一时段的靠泊信息，也是泊位分配图中惯用的典型图例。下面对图4-3中的内容进行解读。

此船为左舷靠泊（因为海岸线在船舶的左侧），船头朝左侧。

AM2E为航线代码，一般为码头公司特有代码，此处代表亚洲到地中海航线。

2M为联盟代码，表示马士基航运和地中海航运组成的2M联盟。

MSCSIX/FJ243E为船舶名称的缩写及航次号，船舶名称全称为MSC SIXIN，在下一行有标识，FJ243E根据船舶提供航次输入，与船公司保持一致即可。

AD 14.3M表示尾部吃水14.3米，这通常是指船舶的最大吃水深度。在一般情况下，船舶的尾部吃水代表了船舶需要的最小水深，以确保安全航行。例如，万吨级轮船的吃水深度一般为9米左右，而十万吨级的船舶则大约为14米。

D5062/L1000为预计作业数量，D表示卸载（discharge），L表示装载（load），5062和1000分别表示要卸载和装载的集装箱数量。

530.8-522.4-504.5表示船舶所处的位置，船头在530号和531号系缆桩之间，0.8表示占据两者之间80%的距离，更接近531号；驾驶台在522.4位置，船尾在504.5位置。

B为需要加油或回收船舶污油。

ETD 12/1000表示预计离港时间为12号上午10点钟。此处仅有一个ETD表示船舶为已经靠泊。对于未靠泊的则有3个数字，如10号泊位后续靠泊的船舶（见图4-1）。由于此图为已经靠泊船舶，没有船舶的预计抵港时间，参考图4-1PIII期泊位10的第二艘船舶，13/0600为ETA（预计到达时间），13/0800为ETB（预计靠泊时间），14/1200为ETD（预计离港时间）。

B6/6/6/6/6/2表示B班开始作业（码头一般为三班倒，A表示08：00～16：00时间段，B表示16：00～24：00时间段，C表示0：00～08：00时间段），此处表示前五个班都是6部岸桥工作，最后一个班2部岸桥工作。

R24表示此船横向24列，LOA399表示船舶全长399米。

反映泊位分配图中的内容可以有多种形式，图4-1只是其中一种。一般来说，各个集装箱码头都有自己习惯的表达方式。无论采用什么方式，只要能够将未来几天船舶靠泊计划及其所需要注意的事项表达清楚即可。

二、船舶靠泊计划图识读

一般情况下，小型集装箱港口仅包含船舶靠泊计划图（Vessel Berthing Schedule，VBS），大型港口可能包含船舶靠泊计划图和泊位分配图。船舶靠泊计划图的时序跨度较长，涵盖以打印日期为中心的前后各3.5天共计7天的靠泊计划及执行情况，内容详尽。

（一）基本信息

图4-5为某码头2022年9月23日8时02分制作的VBS图。相较于泊位分配图，此图有如下主要特点。一是此图具有严格的坐标体系，纵坐标为位置坐标，1-15表示1号泊位至15号泊位；横坐标则为严格的时间坐标，中间红线位置为打印时间点，前后各3.5天共7天时间。二是船舶横纵坐标也代表空间和时间，船舶上下距离的长度和泊位对应，长度大小对应占据泊位空间的大小，横向长度所跨越的时间坐标代表船舶预计靠泊的作业时间。一个完整的VBS图包含如下信息。

Vessel Berthing Schedule

Confidential

Date : 23/09/22 08:02:37

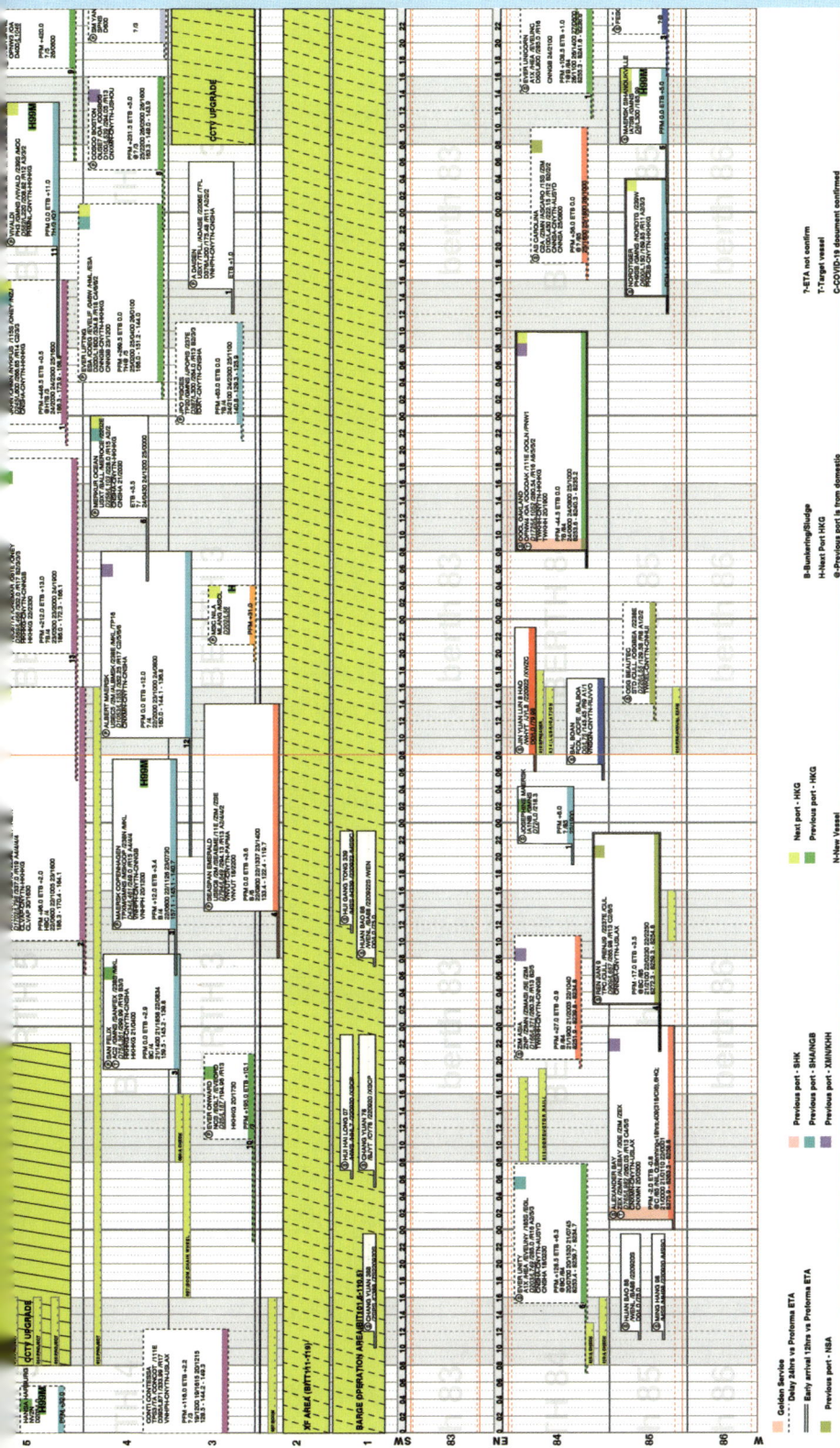

图 4-5　完整的 VBS 图

（1）抬头

图4-5中为Vessel Berthing Schedule。

（2）文件属性及日期

Confidential表示此文件具有保密性，为公司内部文件，不可外传。Date表示打印时间。

（3）图的说明

一般位于图的上方或者下方，该图的相关说明在整个图的下方，用不同的颜色和字母表示不同的含义。

（4）主体内容

该图的主体内容为以泊位为纵坐标、时间为横坐标的船舶靠泊计划，包括港口所有泊位过去3天已经完成作业的、现在正在靠泊的以及未来三天即将靠泊的船舶计划。

（二）船舶靠泊计划信息识读

下面以14号泊位一条船为例说明如何识读船舶靠泊计划。将图4-5中14号泊位部分进行放大，如图4-6所示，此图所展示的信息主要包括如下内容。

① 船右上角为绿色方块标记，表示其上一港口为香港。不同的颜色的意义请参考图4-5下方的说明。

② 图的左下方较细的绿色时间轴代表引航员靠泊时间，时间轴起点为2022年9月25日13时，代表此船预计到达引航站的时间为13时。

③ 从横坐标来看，船舶的大方框起点标记为16时，表示预计靠泊时间为16时；大方框的终点则是2022年9月26日22时，表示船舶预计离港时间为9月26日22时。

④ 从纵坐标来看，船舶停靠在13号和14号泊位，占用了2个泊位各自的50%左右。图中黑色横线代表泊位的虚拟物理分割，请与图4-5参照比较。

⑤ 图中左上方的Ⓢ表示此船为右舷靠泊。

⑥ OOCL SINGAPOR为船名。

⑦ OUSE2 /OA/OOCSIN /047E /OOLN /ECX1分别表示联盟航线代码/联盟名称/船舶缩写/船舶航次/船东缩写/船公司航线代码。

⑧ D2400/L 1800/366.46 /R19 B2/7/7/5分别表示卸载2400个箱子/装载1800个箱子/船长366.46米/船舶为19列/B班靠泊/停靠4个班，每个班岸桥数分别为2、7、7、5个。

⑨ HKHKG-CNYTN-CNXMN表示上一港口为香港，下一港口为厦门。

⑩ HKHKG 25/0800表示香港预计离港时间为25号8时。

⑪ PFM+38.5 ETB+1.0中，PRM为英文单词performance的缩写，为船期表现，后面的时间代表班期延迟了38.5小时。ETB+1.0代表比预计靠泊时间晚了1小时。

⑫ ?/12/Q?delay；M/E?DIVING？分别表示预计到达时间不确定/12/不太确定是否需要检疫，船舶延迟了/是否需要维修保养？是否需要潜水？

⑬ 25/1300 25/1600 26/2200分别表示预计到达时间、预计靠泊时间和预计离港时间。

⑭ 600.6-609.9-624.7分别表示船尾起点系缆桩位置、驾驶台系缆桩位置和船头系缆桩位置。

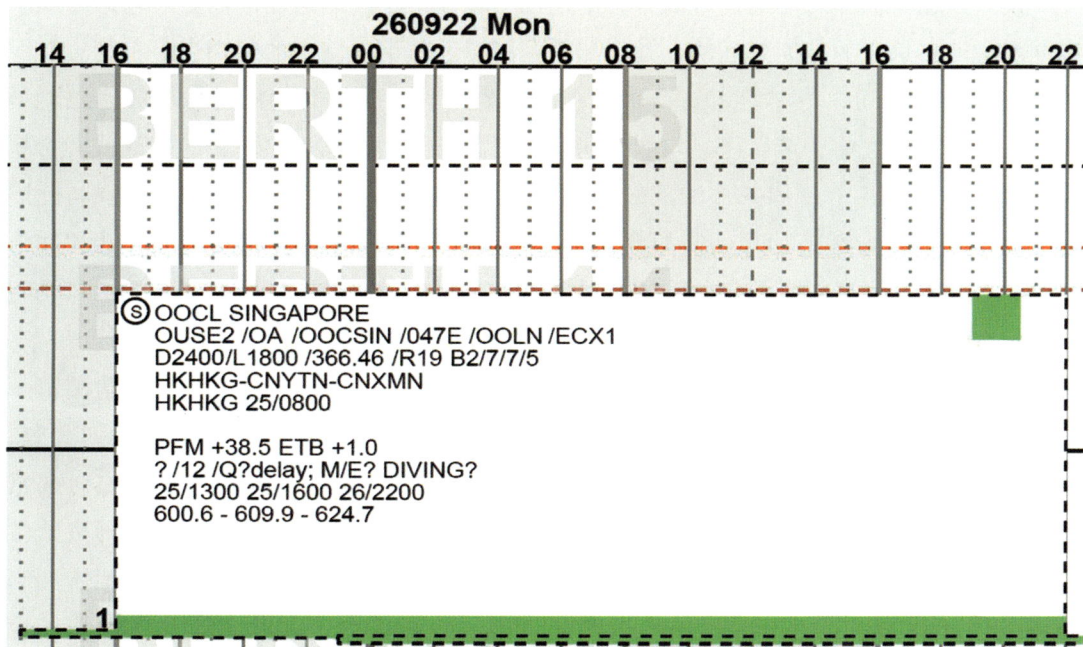

图4-6　船舶靠泊计划信息识读

专题二　泊位分配图的制作

任务导入

经过学习，新入职的计划员基本掌握了泊位分配图的内容，但随着工作深入，他遇到了新问题——需要亲自参与泊位分配图的制作。那么，绘制泊位分配图需要准备什么材料呢？泊位分配图的制作步骤又有哪些呢？

一、泊位策划图制作

按照运输特征，海洋运输可以分为定期船运输和不定期船运输，而集装箱运输属于定期船运输。这里的定期船运输，是指船公司将船舶按事先制定的船期表，在特定航线的各挂靠港口之间，为非特定的众多货主提供规则的、反复的货物运输服务。也就是说，在船舶靠泊之前，港口已经与船公司达成了服务合约，除非出现新的航线或者有航线取消，否则理论上每周来靠泊的船舶的数量和大致的时间顺序都是固定的。与此同时，由于涉及作业细节烦琐、需要联系的部门繁多，且海运具有较强的国际性和网络性，港口和船公司是实现信息化管理较早的行业，因此，目前国内所有集装箱港口均有信息化系统来支持港口作业。

在这个系统中，港口会根据与船公司达成的协议为每条航线对应的船舶预留一个事先确定的"泊位"和"时间窗"。如果所有船舶都能按照事先制定的计划实施，那么泊位策划的工作是相对容易的，但实际情况并非如此，船舶到港及靠泊时间常因外部因素（如上一港口离港延迟、天气变化、引航安排）和内部因素（码头繁忙程度、资源利用情况、作业强度）而与计划有较大出入，因此，泊位策划工作相当烦琐，需要计划人员具有较强的沟通交流能力、应变能力，并熟悉码头各板块的业务内容。

如前文所述，目前定期船运输多为"周班"，即港口每隔一周会迎来某一航线上的船舶靠泊，为相关船舶提供装卸等服务，因此打算搭载此船舶出海的集装箱将提前2～7天进入港口，而泊位策划工作及所制定的泊位分配图是港口所有业务开展的逻辑起点。港口作业逻辑如图4-7所示，堆场策划会依据泊位分配图制定出口集装箱进入港口后放在什么位置，泊位策划会依据泊位分配图给定的资源制作船舶装卸计划和岸桥作业计划。因此，良好的泊位策划是码头顺利运作的前提保障，泊位策划人员需要充分利用码头泊位及装卸桥资源，精心规划码头可用泊位，确保其能够满足各类船舶的作业需求。

1. 泊位分配图制作涉及的基本信息

如前文所述，一般情况下，港口有专门的信息系统来制作泊位分配图。在制作泊位分配图时，需要提前将相关信息输入系统。

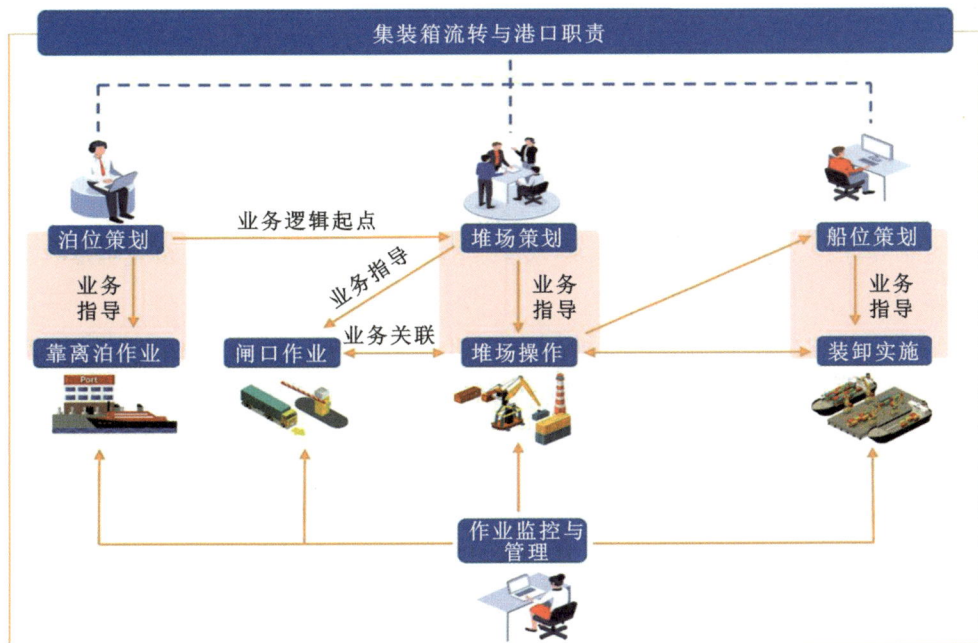

图4-7 港口作业逻辑流程

（1）船舶船期

为较为准确地输入信息，港口泊位策划部门一般会要求船公司提供该航线最近三个月的船期表，以及每艘船准确的船期。泊位策划部门会依据船公司提供的信息，在信息系统内详细录入船公司代号、船名、船期、船舶总长、航次代号、航线靠泊港、航线目的港等核心数据，同时录入截箱期、免费仓储期、船舶结构、总装载量等关键信息。

（2）码头泊位资源及其分布

每个码头都有自己独特的堆场与泊位布局，如码头布局形式（顺岸式、突堤式、挖入式）、每个泊位的岸线长度、水深，每个泊位所配备的岸桥作业高度和作业宽度等。上述因素决定了该港口每个泊位所能停靠的船舶大小。在制作泊位分配图时，必须清楚了解码头泊位的配置情况以及每个泊位的特点。

如果所有其他条件都不发生变化，如船舶会在既定时间到达泊位，码头会按照既定计划将船舶安排在泊位上，然后按照计划时间完成作业任务，那么有船舶船期和码头泊位分布情况就可以制订多泊位策划计划了。然而，船舶航行及码头作业存在诸多不确定性，工作人员要据此灵活调整和优化泊位策划。

2. 泊位策划外部影响因素

（1）船舶预计到达时间

近洋航行船舶的预计到达时间受上一港口离港时间影响较大，远洋航行船舶受天气影响较大，因此，船舶在到港前会不断调整预计到达时间。一般情况下，港口会要求船舶分别提前96小时、72小时、48小时和12小时发送船舶预计到达时间的信息给港口，以便泊位策划部门及时依据船舶到达时间调整船舶靠泊计划。

（2）船舶大小和吃水

港口建设是个投资巨大且工期较长的工程，因此一般港口采用阶段性分期建设方案。在建设过程中，随着船舶逐渐大型化及操作设备的技术进步，后期建设泊位会选择操作能力更强的设备，也会加大泊位的水深。泊位策划人员会根据船舶大小及每次装载货物的多少优化泊位靠泊计划。

（3）其他因素

若船舶有严格的离港时间要求，泊位策划人员会将船舶安排在作业能力较强的泊位。如果船舶要在港口维修或延期停靠，泊位策划人员会将船舶安排在作业能力较弱的泊位。

3. 泊位策划内部影响因素

（1）码头布局及集装箱堆存情况

码头布局（见图4-8）具有特殊性，一般情况下，港口内部不愿意长途跋涉地进行集装箱拖运，因为这会造成操作成本大幅度提升和作业效率降低。在泊位调整的时候，不到万不得已，不会将码头左右两侧的船舶靠泊计划互换位置。因此，泊位策划人员需要了解各船航次的收箱情况和出口箱堆场位置，以合理安排泊位和装卸机械。

图4-8　码头布局

（2）码头堆场密度和作业强度

一般情况下，集装箱港口会有多个泊位，每个泊位对应几个堆场堆存出口集装箱。如果船舶按照既定计划到港，那么码头泊位和堆场的操作效率将比较均衡，但有时部分船舶提早或者延迟靠泊，造成码头部分区域作业强度过高，如果强行将作业量较大的船舶放在两个相邻的泊位，则可能造成港内交通拥堵。

（3）设备限位和维修安排

每个岸桥都有其作业范围限制，泊位及岸桥也会阶段性维修保养。在制订船舶靠泊计划时需要关注泊位、岸桥的维修安排及作业范围限制问题，避免出现船舶靠泊后无法作业的情况。

二、泊位分配图的制作方法

现代国际集装箱码头的泊位分配图制作普遍依赖计算机，步骤简明且操作便捷，关键在于能及时更新船舶相关信息，具体如下。

（1）基本信息录入

将船舶船期信息（包括船名、船舶参数、预计靠离泊时间）及码头信息（包括泊位长度、泊位水深、设备参数）等输入系统，系统会自动绘制一个原始泊位策划图，如图4-9所示。这一原始泊位策划图会根据信息调整进行及时的动态调整，使用时直接调用即可。

（2）及时搜集船舶预计到达时间并据此优化靠泊计划

码头一般情况下会24小时不间断运营，每天都有船舶进进出出。泊位策划人员要根据船舶离港情况，及时与即将靠泊的船舶沟通联系，并据此调整船舶的靠泊计划。与此同时，工作人员应关注邮箱邮件内容，按照预定靠泊先后顺序向船公司确认船名、航次、到港时间、装卸数量等，对船期做进一步确认。

（3）预测船舶在港停留时间和配置装卸资源

合理预测船舶在港停留时间是泊位策划的一项重要工作，较为准确的船舶靠离泊时间能够方便边检、海关、海事及引航站等部门的工作安排。同时，泊位策划需要根据船舶计划作业量合理配置装卸资源，并兼顾装卸桥的良好状态。

（4）集装箱堆存位置和码头布局特征

优化靠离泊计划时，应综合考虑码头布局及货物堆存位置，尽量避免将船舶调至远离集装箱堆场的泊位。

（5）排版

将已定好泊位的船舶在泊位分配图上相应泊位的上方按到港日期先后从下到上标示出来，要求图形整齐美观，层次感强，方便阅读。

（6）备注

在图形适当位置标注注意事项，包括装卸桥状态、维修情况及预计完成时间等。

（7）打印及分发

码头作业一般为三班倒或两班倒，需要在交接班前打印并分发泊位分配图。如果是三班倒安排，需要在上午8时、下午4时和24时前完成制作；如果是两班倒，则需要在早上8时和晚上8时之前完成制作。交接班前打印出来，送达堆场、调度室、策划室、操作机械部、财务部、杂货组、海关、港监、外代、外理、轮驳公司、引航站、理货组等处。

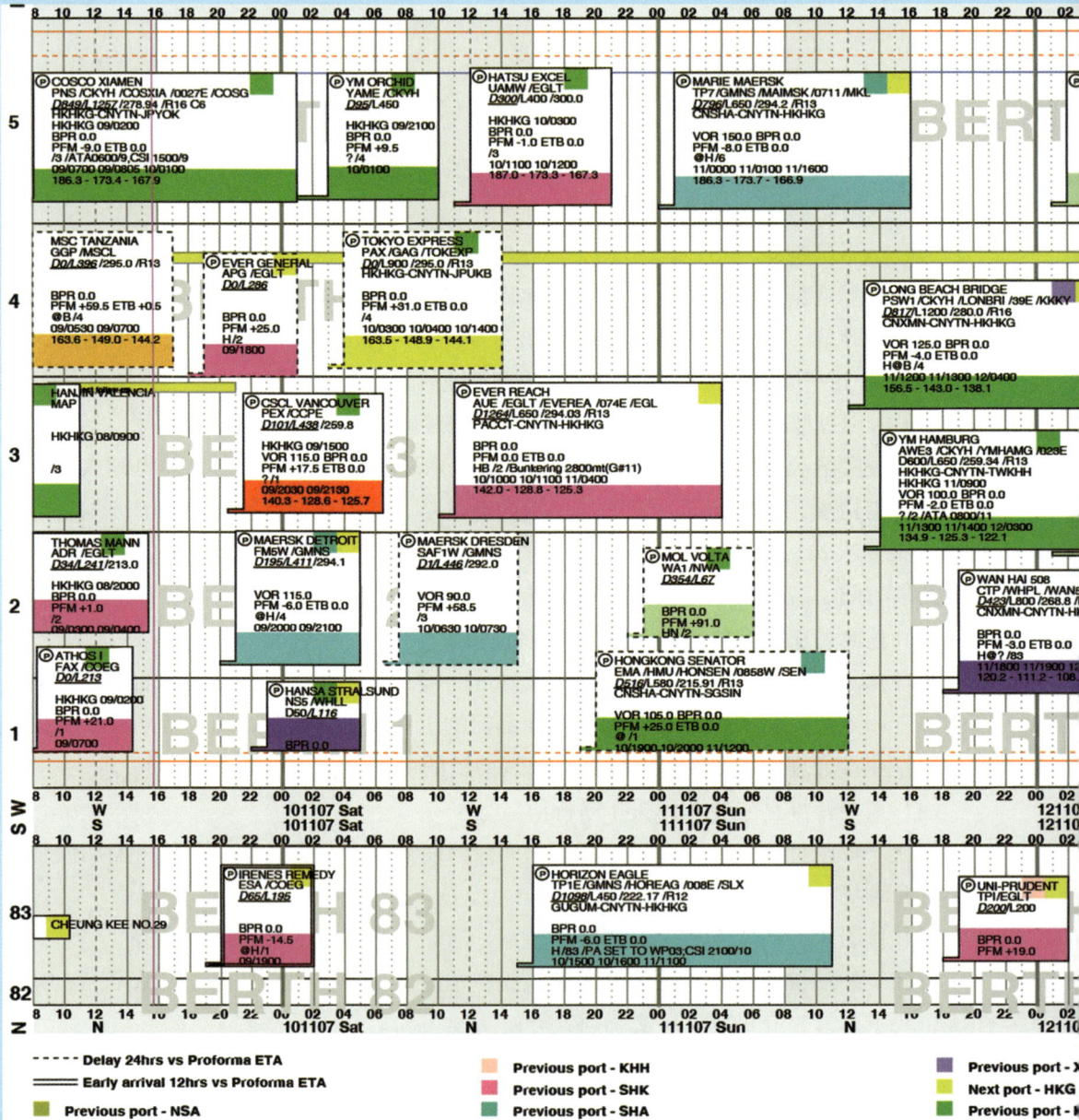

原始泊位策划图

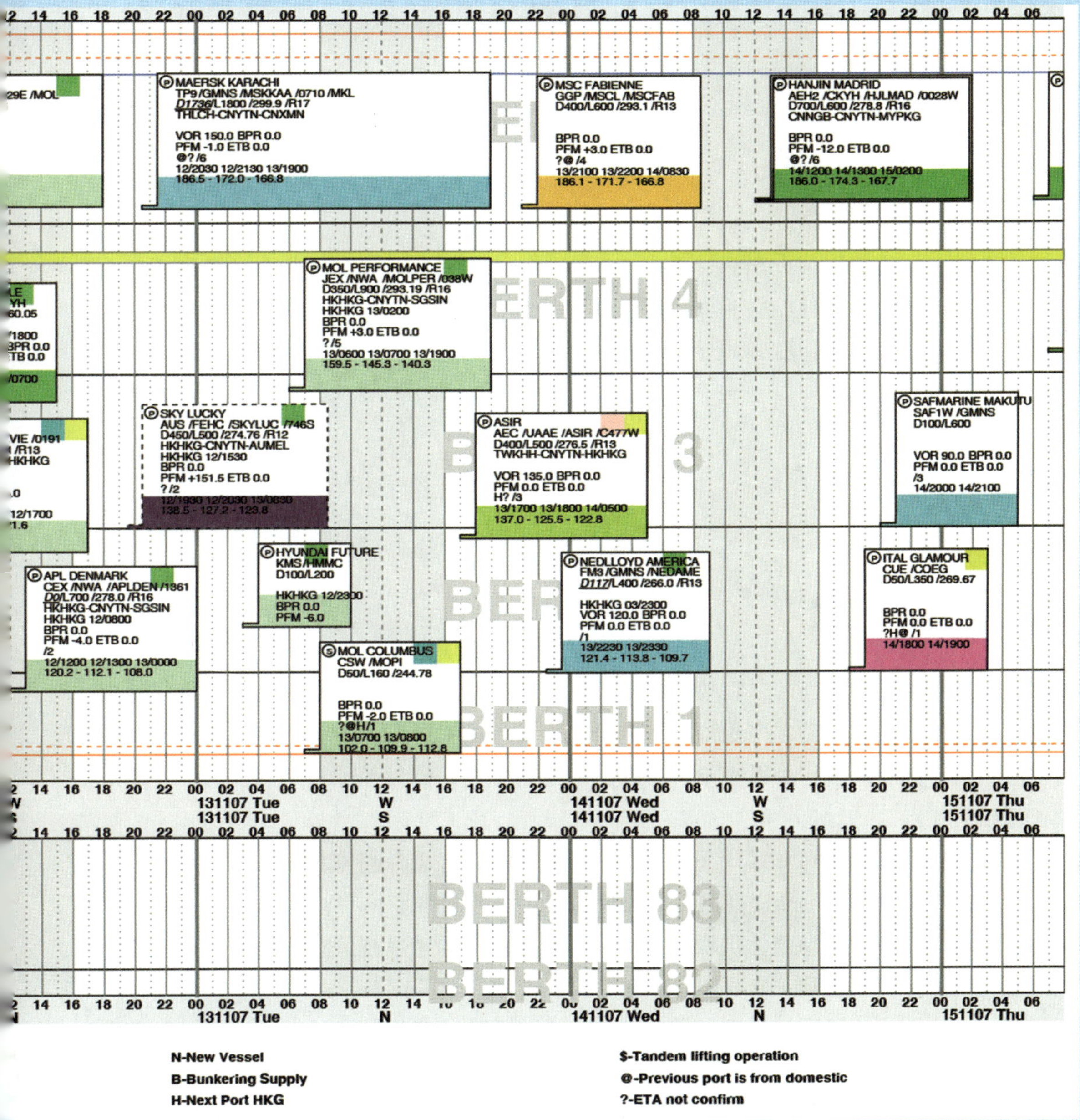

BERTH 4
BERTH 3
BERTH 1
BERTH 83
BERTH 82
131107 Tue
141107 Wed
151107 Thu
N-New Vessel
B-Bunkering Supply
H-Next Port HKG
$-Tandem lifting operation
@-Previous port is from domestic
?-ETA not confirm

图 4-9　某一时段码头原始泊位策划图

专题三　泊位策划的日常工作

任务导入

　　小王在绘制泊位分配图时，发现其牵涉诸多方面，如船舶的情况、预计到达时间、潮汐情况等。这些方面的内容似乎与泊位策划部门的日常工作紧密相关，是泊位策划部门在工作时要考虑的非常重要的内容。那么，这样的日常工作都有哪些呢？

知识点

一、对外沟通

　　泊位策划工作牵涉面广，需要各单位和部门协作配合，这就要求泊位策划部门的工作人员在工作时认真细致、考虑周详，并且具有较好的对外沟通能力，以保证泊位策划与政府有关部门及船公司关系融洽，各部门间配合默契，确保船舶按期靠离泊。具体来说包括以下几点。

　　第一，经常与船公司及其代理沟通，与船公司及其代理保持密切联系，了解船公司对码头服务的要求，以不断提高码头为船公司提供服务的水平。

　　第二，与政府各口岸监管机构及引航站、轮驳公司保持良好关系，以获得他们的积极配合与支持，确保船舶安全顺利地抵港。

　　第三，协助船公司及其代理办理船舶进出港口手续，确保船舶按期靠离泊。船舶进港申报流程大致如下：船公司提供船舶预计到达时间给船舶代理和泊位策划—船舶代理向引航站提出申请，引航站判断是否有航道限制，如果有，则让船公司重新调整预计到达时间—根据航道要求，泊位策划将依据最终确定的预计到达时间进行泊位安排，若在此过程中出现压港情况，则启动压港泊位安排流程—泊位计划合理安排完毕，以计划书形式正式回复船公司及其代理；拖轮公司及引航站以此计划书安排拖轮及引航员协助班轮进港。

第四，统筹管理船公司资料。除管理好船公司原有船舶资料外，船公司如有新的船舶挂靠本港，应将新船资料提前输入计算机，船公司信息应及时通报给码头各部门，以便码头各部门及时掌握船舶在港动态，增强工作的主动性，保证各部门工作顺利进行。

第五，随时掌握码头装卸桥的维修情况。

第六，每周五向港监、边检、引航站、轮驳公司及代理预报下周抵港船舶动态。在船舶预计到达前一天，还需通过传真发送"抵港船舶动态"给上述单位，以确认第二天抵港船舶的准确时间。

第七，在每艘船到港前，分别致电船公司及其代理、拖轮公司、边检、海关相关工作人员，务必使他们都准确无误地知道船期，并在船舶靠泊前，准时派人在桥边待命，以便船舶靠泊后及时办理有关手续，尽早进行装卸作业。

第八，若船舶靠离泊时间发生变动，应立即通知相关单位调整时间，特别是在非工作时间内（如下班后、午饭期间以及周末等），以免延误船期。

第九，当需要海关在非办公时间（如节假日）或下班后继续办理货物清关和船舶进出口清关手续时，泊位策划人员要与船公司及其代理细致协商，明确加班时间及具体事项（包括清关、转关货物数量、船名、航次等），并详细填写"海关加班申请表"，提交当地海关审批。

第十，对于每一艘靠离泊的船舶，泊位策划人员均应编写泊位报告。泊位报告是一份反映船舶从进入港口水域到离港的整个过程情况的文件，其中包括引水、边检检查、装卸货等具体操作时间，从中可以看出船舶泊港时间及码头作业效率。

二、对内沟通

泊位策划是指预先为每天到港的船舶安排一个停泊的位置，船舶靠泊计划一旦完成，相关部门必须按照计划来实施作业内容，计划的实施需要内部相关部门配合，因此泊位策划部门需要与内部各部门保持紧密协作。

第一，与工程部门保持密切沟通，实时跟踪码头维修保养计划，跟进泊位、岸桥、场桥的维修作业计划，依据工程部门作业安排及时调整船舶靠泊计划。

第二，与船舶策划和现场作业部门及时沟通。在实际作业流程中，单船的作业效率常受堆场资源分配、场地交通状况及船舶配载计划等多重因素制约，可能导致装卸作业无法按计划完成。一旦确定最新的完工节点，泊位策划人员要迅速与引航站、边检部门协调船舶的离港时间。

第三，船舶预计离港时间的确定。船舶的预计离港时间受多种因素影响，包括作业量、装卸桥的配置数量以及装卸桥的作业效率等。例如，装卸货物的速度和设备情况，直接影响船舶停泊时间。在实际操作中，通过调整装卸桥的数量和优化作业效率，可以显著地改变船舶的预计离港时间。

船舶预计离港时间的计算公式如下：装卸作业时间=（卸箱+装箱+倒箱×2）/（操作岸桥数量×效率）；ETC=装卸作业时间+ETO；ETD=ETC+0.5小时（注：ETO为装卸作业开始时间，ETC为装卸作业结束时间，ETD为预计离港时间）。

假设有一艘船舶的情况如下：卸箱500 TEU，装箱600 TEU，倒箱100 TEU，采用4台装卸桥同时对其作业，装卸桥作业效率为35 MPH。根据装卸时间计算，如果船舶的ETA为2023/11/20 14：00，ETB为2023/11/20 15：30，ETO为2023/11/20 16：30，我们可以计算出该船的ETC和ETD。根据装卸效率的定义，我们可以进一步验证装卸时间是否合理。

装卸作业时间=（500+600+100×2）/（4×35）=9.286（小时）

ETC⇒9.286小时+时刻16：30，大致为2023/11/21 01：47

ETD（预计离港时间）为ETC（预计装卸完成时间）加上0.5小时，即2023年11月21日01：47加上0.5小时，约为2023年11月21日02：17。

综合实训

【实训内容】

制作泊位分配图。

【实训目的】

掌握泊位分配图的内容及其制作方法。

【实训要求】

1.学生须独立完成任务。
2.每个学生根据课堂所学知识，进行泊位分配图的制作。

课后练习

【题目1】

请根据表4-1所提供的信息，使用浩辰CAD建筑软件中的车位布置功能，绘制包含2个泊位的泊位分配图。

表4-1　相关信息

信息	日期	船期信息
信息一 （船期 ETA、ETD）	8	Ship1 ETA：13：00 ETD：21：00 Ship2 ETA：9：00 ETD：待定
	9	Ship3 ETA：7：00 ETD：大约14：00 Barge1-5 ETA：12：00 ETD：20：00
	9	Ship4 ETA：13：00 ETD：21：00
	10	Ship5 ETA：4：00 ETD：14：00 Barge6-9 ETA：5：00 ETD：11：00
	11	Ship6 ETA：6：00 ETD：15：00
	12	Ship7 ETA：6：00 ETD：待定 Ship8 ETA：7：00 ETD：待定
信息二 （船期更改）		Ship3晚4小时到港 Ship6晚10小时到港 Ship7晚5小时到港
信息三 （货物在码头堆场上的 堆放位置）		A区（对应泊位1）：Ship1/Ship5/Barge1-4/Ship6/Ship8 B区（对应泊位2）：Ship2/Ship3/Ship4/Barge1-9/Ship7
信息四 （装卸桥维修）		9日：1、2号装卸桥维修2小时； 10日：4号装卸桥大修，时间为：6：00—14：00
信息五 （装卸桥数量及装卸效率）		采用4台装卸桥同时作业； 平均装卸效率为：35吊次/时
信息六 （码头现有泊位占用情况）		8日：泊位1：Ship9船长：290m ETD：12：00 泊位2：ship10船长：320m ETD：12：00
信息七 （作业量）		Ship1：L：250，D：360 Ship2：L：340，D：480 Ship3：L：200，D：320 Ship4：L：300，D：370 Ship5：L：350，D：400 Ship6：L：480，D：320 Ship7：L：500，D：400 Ship8：L：450，D：360

续表

信息	日期	船期信息
信息八 （船的长度）		Ship1：260m；ship2：220m；ship3：340m；ship4：230m Ship5：360m；ship6：220m；ship7：260m；ship8：340m

【题目2】

请根据以下所提供的信息绘制泊位图（共2个泊位）。

信息一（船期ETA、ETD）

日期	船期信息		
8	Ship1	ETA：15：00	ETD：23：00
	Ship2	ETA：11：00	ETD：待定
	Ship3	ETA：9：00	ETD：大约16：00
	Barge1-6	ETA：14：00	ETD：22：00
9	Ship4	ETA：15：00	ETD：23：00
10	Ship5	ETA：6：00	ETD：16：00
	Barge1-4	ETA：7：00	ETD：13：00
11	Ship6	ETA：08：00	ETD：17：00
12	Ship7	ETA：8：00	ETD：待定
	Ship8	ETA：9：00	ETD：待定

信息二（船期更改）：Ship2晚到4小时，Ship4晚到10小时，Ship6晚到5小时。

信息三（货物在码头堆场上的堆放位置）

A区（对应泊位1）：Ship1/Ship5/Barge1-4/Ship6/Ship8

B区（对应泊位2）：Ship2/Ship3/Ship4/Barge1-4/Ship7（注：Barge5-6未在此区）

信息四（装卸桥维修）

9日：5、6号装卸桥维修2小时；

10日：2号装卸桥大修，时间为：8：00—16：00

信息五（装卸桥数量及装卸效率）

采用4台装卸桥同时作业；平均装卸效率为35吊次/时。

信息六（码头现有泊位占用情况）

8日：泊位1：ship9　　船长：280m　ETD：14：00

泊位2：ship10　　船长：320m　ETD：14：00

信息七 （作业量）

Ship1：L350，D460；Ship2：L240，D380；Ship3：L300，D220；Ship4：L400，D270；Ship5：L450，D200；Ship6：L380，D220；Ship7：L400，D300；Ship8：L350，D260。

信息八（船的长度）

Ship1：250m；ship2：320m；ship3：240m；ship4：280m；Ship5：260m；ship6：320m；ship7：300m；ship8：330m。

【题目3】

你能从如图4-10所示的配载图中获得哪些有用的信息？

配载图

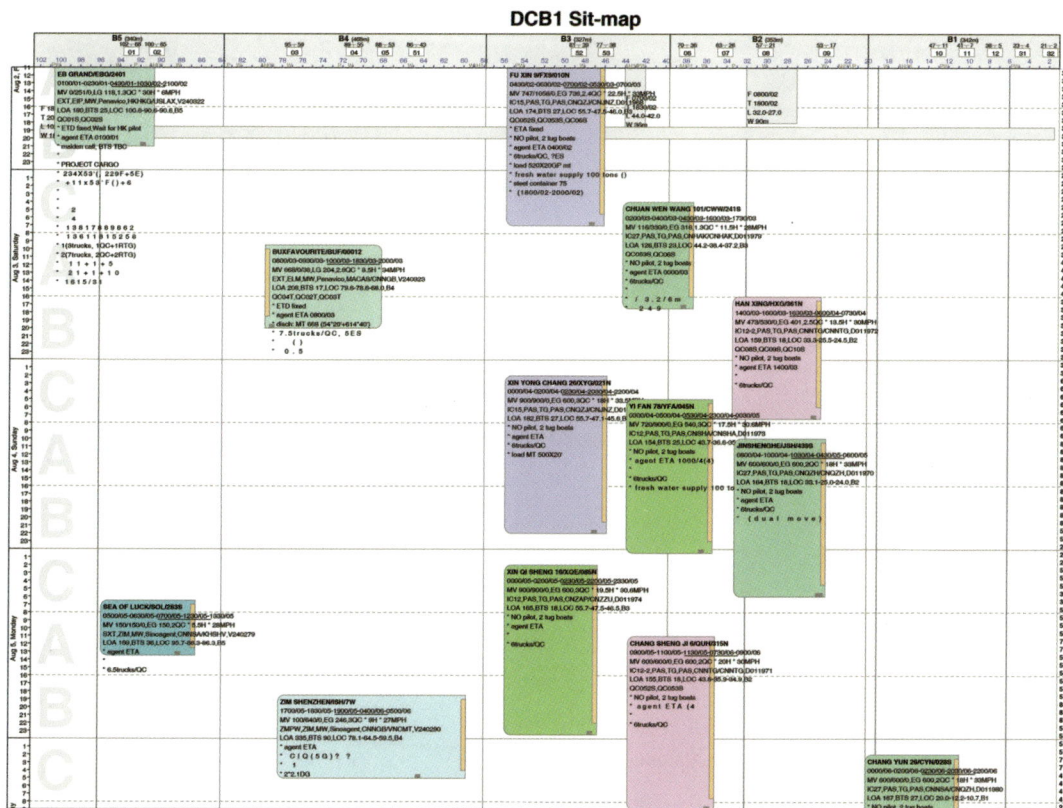

图 4-10　配载图示例

学习评价

序号	知识点	评价标准	分值	评价结果（是/否）	得分
1	泊位分配图	能说出泊位分配图的作用	15		
		能说出泊位分配图的内容	20		
2	泊位分配图的制作	了解泊位分配图的制作依据	15		
		掌握泊位分配图的制作步骤	25		
3	泊位策划的日常工作	了解泊位策划的日常工作	10		
		了解泊位策划日常工作的处理方法	15		
合计			100	—	

注：评价结果"是"为该选项得满分，"否"为该选项得0分。

模块四
课后练习参考答案

Module

05

模块五

船舶策划

专题一　岸桥装卸计划制定

专题二　船舶策划的日常工作

模块导读

　　港口的核心功能之一是为停靠的船舶提供装卸服务。当船舶抵达并靠泊后，装卸作业随即展开。众所周知，集装箱港口内存放着成千上万的集装箱。因此，我们自然会产生疑问：如此多的集装箱，如何决定哪些集装箱装载到特定的船舶上？每个集装箱应放在船上的哪个位置？集装箱哪些先装哪些后装？船上的集装箱应按照哪种顺序卸载？要回答这些问题，就需要我们深入探究船舶策划的全过程。船舶策划是一项复杂而细致的工作，它要求对装卸作业进行科学的规划与管理，以保障作业的高效和安全。在策划过程中，必须考虑众多因素，如船舶的种类、尺寸、装卸设备的性能、集装箱的种类和尺寸、港口的设施和条件等。只有通过科学的策划和管理，才能确保装卸作业顺畅进行，进而提升港口的运营效率和服务品质。

学习导图

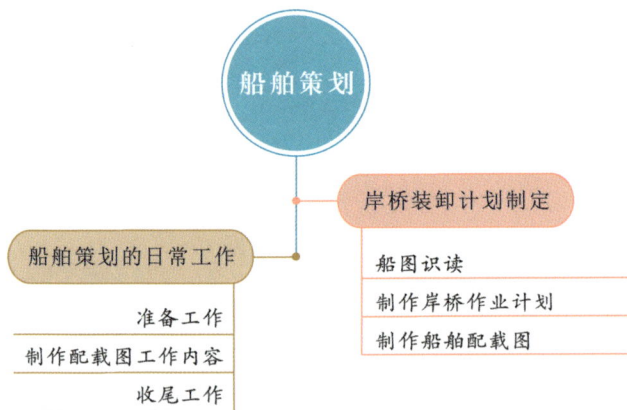

学习目标

◆ 知识目标

1. 了解船舶策划的基础知识。

2. 掌握船舶策划的基本原则。

3. 了解船舶策划的日常工作。

◆　能力目标

1. 具备船舶策划的能力。

2. 具备船舶策划的日常工作能力。

◆　素养目标

1. 养成科学、严谨的态度。

2. 培养独立思考的意识。

专题一　岸桥装卸计划制定

任务导入

　　集装箱船舶的装卸作业是按计划有秩序进行的，而船舶策划就是对船舶的装卸作业做出具体的安排，以保证船舶装卸作业顺畅进行。小明在任职船舶策划后接到一个任务——某公司将有一艘船靠泊本码头，按照计划卸载和装载一定数量的集装箱，船的具体信息如图5-1所示［包括装载计划（Loading Plan）和卸载计划（Discharge Plan）］。现在要求小明依据船图的信息配置合理的岸桥数量，并制定岸桥装卸计划（Crane Working Program，简称CWP）。

知识点

一、船图识读

为了合理配置岸桥数量和制定有效的CWP，首先需要拥有船图识读的能力。

（一）集装箱积载位置的表示方法

　　集装箱船上集装箱的积载位置通常用Bay（排）、Row（槽/列）、Tier（层）6位数字编码方法表示（见图5-2），如箱"HDMU4103694"在位置18-03-82，则表示此箱放在18排03槽（列）的82层。

KYES/GOLBRI - GOLDEN GATE BRIDGE/09W

DISCHARGE

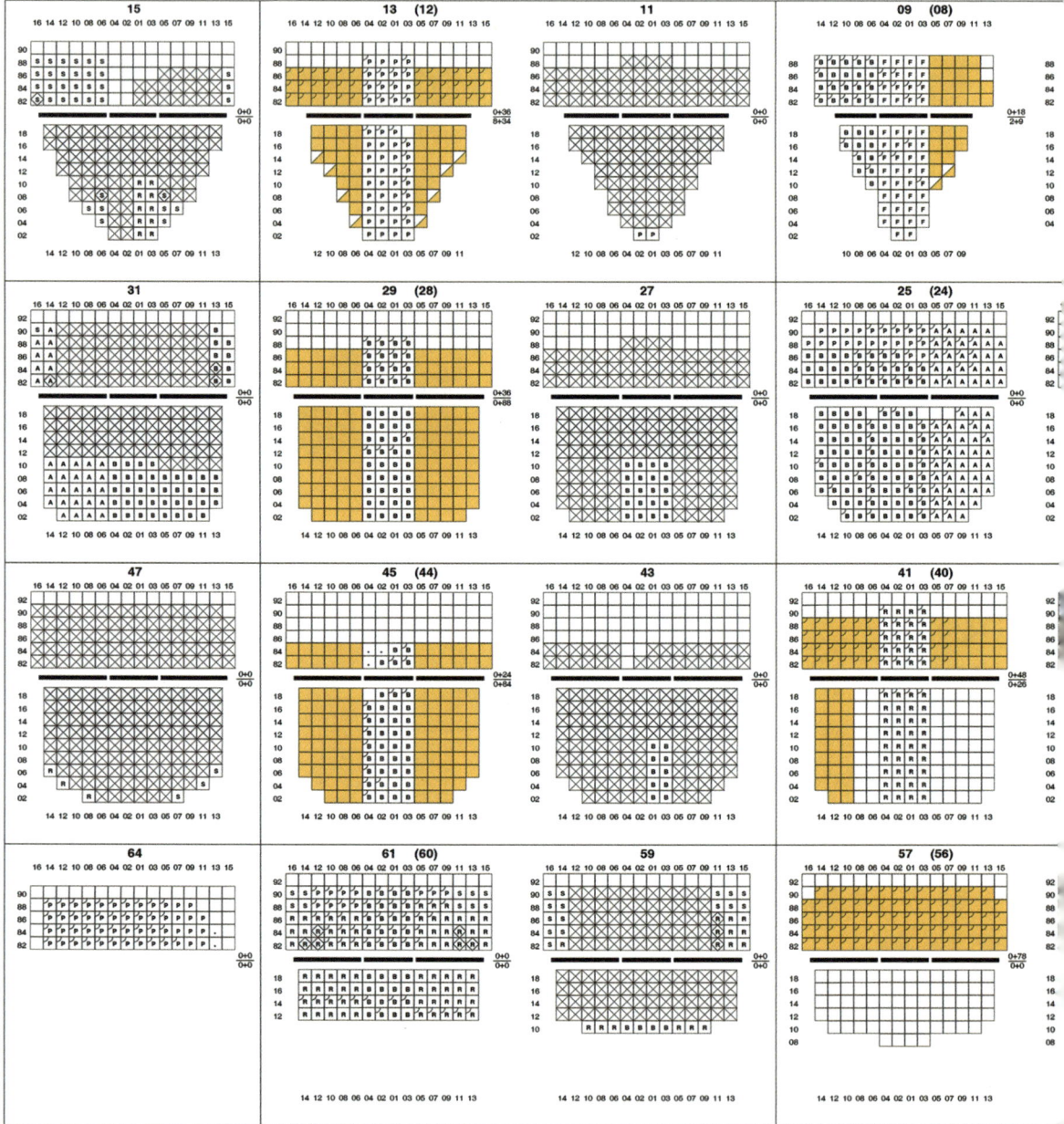

Total UC = 0

	20'	40'	40'HC	45'	Total
Full	0	0	0	0	0
Reefer	0	0	0	0	0
Empty	10	381	156	0	547
Transhipment(F)	0	0	0	0	0
Transhipment(E)	0	0	0	0	0
Total	10	381	156	0	547

	20'	40'	40'HC	45'	Total
Restow Empty	0	0	0	0	0
Restow Full	0	0	0	0	0
Shifting Empty	0	0	0	0	0
Shifting Full	0	0	0	0	0
Total	0	0	0	0	0

Letter	Port
P	EGPSD
K	MYPKG
S	SGSIN
F	GBFXT
C	CNYTN
R	NLRTM
A	BEANR
D	DEHAM
E	UKFXT

POC LIST : HKHKG->CNYTN->SGSIN->MYPKG->EGPSD->NLRTM->DEHAM->BEANR->GBFXT

REMARK : 1,DON'T LOAD 20 AT BAY48 2,DON,T LOAD FXT CARGO AT ROW15&16 AND AT LAST 3 HATCHES (BA

卸载计划图

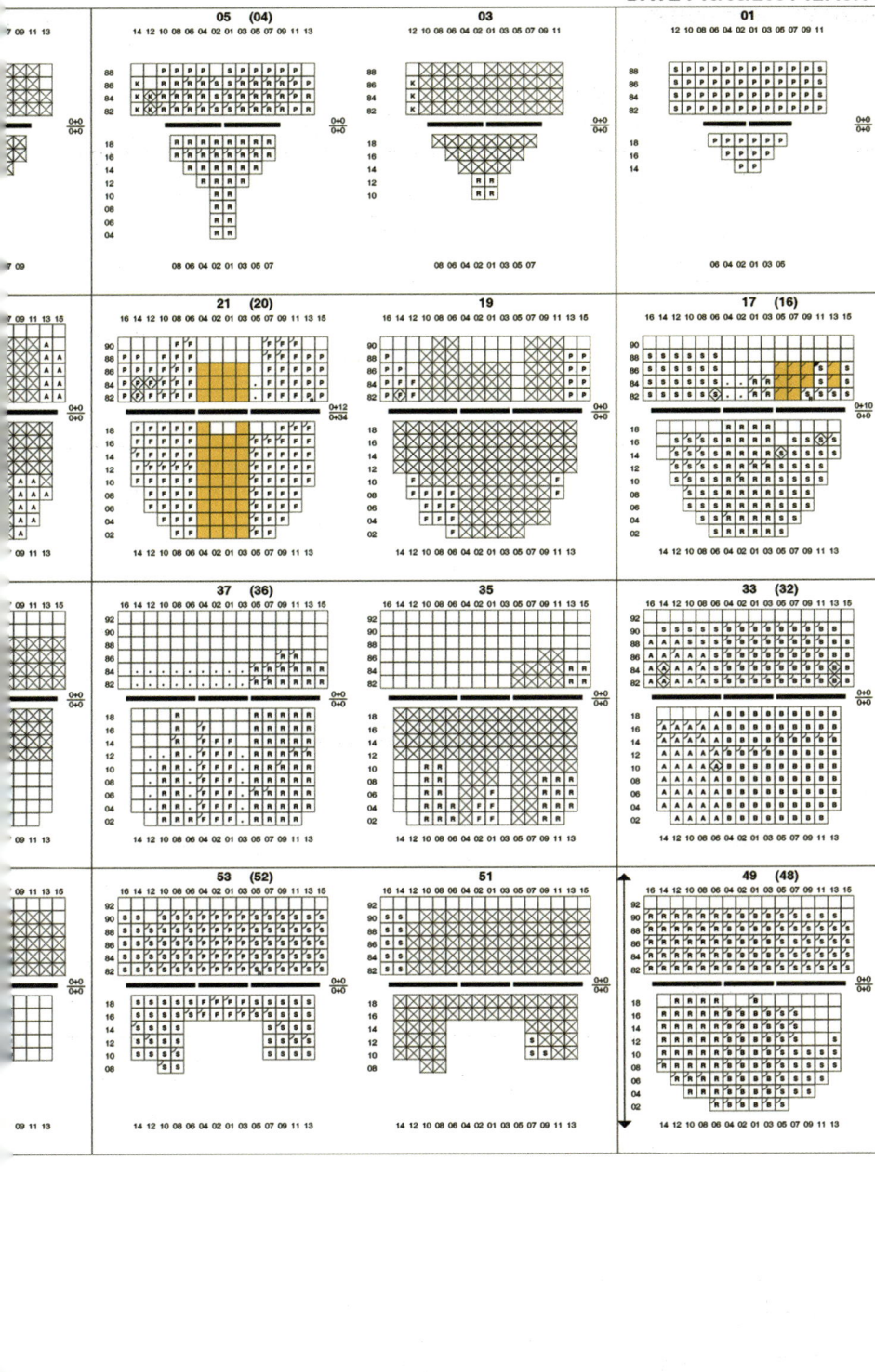

图5-1 任务船的装卸计划图

KYES/GOLBRI - GOLDEN GATE BRIDGE/09W LOADIN

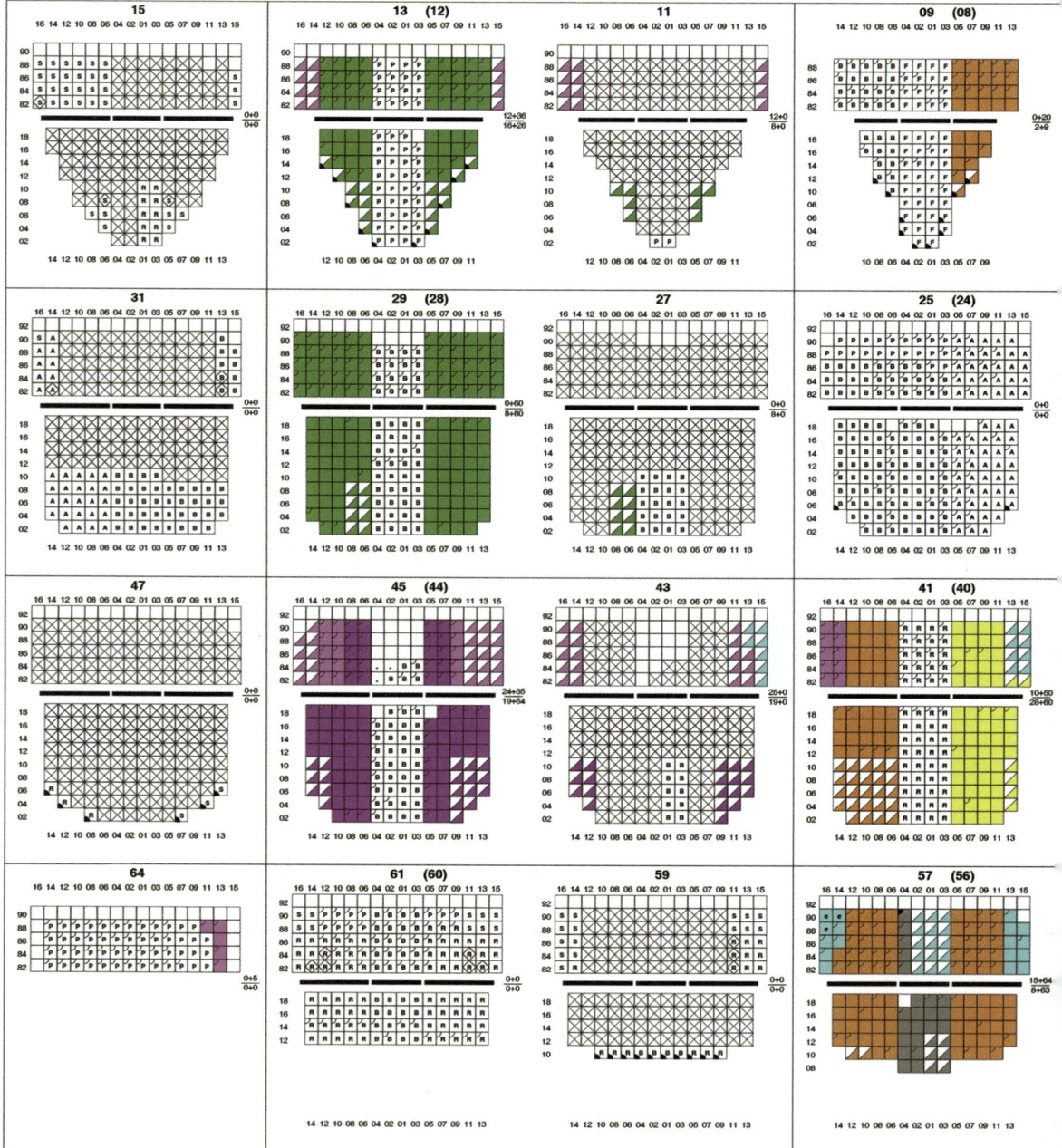

Letter	Port		20'F	20'E	20'R	40'F	40'E	40'R	High Cube 40'F	40'E	40'R	45'F	45'E	45'R	20'	Total 40'	45'	TTL
P	EGPSD	EGPSD	110	0	0	22	0	0	61	0	0	0	0	0	110	83	0	193
K	MYPKG	BEANR	10	0	0	52	0	0	8	0	0	0	0	0	10	60	0	70
S	SGSIN	NLRTM	42	0	0	126	0	0	113	0	0	0	0	0	42	239	0	281
F	GBFXT	GBFXT	38	0	0	48	0	0	37	0	0	0	0	0	38	85	0	123
C	CNYTN	MYPKG	13	0	0	13	0	0	8	0	0	0	0	0	13	21	1	35
R	NLRTM	SGSIN	67	0	0	38	3	0	38	0	0	0	0	0	67	80	0	147
A	BEANR	DEHAM	58	0	0	91	0	0	66	0	0	0	0	0	58	157	0	215
B	DEHAM	Total	338	0	0	390	3	0	332	0	0	0	0	0	338	725	1	1064
F	UKFXT	SH							0	0	0	0	0	0	0	0	0	0
		RE							0	0	0	0	0	0	0	0	0	0

POC LIST : HKHKG->CNYTN->SGSIN->MYPKG->EGPSD->NLRTM->DEHAM->BEANR->GBFXT
REMARK : 1,DON'T LOAD 20 AT BAY48 2,DON,T LOAD FXT CARGO AT ROW15&16 AND AT LAST 3 HATCHES (

DATE : 15/03/2004 12:48:15

装载计划图

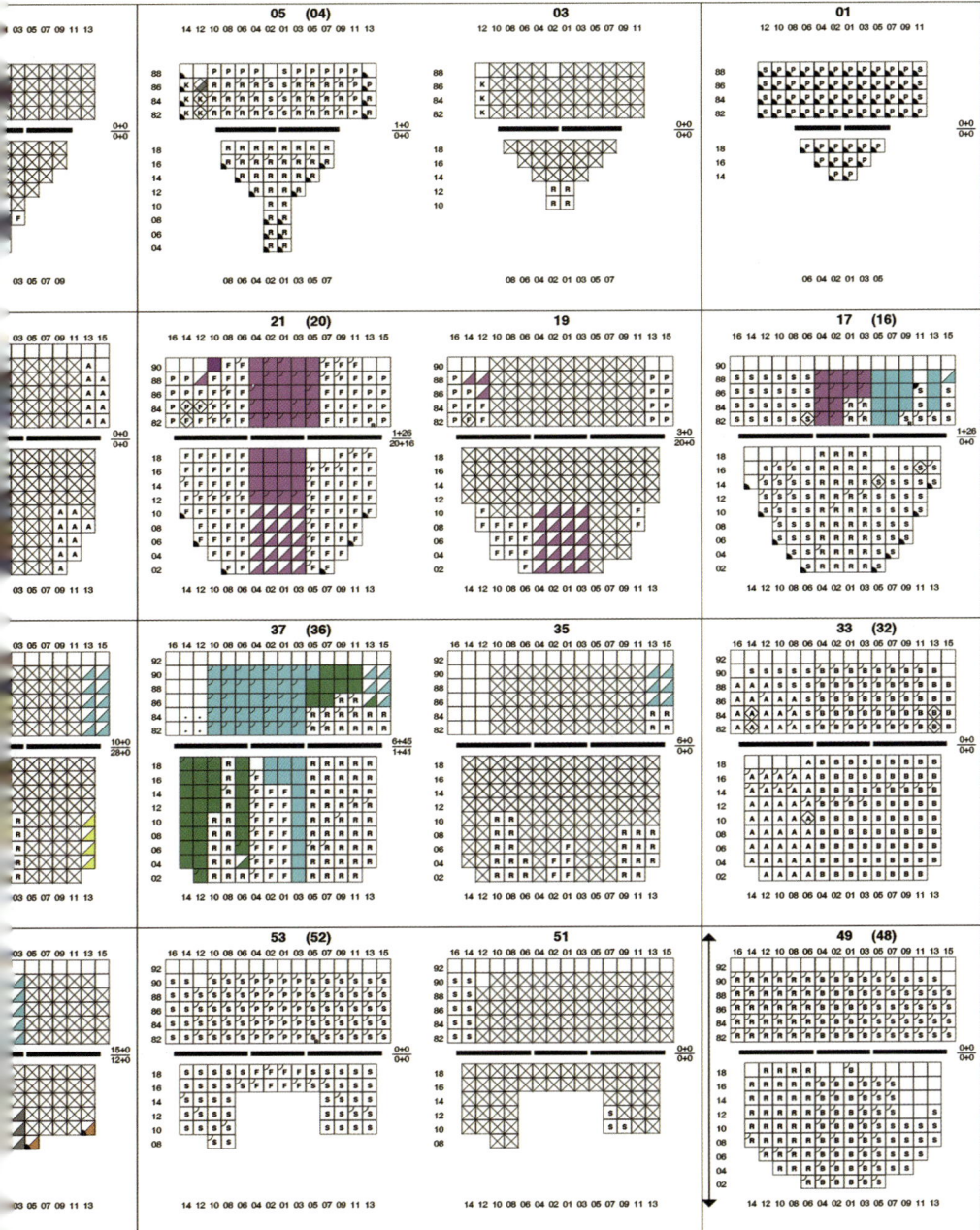

续图 5-1

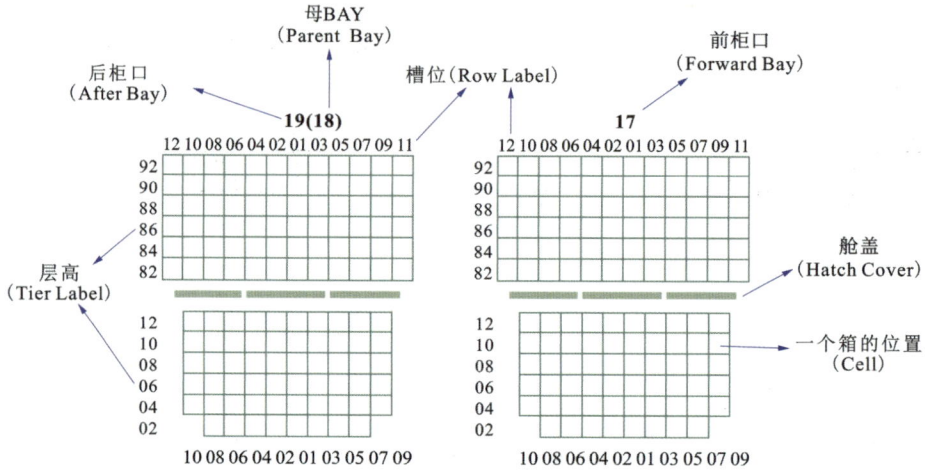

图5-2　集装箱积载位置表示方法

（1）Bay（排）

箱位的前两位表示Bay位（即贝位），从船首向船尾以序号表示，如01、03、05或02、06、10等。通常，单数贝位用于表示20英尺集装箱位置，而双数贝位则用于表示40英尺集装箱位置。

（2）Row（槽/列）

箱位的中间两位数表示Row（槽/列），从中间向右舷的槽/列数为单数，如01、03、05等；从中间向左舷的槽/列数为双数，如02、04、06等。

（3）Tier（层）

箱位的最后两位数表示Tier（层）。Tier分舱面和舱底。舱面的层高按照从下到上的顺序，依次用82、84、86等编号表示；而舱底的层高则从下到上，依次用02、04、06等编号表示。

（二）配载图各种表示符号的意义

具体操作中的配载图包括Discharge Plan with CWP（卸箱图）、Loading Plan with CWP（装箱图）和Crane Assignment Report（操作岸桥分配报告）。在卸箱图里，以有颜色的格子表示在本港口需要操作的集装箱，用单纯的字母表示留船箱（在本港口不需要操作）。

（1）Discharge Plan with CWP

在Discharge Plan with CWP中，以颜色表示每个箱的不同状态，如图5-3所示。

样本	颜色	状态	表示意思
红色方块	红色	IF	普通入口重柜
橘黄色方块	橘黄色	EM	普通入口空柜
蓝色方块	蓝色	TF/TM	卸箱的中转柜状态
绿色+黑色圈	绿色＋黑色圈	RE/RM	翻手的RESTOW状态
绿色+红色圈	绿色＋红色圈	SH/SM	翻手的SHIFTING状态

图5-3　卸箱图不同颜色的意义

（2）Loading Plan with CWP

在装箱图中，则以集装箱上不同的颜色表示不同的卸货港，这在图5-1中Loading Color Plan图的左下角有详细说明（此处需与Discharge Plan区分开来），如图5-4所示。

		20′F	20′E	20′R	40′F	40′E	40′R	High Cube						Total			
								40′F	40′E	40′R	45′F	45′E	45′R	20′	40′	45′	TTL
SGSIN	1	1	0	0	1	0	0	4	0	0	0	0	0	1	5	0	6
MYPKG	2	0	0	0	0	0	0	0	0	8	0	0	0	0	8	0	8
AEDXB	3	129	0	0	21	0	0	100	0	0	0	0	0	129	121	0	250
PKKHI	4	13	0	0	1	0	0	22	0	0	0	0	0	13	23	0	36
Total		143	0	0	23	0	0	126	0	8	0	0	0	143	157	0	300
SH		0	0	0	0	0	0	1	0	0	0	0	0	0	1	0	1
RE		0	0	0	0	0	0	0	0	0	1	0	0	0	0	1	1

图5-4　装载图不同颜色对应不同的卸货港

（3）图中集装箱尺寸的表示

如图5-5所示，装箱图和卸箱图中不同形状组合和符号代表不同的尺寸及不同类型的集装箱。

样本	尺寸	描述
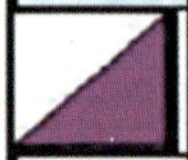	20′	Colour Mini Plan上用半色表示
	≥40′	Colour Mini Plan上用全色表示
		40′位置的前柜打此标志

样本	样本
	40′GP，长在40英尺以下，8.5英尺高的箱
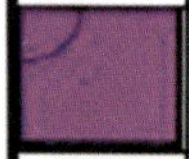	40′HP（High Cube），长在40英尺以下，9.5英尺高的箱
	40英尺箱
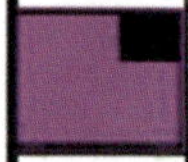	48英尺箱
	53英尺箱
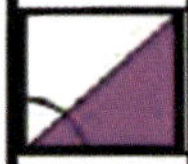	9英尺高的箱，SIZE为24
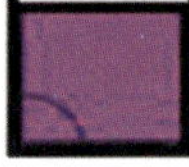	9英尺高的箱，SIZE为44

图5-5　不同图形意义

（4）特殊柜标记

图5-6显示了特殊柜表示方法。

（5）配载图中的作业顺序

在配载图中，会有如图5-7所示的符号表示每部岸桥的作业次序，其中一种符号表示一部塔，符号里面的数字表示岸桥的作业顺序。图5-7中的的六角形2和六角形3（在配载图中，由于一艘船舶会使用多部岸桥，在配载图中不同的岸桥会使用不同的符号替代），则表示六角型代表的岸桥第二顺位做13H（13贝位舱底）的5个20英尺的集装箱，第三顺位做14D（14贝位的60个40英尺集装箱）。

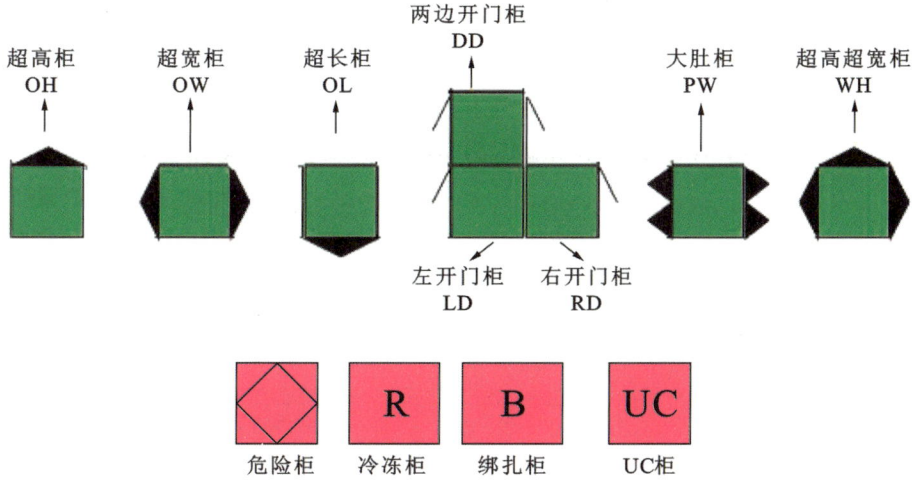

图5-6　特殊柜表示方法

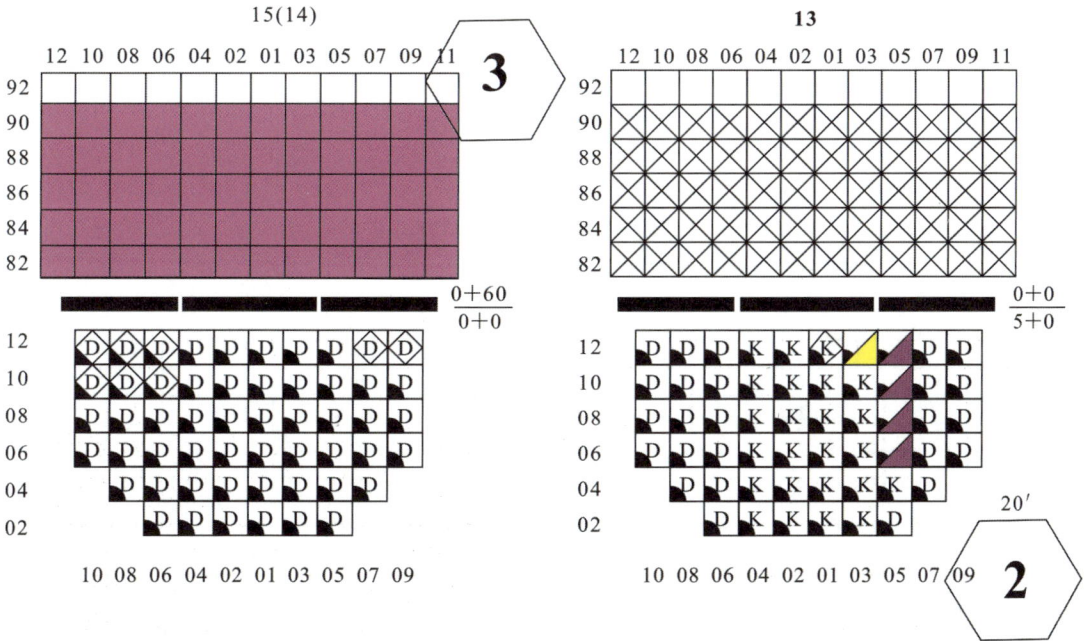

图5-7　作业顺序

（6）配载图中的船舶信息

在每份配载图的右下角都会有一个船的图案，这个图案用以描述该船舶是左舷靠泊还是右舷靠泊，使用岸桥数量及每部岸桥操作量的情况，如图5-8所示，表示此船左舷靠泊，使用三部岸桥，分别是6、7、8号岸桥，三部岸桥的作业量分别是164、155、161个集装箱。如果船舶是右舷靠桥，那么船头船尾的方向与图5-8相反，即船头指向右侧。

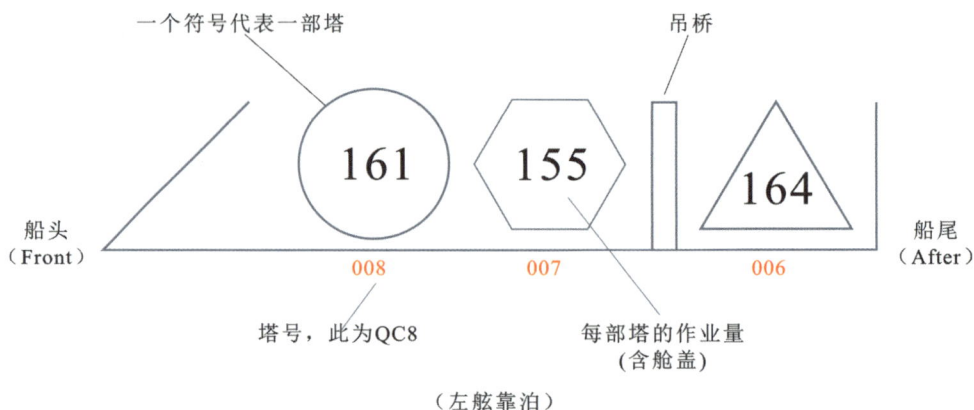

图5-8　配载图船舶信息

（7）特定贝位作业数量

每个贝位间都有一些很小的数字，如图5-9所示。这些数字具体指示了每个贝位所需装卸的不同尺寸集装箱的数量。首个数字代表20英尺箱的数目，紧随其后的数字则涵盖包括40英尺、45英尺、48英尺、53英尺等在内的非20英尺箱的数目。而横线上方的数字表示舱面箱个数，下方的数字表示舱底箱的个数。在图5-9中，8表示在39舱面的20英尺箱有8个；26表示在38舱底的40英尺箱有26个。

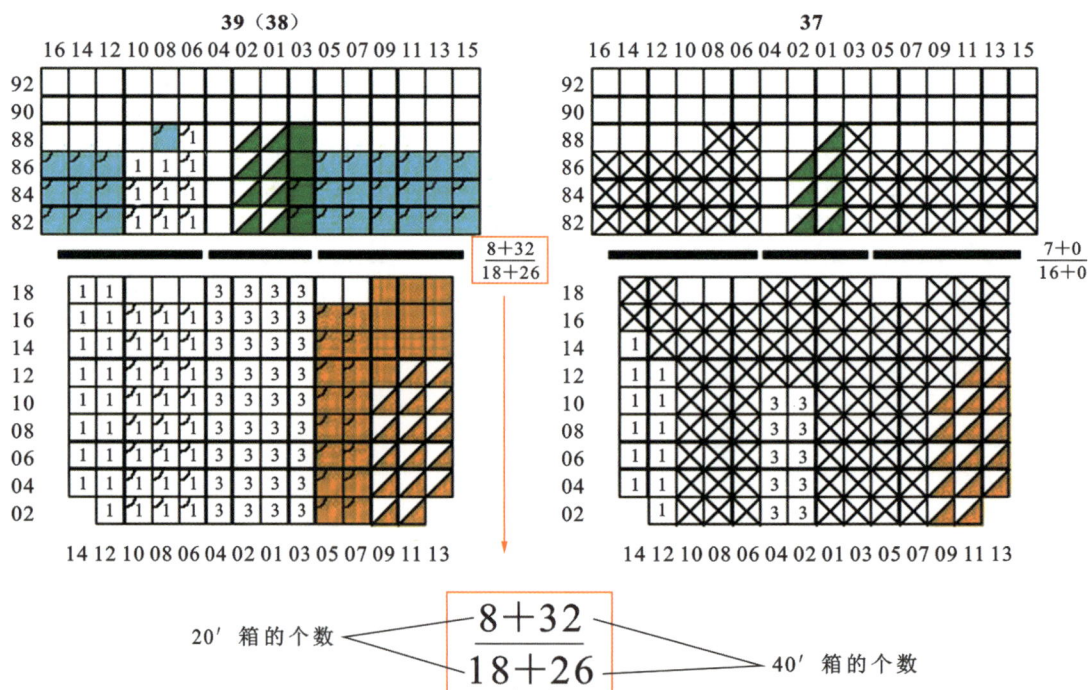

图5-9　特定贝位作业信息图

二、制作岸桥作业计划

船舶策划的最终目的，是要获得船舶整体装卸顺序和用于指导集装箱船装卸作业的实配图，所以，船舶策划的日常工作中最重要的两项任务就是制作CWP和制作实配图。

CWP能够表示一艘船上不同货柜由岸桥进行装卸的先后顺序和移动趋势。大型集装箱船舶通常会根据其装卸集装箱的数量及其在船上的位置，来安排合适的岸桥同时作业。岸桥数量和作业走势的安排，将直接影响码头的整体操作效率和成本。

（一）CWP识读

图5-10为某一码头工作人员针对某一船舶制定的CWP。

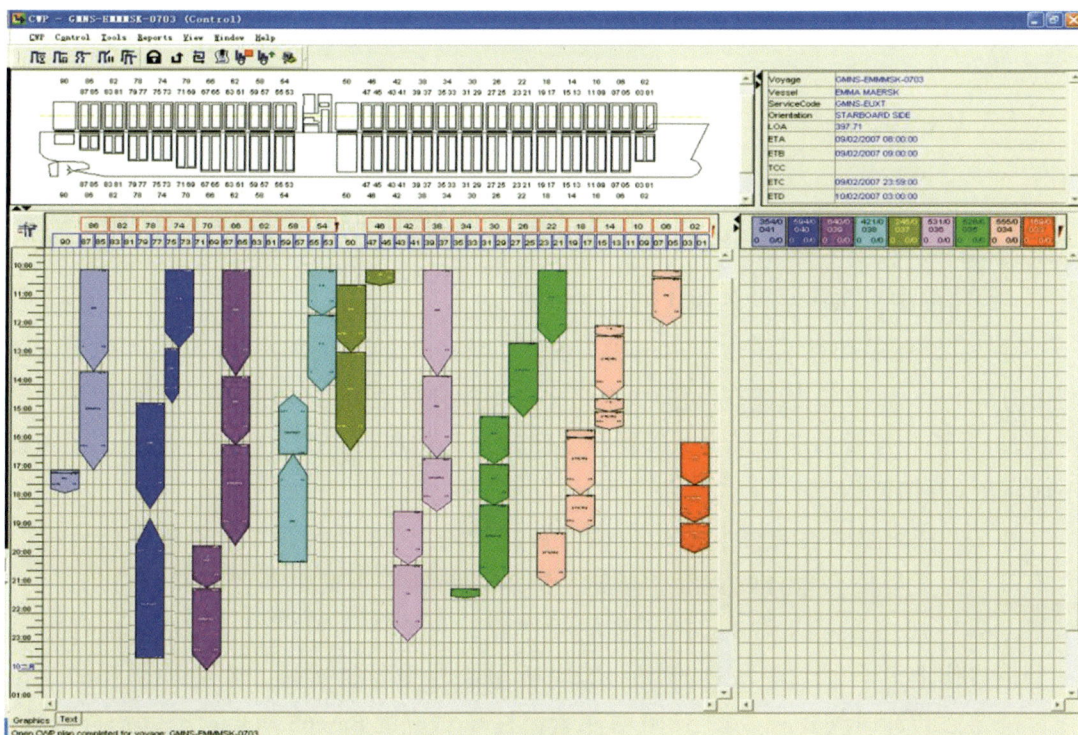

图5-10　CWP图形

从图5-10中，我们可以了解到如下信息。

第一，可以看到此船舶的基本信息，如船舶有多少个贝位、驾驶台在什么位置、船名、航次、船舶长度、ETA、ETD等。

第二，船舶使用了几个岸桥。图中有9种不同的颜色图形，代表此船舶使用了9个岸桥。我们还能看到每个岸桥的编号及作业数量。

第三，船舶作业预计完工时间。图中左侧的上面为一艘船的贝位图，可看到船舶有多少个贝位，包括驾驶台前面有多少、后面有多少。图形的最左侧纵轴显示了作业的开始时间，可以看到时间轴为10：00至次日的01：00，同时还可以看到最长的深紫色的柱子顶点正好是"24"，代表凌晨0时完成。

第四，装卸进度。首先，不同颜色柱子的长度各异，这反映了各个岸桥作业时长不同，其中最长的一根柱子决定了整艘船舶的作业完成时间。此外，柱子上箭头的方向也不统一，箭头向下表示卸货，箭头向上则表示装货。柱子的宽度也有所不同，较窄的柱子代表操作20英尺集装箱，而较宽的柱子则代表操作40英尺集装箱。

第五，我们看到每个柱子并不是一直在一个位置作业，有时会横跨几个不同的贝位，说明每个岸桥按照先后顺序在不同的贝位进行作业。

由上可知，在码头船舶装卸作业中，CWP的作用不言而喻，好的CWP不仅可以提高装卸效率，也可为码头节省装卸资源。

（二）CWP制作

1. CWP制作原则

一般情况下，CWP的制作应遵循以下原则。

第一，清楚船舶靠泊泊位。由于码头前沿岸桥的位置都有限制，不同的泊位上可以利用的岸桥是不同的，因此在制作CWP前一定要弄清楚船舶靠泊的泊位和可以使用的岸桥。如1号泊位配置的岸桥最大可以操作宽度为13列的船舶，那么宽度为15列的船舶就不能靠在1号泊位。

第二，注意是否有自然长塔。所谓"自然长塔"，就是装卸作业量最大的连续两个柜口。由于岸桥有自身的宽度，船舶不能满足两部岸桥同时作业相邻柜口的需要。比如，图5-10中Bay 14和Bay 18不能同时作业，只能一个柜口作业完毕才能开始另一个柜口作业。自然长塔应尽量用一部岸桥作业，不要换岸桥，避免换岸桥的走机和对机导致装卸时间延长。图5-10中深紫色柱子对应的Bay 66和Bay 70就是自然塔，这两个柜口需要装卸的集装箱数量之和，相对于其他直接相邻的柜口的集装箱数量之和都要大，在实际装卸操作过程中，受限于船舶和岸桥的宽度与长度，这两个柜口必须按照先后顺序作业，无法同时作业，也就是这两个柜口的操作时间最长。

第三，根据预计离港时间合理安排工人数量。如果船舶的预计离港时间较为紧迫，那么在安排工人数量时应根据实际需求进行调配；如果船舶的预计离港时间较为宽松，码头有充足的时间进行装卸而且泊位后续没有船舶等着靠泊，这时候可以考虑减少工人数量，比如两部岸桥共用一批工人，这样可以节省人工成本。当然，我们也可以依据预计离港时间调整岸桥数量。至于是否延长船舶的靠泊时间，则需要综合考虑船舶的靠泊计划。若后续有船舶即将靠泊，则不宜随意延长当前船舶的在泊时间。

第四，各岸桥间要实现装卸作业的有机结合，避免单一的大装或大卸现象。在制定CWP时，应全面考虑全船的整体操作，确保不同岸桥之间的装卸作业能够协调进行。在条件允许的情况下，应避免所有岸桥同时进行全装或全卸作业，以免给堆场带来过大的压力。按照码头资源配置的比例，1部岸桥需要匹配3部场桥和9辆拖车。如果一条船对应的4部岸桥同时作业，则需要12部场桥和36辆拖车。由于一条船的出口集装箱堆放在码头相对集中的地区，如果4部岸桥同时装箱，则会有大量拖车在较小的空间内提取集装箱，造成交通堵塞，进而影响装箱效率。

2. 制作CWP的步骤

CWP是制作配载图的前提条件。只有将CWP信息输入系统中，才可以进行配载图的制作。一般情况下，制作CWP可以按照如下步骤进行。本部分以图5-1所示船舶"GOLDEN GATE BRIDGE"为案例进行讲解。

第一步，根据集装箱船计划配载图编制程序。装卸作业是基于计划配载图进行的。如表5-1所示，本船将卸载547个集装箱，并装载1064个集装箱。

第二步，找到最大作业工班对应的贝位，并初步核算工作量。按照表5-1所示内容核算每一贝位的装卸数量，两个相邻贝位作业量相加最大的，则为最大作业工班。其中，灰色区域标记的是驾驶台的位置。值得注意的是，Bay 48和Bay 52能够同时进行作业，但此处所说的"和最大"，并不意味着它们就构成了最大作业工班。

表5-1 船舶最大作业贝位计算表

Bay	01	04	08	12	16	20	24	28	32	36	40	44	48		52	56	60	64
装																		
卸																		
共																		

第三步，依据最大作业量配置合适的岸桥数量。对表5-1进行统计，结果如表5-2所示。

表5-2 船舶最大作业贝位计算结果

Bay	01	04	08	12	16	20	24	28	32	36	40	44	48		52	56	60	64
装	0	0	31	110	27	86	0	154	0	99	186	0	0		0	177	0	5
卸	0	0	29	78	10	46	0	124	0	0	74	108	0		0	78	0	0
共	0	0	60	188	37	152	0	278	0	99	260	108	0		0	255	0	5

可以看到，Bay 40和Bay 44这两个相邻的贝位作业量最大，两者和为368个集装箱。所用岸桥数量用全船作业量/单岸桥最大作业量进行估算，已知全船作业量1611个集装箱，1611÷368≈4.38，说明此船需要5部岸桥进行作业。

第四步，为岸桥分配作业贝位。首先，需要为Bay 40和Bay 44提供一部岸桥，因为这两个贝位必须先后作业，但要保证这两个贝位的集装箱尽快地完成装卸作业。其次，将另外4部岸桥按照需求分配到其他柜口，要注意每部岸桥的作业量都不多于368个，因为一旦多于368个，作业时间将多于最长工班，将延后船舶作业的完工时间进而推迟船舶离港时间。经过仔细核算，我们得出了一套岸桥分配方案，具体如表5-3所示。Bay 56和Bay 64合用一部岸桥，作业量为260个集装箱；Bay 40和Bay 44合用一部岸桥，作业量为368个集装箱；Bay 28由两部岸桥分别作业，岸桥4先在Bay 28完成99个箱子的作业，随后转至Bay 20，作业量为251个集装箱，Bay 36和Bay 28剩余的149个箱子共用一部岸桥，作业量为278个集装箱，Bay 08、Bay 12和Bay 16共用一部岸桥，作业量为285个集装箱。

表5-3 船舶最大作业贝位计算结果

BAY	01	04	08	12	16	20	24	28	32	36	40	44	48		52	56	60	64
装	0	0	31	110	27	86	0	154	0	99	186	0	0		0	177	0	5
卸	0	0	29	78	10	46	0	124	0	0	74	108	0		0	78	0	0
共	0	0	60	188	37	152	0	278	0	99	260	108	0		0	255	0	5
岸桥			岸桥4			岸桥4，Bay 28 作业99箱子 / 岸桥3					岸桥2				岸桥1			
作业量			285			251 / 278					368				260			

第五步，打印有作业计划的装卸图。图5-11（此图与图5-1对应船舶不一致，此处仅为说明CWP）为配备了CWP的装卸计划图，图中的不同形状代表了不同的岸桥，数字则表示作业顺序。右下角图示为岸桥号码及作业量。

三、制作船舶配载图

船舶配载图是船舶策划的核心工作，即需要明确具体每个集装箱要摆放到船舶的哪个箱位上，要用哪部岸桥按照什么顺序卸载或装载集装箱。只有制定较为科学的船舶配载图，才能有效提高作业效率并保障作业安全。好的船舶配载图既能充分合理地利用集装箱船舶的容量，又能保证船舶的安全航行和货运质量。具体来说，包括以下几点。一是使装卸作业流畅，生产效率提高。在船舶到达港口前，通过船舶配载图对作业的顺序做具体安排，能够使作业人员做好准备，避免工作无计划带来的盲目与混乱，保证装卸作业有条不紊、高效率地进行。二是保障船舶安全。船舶重心越高，稳性越差。各个集装箱所装货物不同，其重量也各不相同，有的甚至相差很大，为了保证船舶稳性，一般会按照重箱在下、轻箱在上的原则配载。三是充分合理地利用集装箱船舶的容量。集装箱船舶结构多样，装载数量、种类及位置各异。如有的舱室只能装20英尺的集装箱、不能装40英尺的集装箱，而有的舱室20英尺的集装箱和40英尺的集装箱都可以装。此外，对于冷藏箱和危险品箱，通常有固定的装载场所。

（一）制作船舶配载图的基本原则

1. 合理配载，提高船舶装卸效率

集装箱运输大多是班轮运输，有固定的航线，沿途挂靠港较多，且多为双向循环运输，为避免出现后挂港箱压前挂港箱、倒箱等现象，大型集装箱船舶一般采用分区域配载方式，即到达同一卸货港的集装箱尽可能分布到船舶的不同区域、某一区域仅装载到同一卸货港的货物。举例说明，如图5-12所示，该船分为14个区域，相应的集装箱到达5个卸货港，分别是A、B、C、D、F，则到达同一卸货港的集装箱不宜过分集中，应分散装载，以防到达A港卸货后造成船舶稳性和安全性受损。

EGCS/XINTJI - XIN TIAN JIN/0122E **DISCHARGE PLAN** Servi

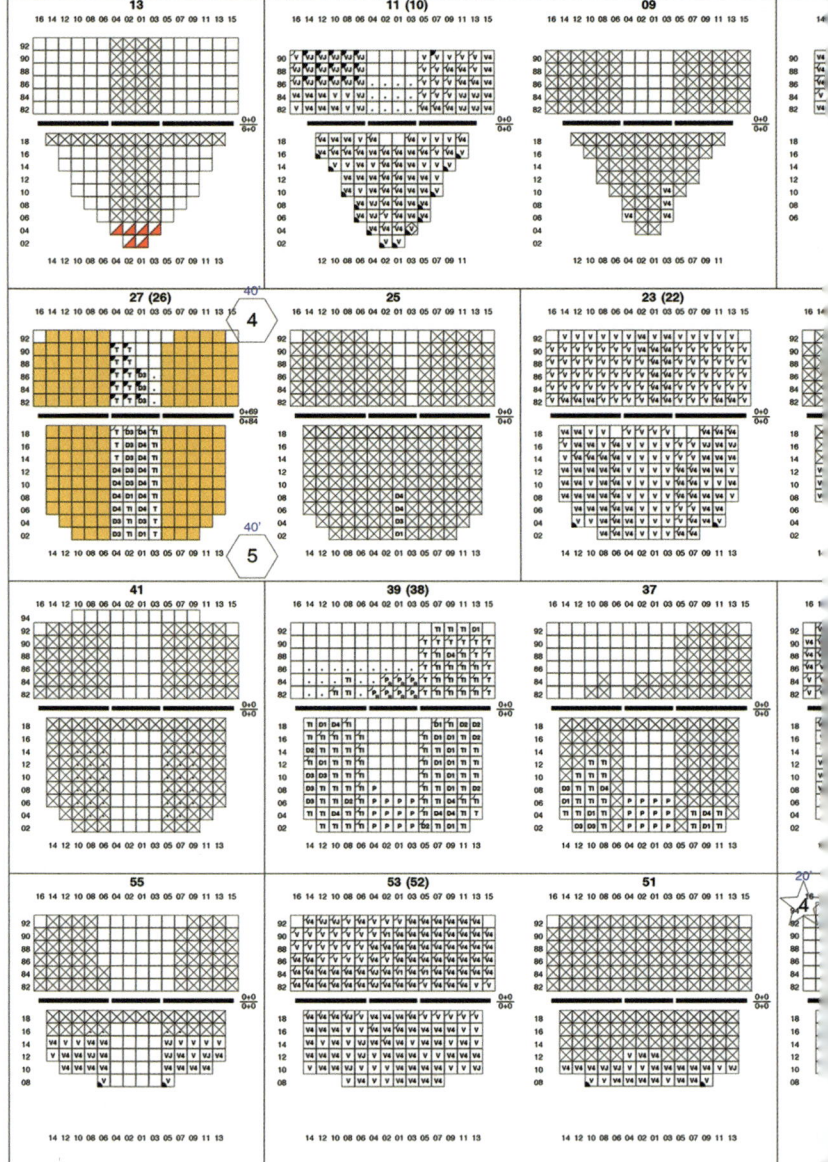

Letter	Port
D1	ZZDC1
D2	ZZDC2
D3	ZZDC3
D4	ZZDC4
H3	ZZHT3
O	ZZOPT
P	KRPUS
S	USSEA
S2	USSE2
ST	USSET
T	ZZTCW
TI	USTIW
V	CAVAN
V1	CAVA1
V4	CAVA4
VC	ZZVCV
VJ	ZZVCJ
VW	ZZVCW
Y	CNYTN

Total UC = 0

	20'	40'	40'HC	45'	Total
Full	14	11	4		29
Reefer	4				4
Empty		600			600
Transhipment(F)	0	0	0		0
Transhipment(E)					
Total	18	611	4		633

	20'	40'	40'HC	45'	Total
Restow Empty	0	0	0		0
Restow Full	0	0	0		0
Shifting Empty	0	0	0		0
Shifting Full	0	0	0		0
Total					

SI LIST : KRPUS->USSEA->USTIW->ZZHT3->CAVAN->ZZOPT

有作业计划的卸载图

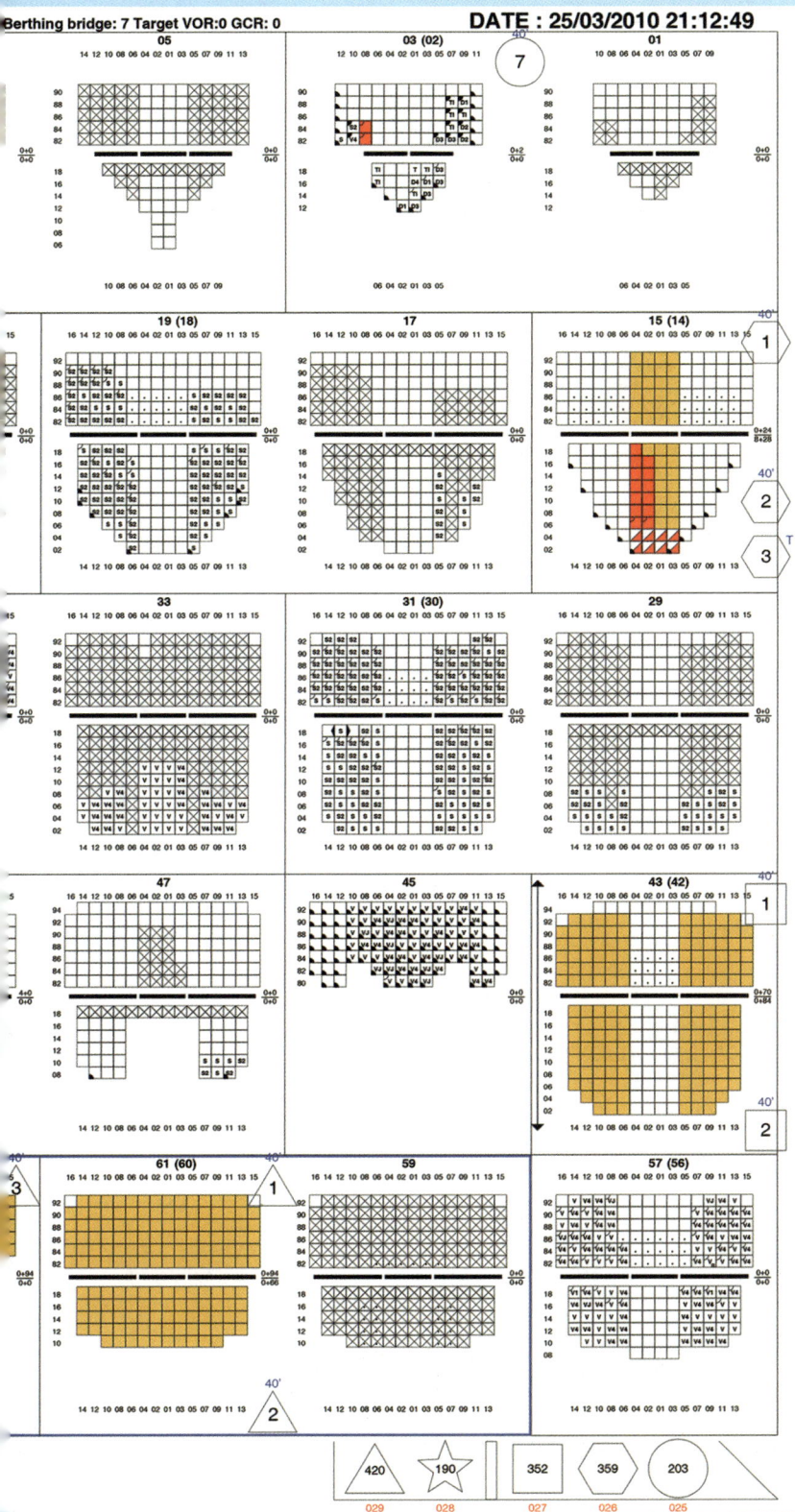

图5-11　有作业计划的配载图

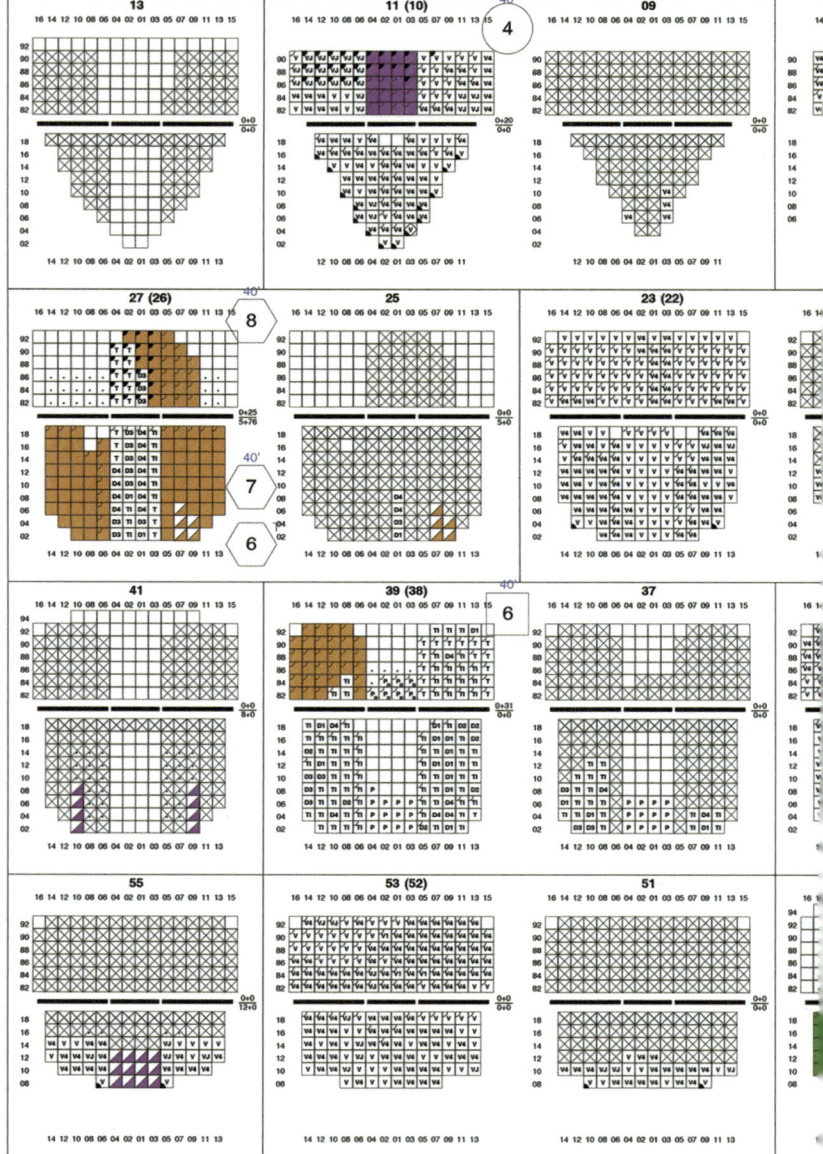

EGCS/XINTJI - XIN TIAN JIN/0122E   LOADING PLAN   Service

Letter	Port
D1	ZZDC1
D2	ZZDC2
D3	ZZDC3
D4	ZZDC4
H3	ZZHT3
O	ZZOPT
P	KRPUS
S	USSEA
S2	USSE2
ST	USSET
T	ZZTCW
TI	USTIW
V	CAVAN
V1	CAVA1
V4	CAVA4
VC	ZZVCV
VJ	ZZVCJ
VW	ZZVCW
Y	CNYTN

		20'F	20'E	20'R	40'F	40'E	40'R	High Cube						Total		
								40'F	40'E	40'R	45'F	45'E	45'R	20'	40'	45'	TTL
USSEA	S	16	0	0	53	0	0	53	0	0	8	0	0	16	106	8	130
USTIW	TI	11	0	0	98	0	0	151	0	0	35	0	0	11	249	35	295
ZZHT3	H3	0	0	0	30	0	0	10	0	0	3	0	0	0	40	3	43
CAVAN	V	77	0	0	87	0	0	213	0	0	11	0	0	77	300	11	388
Total		104	0	0	268	0	0	427	0	0	57	0	0	104	695	57	856
SH		0	0	0	0	0	0	0	0	0	0	0	0				
RE		0	0	0	0	0	0	0	0	0	0	0	0				

SI LIST : KRPUS->USSEA->USTIW->ZZHT3->CAVAN->ZZOPT

有作业计划的装载图

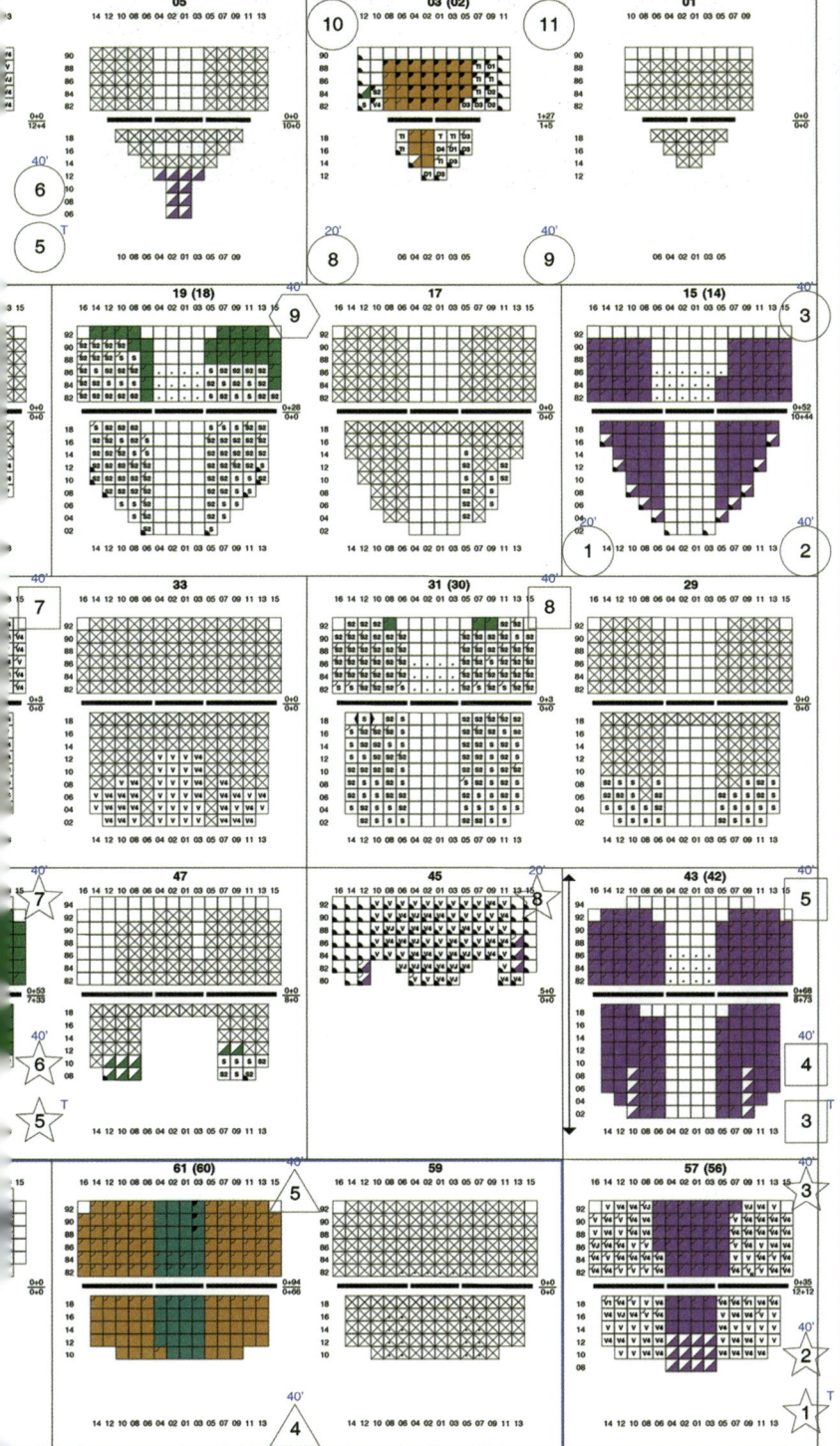

续图5-11

图5-12　集装箱船舶舱位卸货港分配示意图

2. 避免到同一卸货港的集装箱过于集中

由于装卸桥的特殊结构，两台装卸桥不能并列在一起同时装卸相邻两舱的集装箱，因此，当同一卸货港的集装箱数量庞大时，不宜全部装载于同一舱内，亦需尽量避免相邻舱装载，最佳方案是每隔一舱分散配置，这样装载时可利用多台装卸桥同步作业，确保船舶装卸效率。

3. 考虑特殊集装箱积载的特殊要求

（1）冷藏箱

由于冷藏箱需要电源，而船上的电源插座大多固定设置，所以冷藏箱的配置应遵循安全和便利的原则。通常建议将插座安装在距离舱底30～50厘米的高度，既避免插座潮湿或老化，也确保插座靠近冷藏箱，方便插拔电源线。

（2）危险品

预配时，应先了解船舶本航次共配了多少危险货物箱及其国际危规类别，危险品集装箱的积载与隔离一定要严格按照国际危规要求执行。在中途港加载预配时，还应查看原配载图，了解船舶是否已装载危险货物，这些集装箱与加载的危险品集装箱是否符合国际危规的积载隔离要求，若不符合，必须加以调整。在预配时，还应考虑船舶建造规范要求，因为有些舱是不能装载危险品集装箱的。

（3）超重箱

超重箱由于超过了装卸桥的负荷限制，通常需要借助浮吊或陆上专用的装卸机械来完成装卸作业。预配时，其配位应便于浮吊或其他装卸机械作业，并尽可能不妨碍码头装卸桥作业的正常进行。

（4）超长和超宽箱

当超长箱的长度超过两行集装箱的间隙或超宽箱的宽度超过两列集装箱的间隙时，这将侵占相邻行或列的箱位，使船舶箱位利用率降低。在预配时，对这类箱的配位，应在不妨碍接卸港配位的前提下，相对集中、合理地进行，以减少箱位损失。

（5）超高箱

超高箱的积载位置，不论是在甲板上还是在舱内，都应是最上层。如超高箱配载舱内，只要其超高的尺寸不大于该舱内舱盖底与最高一层集装箱的间隙，就不必减少集装箱的堆积层数；反之，则应减少集装箱的堆积层数。

（6）平板箱

平板箱仅可配于舱内或甲板最高层，因其上方无法堆叠其他集装箱。如它装货后的长、宽、高超过常规集装箱，除按平台箱预配原则处理外，还应按超长、超宽或超高箱的配位原则进行配位。

（7）选港箱

此类箱应配在所要求选择的卸货港都能自由卸下的位置。配载时，常将此类箱置于船舶后甲板平台或被选卸港最后一港的箱位上。对于选港集装箱，除被选卸港中第一选卸港的集装箱可配在其上外，其余卸货港的集装箱均不能配在其上。

4. 注意使船舶有适当的吃水差

船舶外形及驾驶瞭望视线要求导致船首附近箱位有限，如果装配不当，会使船尾吃水增加，需额外使用船舶压载水调整首尾吃水差。因此，船舶策划时需要注重集装箱重量在纵向的合理分配，较重集装箱应置于船首箱位。

5. 兼顾船舶稳性和港口堆场堆存现状，尽可能避免港口出现较大的翻箱率

为尽可能保障船舶的稳性，要将集装箱按照由重到轻的顺序装载到船舶上。由于集装箱由外部进入码头的时间是随机的，虽然堆场有较为科学的堆场策略，但在堆存密度较大的情况下，堆场中的集装箱无法完全满足自上而下、由重到轻的顺序要求，有时为了装载某个指定的集装箱，不得不将其上面的集装箱挪下，这就是翻箱。过高的翻箱率会影响作业效率，增加作业成本，因此港口企业一般情况下都会控制翻箱率。比如，有的港口设定单船翻箱率不超过15%，意思是每装载100个集装箱，翻箱的数量不得超过15个。

6. 注意船舶的纵向强度和局部强度要求

集装箱船大多为艉机型，机舱、油舱、淡水舱集中在艉部。这种结构特点使集装箱船长期处于中拱状态。可以适当在船舶中部多配一些重箱，以抵消集装箱船的中拱变形。在船舶策划时，特别是在起始港预配时，应充分考虑途中挂靠港的装卸情况，避免在中途装卸后，因为船舶中部集装箱数量或重量减少而影响船舶的纵向强度。如有可能，在起始港预配时，将目的港的重箱配于船中部。在集装箱船的甲板和舱内，每列集装箱的重量必须严格遵守允许的堆积负荷限制，以确保船舶局部结构强度不受影响。通常，集装箱船的堆积负荷为：船舱内，20英尺集装箱每层平均重量为20吨，40英尺集装箱每层平均重量为30吨；甲板和舱盖上，20英尺集装箱每层平均重量为15吨，40英尺集装箱每层平均重量为20吨。在甲板和舱盖上，集装箱的堆装层数应遵循特定限制，如不超过2层或3层，以避免超负荷现象，从而保护船体结构不受影响。

（二）船舶配载流程

大型集装箱港口船舶一次靠泊作业量基本为一千个甚至几千个集装箱，港口企业需要配备专门的软件辅助配载工作。这里只对流程做简要的介绍。其主要流程是为集装箱

\<Tower/Stevedore\>

Voyage ID: EGCS-XINTJI-0122E
Vessel Name: XIN TIAN JIN
Remark : Empty = 70x40'SD

Yantian International Co

Hatch Print
Crane : 027

	16	14	12	10	08	06	04	02
94								
92		010:0 CNYTN CCLU 43 00 4479260 DT CSCL 4.0 FB EM	009:0 CNYTN CCLU 43 00 4447792 DT CSCL 4.0 FB EM	008:0 CNYTN CCLU 43 00 4179827 DT CSCL 4.0 FB EM	007:0 CNYTN CCLU 43 00 4334749 DT CSCL 4.0 FB EM	006:0 CNYTN CCLU 43 00 4576573 DT CSCL 4.0 FB EM		
90	022:0 CNYTN CCLU 43 00 4484013 DT CSCL 4.0 FB EM	021:0 CNYTN CCLU 43 00 4176509 DT CSCL 4.0 FB EM	020:0 CNYTN CCLU 43 00 4413745 DT CSCL 4.0 FB EM	019:0 CNYTN CCLU 43 00 4164848 DT CSCL 4.0 FB EM	018:0 CNYTN CCLU 43 00 4189532 DT CSCL 4.0 FB EM	017:0 CNYTN CCLU 43 00 4662732 DT CSCL 4.0 FB EM		
88	034:0 CNYTN CCLU 43 00 4944000 DT CSCL 4.0 FB EM	033:0 CNYTN CCLU 43 00 4542824 DT CSCL 4.0 FB EM	032:0 CNYTN CAXU 43 00 7468110 DT CSCL 4.0 FB EM	031:0 CNYTN CCLU 43 00 4823903 DT CSCL 4.0 FB EM	030:0 CNYTN TRLU 43 00 8728263 DT CSCL 4.0 FB EM	029:0 CNYTN CCLU 43 00 4801592 DT CSCL 4.0 FB EM		
86	046:0 CNYTN CCLU 43 00 4521837 DT CSCL 4.0 FB EM	045:0 CNYTN CCLU 43 00 4747300 DT CSCL 4.0 FB EM	044:0 CNYTN CCLU 43 00 4633035 DT CSCL 4.0 FB EM	043:0 CNYTN CCLU 43 00 4492908 DT CSCL 4.0 FB EM	042:0 CNYTN CCLU 43 00 4537535 DT CSCL 4.0 FB EM	041:0 CNYTN CCLU 43 00 4813340 DT CSCL 4.0 FB EM		
84	058:0 CNYTN TGHU 43 00 5008629 DT CSCL 4.0 FB EM	057:0 CNYTN CCLU 43 00 5035608 DT CSCL 4.0 FB EM	056:0 CNYTN CAIU 43 00 4049401 DT CSCL 4.0 FB EM	055:0 CNYTN CCLU 43 00 4770110 DT CSCL 4.0 FB EM	054:0 CNYTN CCLU 43 00 5026416 DT CSCL 4.0 FB EM	053:0 CNYTN CCLU 43 00 4453080 DT CSCL 4.0 FB EM		
82	070:0 CNYTN DFSU 43 00 4200166 DT CSCL 4.0 FB EM	069:0 CNYTN CCLU 43 00 4593919 DT CSCL 4.0 FB EM	068:0 CNYTN CCLU 43 00 4467649 DT CSCL 4.0 FB EM	067:0 CNYTN CCLU 43 00 4411779 DT CSCL 4.0 FB EM	066:0 CNYTN CAXU 43 00 7462750 DT CSCL 4.0 FB EM	065:0 CNYTN TTNU 43 00 4280103 DT CSCL 4.0 FB EM		

船找到合适的集装箱，并按照合适的顺序装载到集装箱船上，最后形成一个船舶装载计划图，以指导其他部门按照计划进行船舶装载工作。当船舶装载计划完成后，系统会生成一个舱位配载图，如图5-13所示。它清晰地标注了每个舱位中每个集装箱的信息。

...erminals Limited
...e)

Date: 25/03/2010
Time: 22:31:38
Page: 1

P: 001　　　　Bay: 42-D　　　　Size: 40, 45

1

TTL = 70Ctnrs.
0 x 40'HC
70 x 40'SD
0 x 45'

舱位配载图

	05	07	09	11	13	15
	005:0 CNYTN CCLU 43 00 4566282 DT CSCL 4.0 FB EM	004:0 CNYTN CCLU 43 00 4197630 DT CSCL 4.0 FB EM	003:0 CNYTN CCLU 43 00 5003426 DT CSCL 4.0 FB EM	002:0 CNYTN CCLU 43 00 4221300 DT CSCL 4.0 FB EM	001:0 CNYTN CCLU 43 00 4589858 DT CSCL 4.0 FB EM	
	016:0 CNYTN CCLU 43 00 4716968 DT CSCL 4.0 FB EM	015:0 CNYTN CCLU 43 00 4499862 DT CSCL 4.0 FB EM	014:0 CNYTN CCLU 43 00 4613928 DT CSCL 4.0 FB EM	013:0 CNYTN TRLU 43 00 4801828 DT CSCL 4.0 FB EM	012:0 CNYTN CLHU 43 00 4803532 DT CSCL 4.0 FB EM	011:0 CNYTN CCLU 43 00 4135109 DT CSCL 4.0 FB EM
	028:0 CNYTN CCLU 43 00 5036482 DT CSCL 4.0 FB EM	027:0 CNYTN CAXU 43 00 7410736 DT CSCL 4.0 FB EM	026:0 CNYTN CCLU 43 00 4797450 DT CSCL 4.0 FB EM	025:0 CNYTN CCLU 43 00 4218179 DT CSCL 4.0 FB EM	024:0 CNYTN CCLU 43 00 4430296 DT CSCL 4.0 FB EM	023:0 CNYTN CCLU 43 00 4906952 DT CSCL 4.0 FB EM
	040:0 CNYTN CCLU 43 00 4209958 DT CSCL 4.0 FB EM	039:0 CNYTN CCLU 43 00 4612454 DT CSCL 4.0 FB EM	038:0 CNYTN CCLU 43 00 5051194 DT CSCL 4.0 FB EM	037:0 CNYTN CCLU 43 00 4491033 DT CSCL 4.0 FB EM	036:0 CNYTN CAXU 43 00 7459886 DT CSCL 4.0 FB EM	035:0 CNYTN CCLU 43 00 4593415 DT CSCL 4.0 FB EM
	052:0 CNYTN CCLU 43 00 4834657 DT CSCL 4.0 FB EM	051:0 CNYTN CCLU 43 00 4140506 DT CSCL 4.0 FB EM	050:0 CNYTN CCLU 43 00 4458631 DT CSCL 4.0 FB EM	049:0 CNYTN CCLU 43 00 4971449 DT CSCL 4.0 FB EM	048:0 CNYTN CCLU 43 00 4862746 DT CSCL 4.0 FB EM	047:0 CNYTN DFSU 43 00 4195115 DT CSCL 4.0 FB EM
	064:0 CNYTN CCLU 43 00 5065270 DT CSCL 4.0 FB EM	063:0 CNYTN CCLU 43 00 4768555 DT CSCL 4.0 FB EM	062:0 CNYTN CCLU 43 00 4618046 DT CSCL 4.0 FB EM	061:0 CNYTN CCLU 43 00 4266156 DT CSCL 4.0 FB EM	060:0 CNYTN CCLU 43 00 4757967 DT CSCL 4.0 FB EM	059:0 CNYTN CLHU 43 00 4806085 DT CSCL 4.0 FB EM

03　　05　　07　　09　　11　　13　　15

图5-13　舱位配载图

专题二 船舶策划的日常工作

任务导入

前面我们已经讲解了如何制作岸桥作业计划和船舶配载图，除此之外，船舶策划部门还有哪些日常工作？作为一个新入职员工，在制作岸桥作业计划和船舶配载图时，需要注意哪些细节？当船舶完成了所有的作业离港后，船舶策划人员如何进行收尾工作？

知识点

一、准备工作

在制作船舶配载图之前，船舶策划人员需要完成以下准备工作。

① 将出口箱信息输入电脑。出口箱会分批送达码头，有专人负责将送达的出口箱资料（包括集装箱号、封条号、船名、航次、订单号等）录入电脑。

② 收集海关放行条。每一个出口重箱都会有海关放行条，海关放行条的数目必须与电脑中显示的出口箱的数目一致，且箱内资料必须吻合。

③ 船公司若对集装箱资料有更改，需要在电脑中及时更新并记录存档。

④ 船舶到港前，需要通知船公司预计到达时间、作业开始时间、操作箱量及预计离港时间等。

⑤ 船公司如有新的船舶（以前未挂靠过本港的船舶）将挂靠本港，船舶策划组应将该船舶的船位图、船舱结构以及对装载集装箱的要求等事先输入电脑，以便随时调用。

二、制作配载图工作内容

① 船舶泊靠前至少一天，船舶策划组人员要向船公司请求提供"进口资料"，涵盖进口集装箱清单、特殊集装箱列表、上一港口的箱位布局图、离港报告及本港出口箱的预装计划图等。船公司的资料也可以通过EDI（电子数据交换）方式传给码头。

② 获取船公司提供的"进口资料"后，船舶策划组人员据此绘制留船箱与卸船箱分布图。留船箱是指留在船上不动，即其卸货港不是本港的集装箱。卸港箱是指卸货港为本港的集装箱，即进口箱。同时，在电脑系统中录入进口箱信息时，需要特别注意箱体的状态（空箱或重箱），并明确标注冷藏箱及危险品箱。

③ 根据进口箱清单和上一港的行箱位图（行箱位图是指船舶在本港完成所有作业后的船舶实际装载集装箱情况，即每一位置的集装箱信息），核对卸箱位置是否正确，然后打印卸箱清单，并与船公司的进口清单一一核对。

④ 根据船公司提供的出口箱预配图以及出口箱数字，绘制装载图（Loading Color Plan）。装载图上用不同的颜色代表不同的卸货港，注明特殊箱，并向船公司索取这些特殊箱的资料。

⑤ 船公司如果提出对某一集装箱进行转船或转港操作，必须在电脑中做相应的更改。

三、收尾工作

船舶装卸完毕后，需要做以下收尾工作。

① 在上一个港口的实配图中删除本港已卸的箱子，并添加本港新装的箱子，以此生成本港的实配图封面，随后复印一份作为离港实配图。

② 根据各作业班组送来的桥边作业报告（即行箱位图的实际完成情况）在电脑系统中进行确认，并修正卸箱在堆场的位置，然后与到港实配图和离港实配图核对消数，确保实际卸箱和装箱信息准确无误。

③ 打印装箱清单和卸箱清单分送给有关部门。

④ 船舶离港后，制作泊桥报告（Berthing report）和离港报告（TDR），分别送给相关部门。

⑤ 整理出以下文件并存档。一是船公司有关转船、转港、翻箱的通知文件。二是在卸箱时发现烂箱，将箱号及烂箱损坏图传真给船公司的传真件。三是船舶操作报告（指塔机作业），内容包括：船公司、船名、航次、靠（离）泊时间；实际操作，包括装卸桥数量、开始作业时间、完成作业时间、毛（净）作业时间、装卸数量、装卸速率；误工记录，包括装卸桥号码、时间（从几点钟到几点钟）、误工时间、误工原因、是否影响生产效率。四是装箱、卸箱及翻箱清单，具体内容涵盖船公司、船名、航次、到港时间、离港时间、卸货港（或装货港），以及箱号、状态、箱型、堆场位置、装船（卸船、倒箱）位置、箱重、危险品等级。五是坏箱清单，主要注明船公司、船名、航次、坏箱号以及箱损坏情况。六是出口箱数量清单，要求注明船公司、船名、航次、箱的种类和数量。七是非标准箱货物操作报告，主要注明专用工具准备时间及操作时间。八是危险品清单、冷藏箱清单。九是海关放行条。十是现场各班组使用过的行箱位图。十一是船公司传真过来或以EDI方式发过来的预配图、进口箱清单以及出口箱清单。十二是所制作的实配图。

综上所述，船舶策划的核心工作在于制作船舶配载图，包括封面图和行箱位图，以科学指导生产流程。但要制作实配图，必须做大量的准备工作，再运用制作实配图的原则，在船公司提供的预配图基础上进行合理的拼箱，最终得到可供生产用的行箱位图。船舶装卸完毕后，船舶策划人员又要针对本航次的整个工作过程做一个全面系统的总结，并将有关文件资料整理存档。

综合实训

【实训内容】

制作船舶配载图。

【实训目的】

掌握船舶配载图的制作方法。

【实训要求】

1.学生须独立完成。

2.每个学生根据课堂所学知识，进行制图体验。

【实训步骤】

1.教师事先准备好题目，学生在教师的指导下练习制作船舶配载图（注：因时间关系，可只画船舶配载图中的行箱位图）。

2.学生互相交流。

课后练习

【题目1】

请根据离港报告（TDR）（见图5-14），解释其包含的关键信息（用中文描述离港报告中每一段落的意思和关键信息）。

【题目2】

请根据如图5-15所示的装卸图制作一个岸桥作业计划（参考表5-3）。

TERMINAL DEPARTURE REPORT

1.　M.V. : SEA OF LUCK
　　　VOY　　: 283S
2.　COMMENCED OPERATION:　　　　　2024-08-05 06:58
　　FIRST/COMMENCED LOADING　:　　2024-08-05 06:58
　　COMPLETED OPERATION:　　　　　2024-08-05 12:35
　　COMPLETED LASHING　:
　　ANCHORED　　　　　　:
　　PILOT ON BOARD　　　:　　　　　2024-08-05 05:30
　　BERTHED　　　　　　:　　　　　2024-08-05 06:25
　　UNBERTHED　　　　　:　　　　　2024-08-05 14:05
　　GROSS TERMINAL PRODUCTIVITY :　41.31
2.1. CRANE WORKING HOURS:

CRANE	FROM	TO	HRS	TTL Moves
QC01	2024-08-05 12:23	2024-08-05 12:35	0.2	3
QC02	2024-08-05 07:04	2024-08-05 12:09	5.1	115
QC03	2024-08-05 06:58	2024-08-05 10:48	3.8	114

　　A. GROSS CRANE WORKING TIME　　　:　9.08
　　B. FIRST/LAST CRANE WORKING TIME　:　5.60
　　C. NET CRANE WORKING TIME　　　　:　8.33
　　D. ACTUAL CRANE USAGE　　　　　　:　1.62
　　E. NET CRANE PRODUCTIVITY F/C　　　:　27.84
　　F. TOTAL MOVES　　LOADED　　　　:　213
　　　　　　　　　　DISCHARGED　　　:　17
　　　　　　　　　　RESTOWED　　　　:　2
　　　　　　　　　　Total　　　　　　:　232
3.　ETA Sihanoukville　　　　　　　　:
4.　CONTAINER SHORTLANDED / OVERLANDED : NIL
5.　CONTAINER SHORTSHIPPED / OVERSHIPPED : NIL
6.1. CONTAINER DISCHARGED AT DaChanBay :

	ZIM	TOTAL	G.WT
20/40/45 LADEN	6/　11/　0	6/　11/　0	360.5
20/40/45 EMPTY	0/　0/　0	0/　0/　0	0.0
G.WT	360.5	17	360.5

6.2. UNCONTAINERISED CARGO (DISCHARGE) : NIL
7.　RESTOWAGE :

CNO	FROM	TO	ISO	SIZE	POL	POD	FE

OPERATOR ACCOUNT　REMARKS

图5-14　离港报告（TDR）

```
------------------------------------------------------------------------
    1    ZIMU3000739    TQ          05-06-86  22G1      20      CNDCB THBKK/
FULL  ZIM      ZIM
```

8.1. REEFER CONTAINER : DaChanBay Load Only

OPR	CNO	CELLPOSN	POD	G.WT	TEMP	REMARKS
1 ZIM	ZCLU9950502	06-00-82	THBKK	15.51	C+20.0	
2 ZIM	ZCSU5130985	06-01-82	THBKK	15.59	C+20.0	
3 ZIM	ZMOU8945185	06-03-82	THBKK	13.09	C+20.0	
4 ZIM	ZMOU8940584	26-00-82	THLCH	28.86	C1.0	

8.2. DANGEROUS GOODS : DaChanBay Load Only

OPR	CNO	CELLPOSN	POD	G.WT	IMO
1 ZIM	JXLU6397220	06-07-82	THBKK	14.09	9
2 ZIM	CAAU2581120	13-07-82	THLCH	5.88	4.1

8.3. UNCONTAINERISED CARGO (LOADING) : NIL

8.4. OVERSIZED CONTAINER :

OPR	CNO	CELLPOSN	POD	G.WT	Over Dimensions REMARKS
1 ZIM	TRIU0780363	06-01-10	THBKK	35.56	OWL:20 OWR:25
2 ZIM	TCLU6031537	06-05-10	THBKK	31.93	OWL:20 OWR:20
3 ZIM	ZCSU6013638	14-01-86	THLCH	22.78	OWL:5 OWR:6 OH:267
4 ZIM	ZCSU6009371	14-02-86	THLCH	22.98	OWL:10 OWR:10 OH:270
5 ZIM	TRIU0833859	14-05-86	THLCH	24.3	OWL:38 OWR:36 OH:265
6 ZIM	ZCSU6012586	14-06-86	THLCH	22.73	OWL:10 OWR:10 OH:270
7 ZIM	TCLU6018242	26-00-86	THLCH	26.92	OWL:38 OWR:37 OH:265

8.5. CHANGE OF DESTINATION : NIL

9.   DEPARTURE CONDITIONS :

	WEIGHT	REMARKS
CARGO : ALL	16153.74852	
TANKS :		
DIESAL OIL :		
FUEL OIL :		

```
LUB OIL0      :
FRESH OIL     :
BALLAST OIL   :
DRAFT :      F.      9.0M      A.      9.0M      (ACTUAL)
G.M.  :
10.  LOADING SUMMARY :
```

	ZIM			TOTAL		
TO THBKK/						
20/40/45 LADEN	19/	36/	3	19/	36/	3
20/40/45 EMPTY	0/	0/	0	0/	0/	0
20/40/45 T/S LADEN	0/	0/	0	0/	0/	0
20/40/45 T/S EMPTY	0/	0/	0	0/	0/	0
TTL WT.	1144.7			1144.7		

	ZIM			TOTAL		
TO THLCH/						
20/40/45 LADEN	54/	101/	0	54/	101/	0
20/40/45 EMPTY	0/	0/	0	0/	0/	0
20/40/45 T/S LADEN	0/	0/	0	0/	0/	0
20/40/45 T/S EMPTY	0/	0/	0	0/	0/	0
TTL WT.	2214.4			2214.4		

```
11.  LOADING OF 20'/25'/40/45/OTHERS'/HC
   OCEAN LADEN : NIL
   INTERPORT LADEN :
```

	ZIM						TOTAL					
	20	25	40	45	OT	HC	20	25	40	45	OT	HC
THBKK/	19/	0/	5/	3/	0/	31	19/	0/	5/	3/	0/	31
THLCH/	54/	0/	5/	0/	0/	96	54/	0/	5/	0/	0/	96
TTL	73/	0/	10/	3/	0/	127	73/	0/	10/	3/	0/	127

```
   EMPTIES : NIL
```

续图5-14

EGLT/EVEUNT - EVER UNITED/124E　　　　　**DISCHARGE PLAN**　　Ser

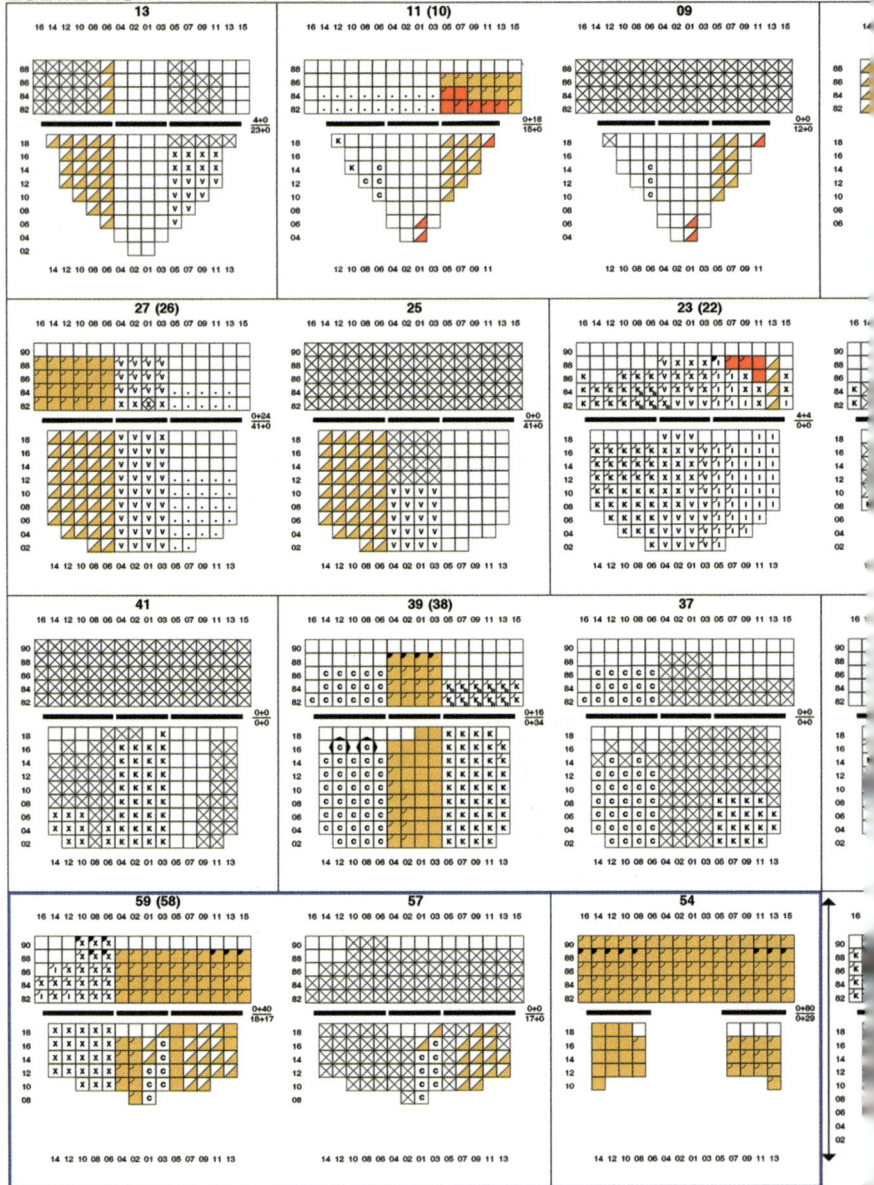

Letter	Port
C	CNNBO
C	CNYTN
C	ZZTCW
C	ZZVCW
C	CNSHA
L	USTIW
K	HKHKG
T	ZZHT3
U	USHT3
V	CAVAN
X	XXDC1
X	XXDC2
X	XXDC3
X	XXDC4
X	XXVCJ
Z	ZZOPT

Total UC = 0

	20'	40'	40'HC	45'	Total
Full	15	4	7	0	26
Reefer	0	0	0	0	0
Empty	213	74	324	21	632
Transhipment(F)	0	0	0	0	0
Transhipment(E)	0	0	0	0	0
Total	228	78	331	21	658

	20'	40'	40'HC	45'	Total
Restow Empty	0	0	0	0	0
Restow Full	0	0	0	0	0
Shifting Empty	0	0	0	0	0
Shifting Full	0	0	0	0	0
Total	0	0	0	0	0

SI LIST : (next port HKHKG) **HKHKG->ZZHT3->ZZTCW->USTIW->ZZVCW->CAVAN->ZZOPT**

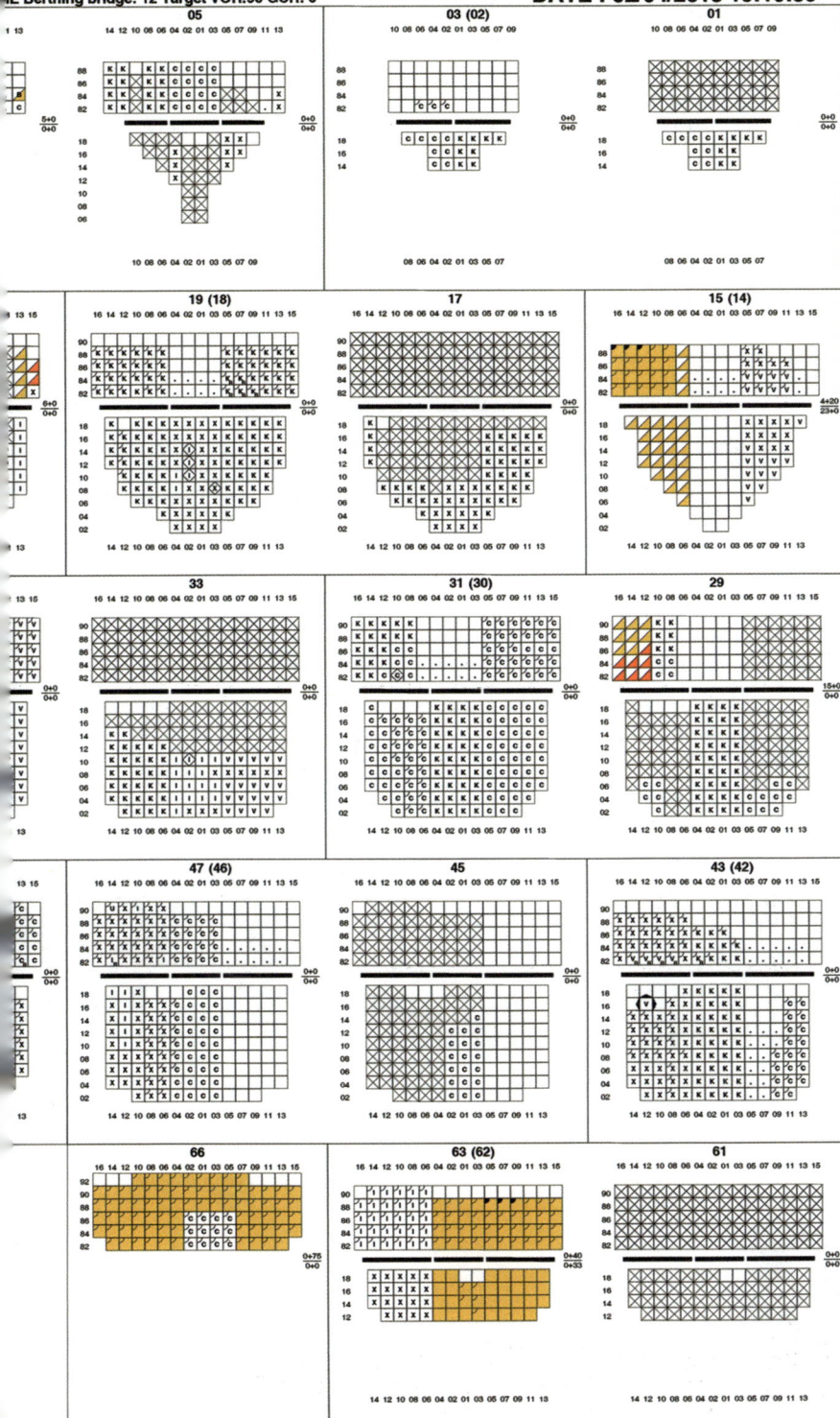

图 5-15　实训装卸图

EGLT/EVEUNT - EVER UNITED/124E **LOADING PLAN** Servic

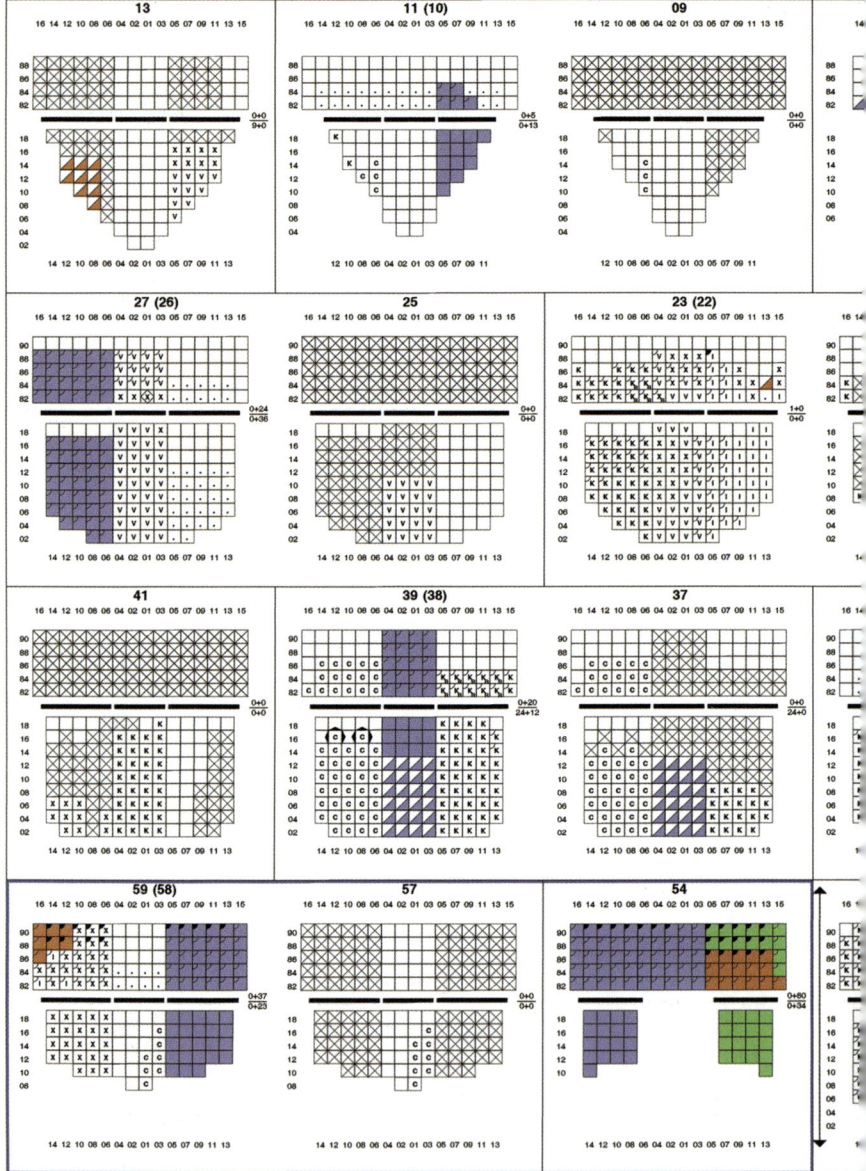

Letter	Port
C	CNNBO
C	CNYTN
C	ZZTCW
C	ZZVCW
C	CNSHA
I	USTIW
K	HKHKG
T	ZZHT3
U	USHT3
V	CAVAN
X	XXDC1
X	XXDC2
X	XXDC3
X	XXDC4
X	XXVCJ
Z	ZZOPT

	20'F	20'E	20'R	40'F	40'E	40'R	40'F	40'E	40'R	High Cube 45'F	45'E	45'R	Total 20'	40'	45'	TTL
ZZHT3 T	0	0	0	44	0	0	17	0	0	10	0	0	0	61	10	71
USTIW I	20	0	0	73	0	0	87	0	0	37	0	0	20	160	37	217
CAVAN V	49	0	0	65	0	0	155	0	0	12	0	0	49	220	12	281
Total	69	0	0	182	0	0	259	0	0	59	0	0	69	441	59	569
SH	0	0	0	0	0	0	0	0	0	0	0	0	0	0	0	0
RE	0	0	0	0	0	0	0	0	0	0	0	0	0	0	0	0

SI LIST : (next port HKHKG) **HKHKG->ZZHT3->ZZTCW->USTIW->ZZVCW->CAVAN->ZZOPT**

Berthing bridge: 12 Target VOR:90 GCR: 0　　　　　　　　**DATE : 02/04/2013 19:18:36**

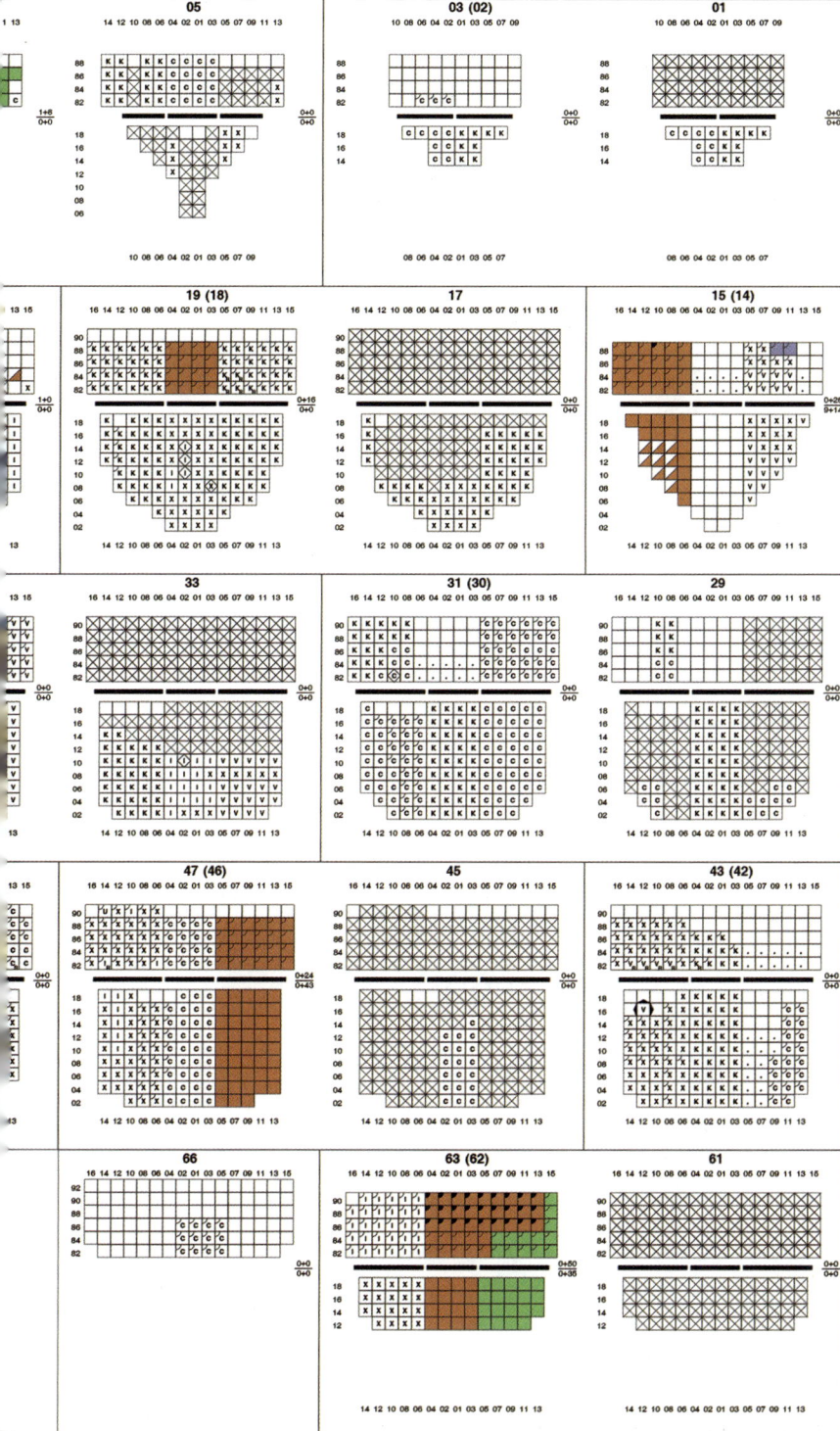

续图 5-15

【题目3】

如图5-16所示的CWP是否合适？如果不合适，存在哪些问题？

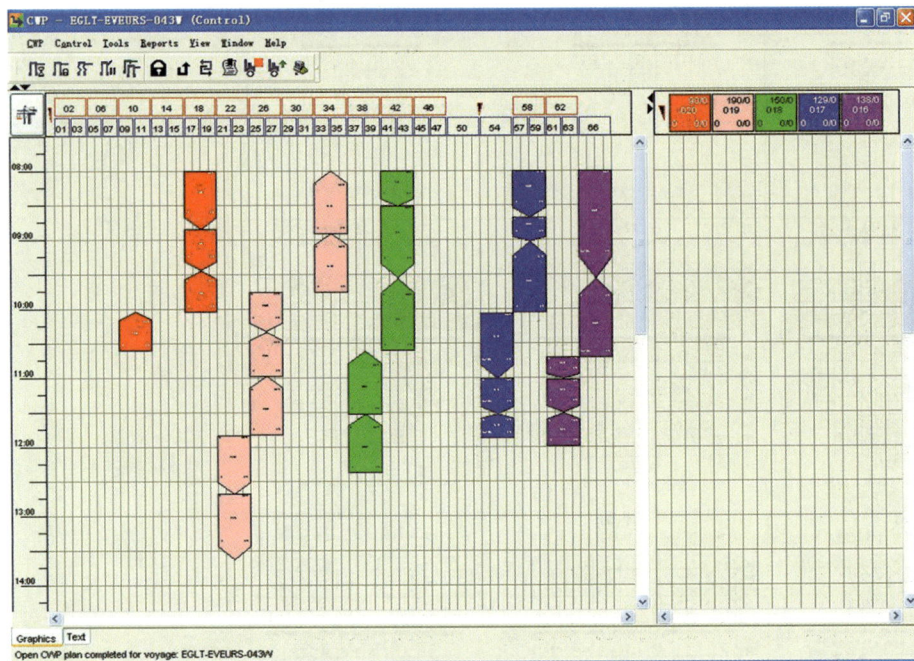

图5-16　示例

学习评价

序号	知识点	评价标准	分值	评价结果（是/否）	得分
1	船舶策划基础知识及基本原则	了解船舶策划的基础知识	25		
		掌握船舶策划的基本原则	25		
2	船舶策划的日常工作	能说出船舶策划的前期准备工作	10		
		能说出船舶配载图的制作流程	30		
		能说出船舶策划的收尾工作	10		
	合计		100	—	

注：评价结果"是"为该选项得满分，"否"为该选项得0分。

模块五
课后练习参考答案

模块六

堆场策划

专题一　堆场策划方法

专题二　堆场策划的日常工作

模块导读

　　堆场策划作为港口业务部的核心职责之一，主要包括制定集装箱在码头堆场的存储计划，并指导集装箱的合理摆放与高效移动。全球集装箱港口的排名和吞吐量数据揭示了集装箱码头堆场管理的复杂性。在堆场策划过程中，通过最大化利用有限的堆场空间，合理规划区域，并制定策略以确保每个集装箱都能被安置在最佳的位置，可以显著提升集装箱的空间利用率。例如，运用智能装箱软件进行货物打托、精确测量和规划，以及合理组合不同种类和尺寸的货物进行混装混运，都是提高堆场利用率的有效策略。此外，通过增设货架和隔板，以及优化堆码方式，可以进一步减少空间浪费，从而提升码头作业效率。

学习导图

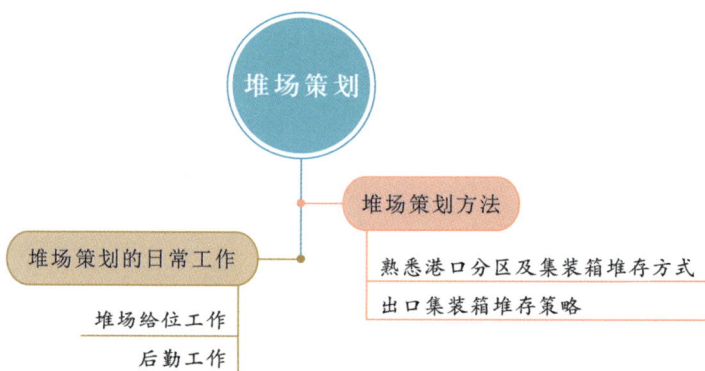

学习目标

◆ 知识目标

1. 了解堆场策划的基础知识。
2. 掌握堆场策划的基本原则。
3. 了解堆场策划的日常工作。

◆ 能力目标

1. 能正确有效地进行堆场策划。
2. 能熟练地处理堆场策划部门的日常工作。

◆ **素养目标**

1. 养成认真、负责、严谨的态度。
2. 培养团队协作的精神。

专题一　堆场策划方法

任务导入

　　集装箱堆场堆放着数以万计的集装箱，所有工作必须按计划有秩序进行，而堆场策划就是对堆场中集装箱堆存做出具体的计划和安排，以保证堆场中的集装箱得到科学、合理的安排，并能够满足装卸作业需求。小明在任职堆场策划后接到一个任务——为未来一周的集装箱做一个科学合理的堆存策略，那么他要想完成任务，需要掌握哪些知识呢？

知识点

　　作为集装箱码头的重要组成部分，堆场承担着数以万计的集装箱的临时性堆存任务。为了高效管理数量庞大且作业类型多样的集装箱，集装箱堆场必须具有合理的布局以及科学的堆存计划。作为堆场策划人员，要想做好堆场策划工作，应掌握以下基本知识：一是全面了解码头现有堆场的情况，准确评估其堆存集装箱的能力；二是针对新开设的集装箱堆场，依据需求灵活划分区域，并精确计算各堆场的堆存容量；三是根据集装箱类型制定堆存策略。

一、熟悉港口分区及集装箱堆存方式

（一）熟悉港口布局

集装箱港口主要由码头前沿、集装箱堆场、集装箱货运站、维修车间、中控中心、闸口、集装箱码头办公楼等构成。其中，闸口是陆路集装箱进出的大门，码头前沿是海上集装箱进出的门户。而集装箱堆场是集装箱国际物流链中的一个重要组成。集装箱堆场是堆场策划人员的工作对象。堆场策划人员必须清楚了解堆场的划分与布置，如码头现在有几个堆场、分为几个区、堆场的大小、堆场的性质（是存放空箱还是重箱）等，此外，还必须清楚每个堆场所能存放集装箱的数量。在优化集装箱堆场布局时，应根据堆场的地理位置进行合理分工，区分空箱堆场、重箱堆场以及存放烂箱的区域。每个堆场应在地面上准确画线，标注区域代号和具体箱位，确保标识清晰。随着堆场的扩建，这一过程需要重复执行。此外，将堆场实际的箱位图按比例绘制成书面图纸（即堆场平面图），是至关重要的一步。堆场平面图不仅有助于堆场策划人员进行远程集装箱配位，而且是其进行堆场策划和优化布局的关键工具。

为了满足进出口集装箱操作的便利性需求，堆场被划分为前方堆场和后方堆场。前方堆场更靠近码头前沿，主要用于堆放出口的集装箱，让出口集装箱更靠近船舶，提升装载效率；后方堆场更靠近闸口，主要用于堆放进口空箱，更有利于拖车提取空箱。这种布局便于集装箱装船和拖车提取空箱进行合理的分区作业，降低了交通拥堵的可能性。这种布局是目前国际上传统大型集装箱港口所采用的最主流的一种方式。

在这种布局背景下，我们来讨论一下集装箱堆场的功能分区。在实际操作中，有进口集装箱也有出口集装箱，有空箱也有重箱，有普通干货箱也有特殊箱。在集装箱港口内，重箱的操作工具为龙门起重机，而空箱的操作工具为空箱堆高机。同时，重箱与普通空箱的提箱要求存在差异，重箱通常依据箱号进行提取，空箱则依据"箱主+型号"进行提取。货主在向船公司预订空箱时，仅需确认船公司及集装箱尺寸。而装载货物的集装箱，则与货物存在明确的对应关系。在这种操作需求下，集装箱港口堆场的功能分区有几种不同的方式和标准。

1. 按照集装箱的进出口属性进行功能分区

按照集装箱的进出口属性，集装箱堆场可以划分为进口集装箱堆存区、出口集装箱堆存区和中转集装箱堆存区，如图6-1所示。这种功能分区与布局对应，即前方堆场为出口集装箱堆存区，后方堆场为进口集装箱堆存区，在出口集装箱堆存区中划定一部分区域为中转箱区。

2. 按照集装箱类型进行功能分区

按照集装箱类型进行功能分区，即依据集装箱的操作和堆存特征进行分区，如图6-2所示。现实作业中，存在冷藏箱和危险品箱等特殊箱。这两种箱子都需要特殊对待，其中冷藏箱需要电源支持，危险品箱需要按照《港口危险货物安全管理规定》设立相对独立的区间进行堆存，且为保障安全，不同危险品箱之间要满足科学合理的安全距离条件。因此，需要在堆场中单独设立冷藏箱堆存区和危险品箱堆存区，其中冷藏箱堆存区要配备电源，危险品箱堆存区要与其他区域实现硬隔离。

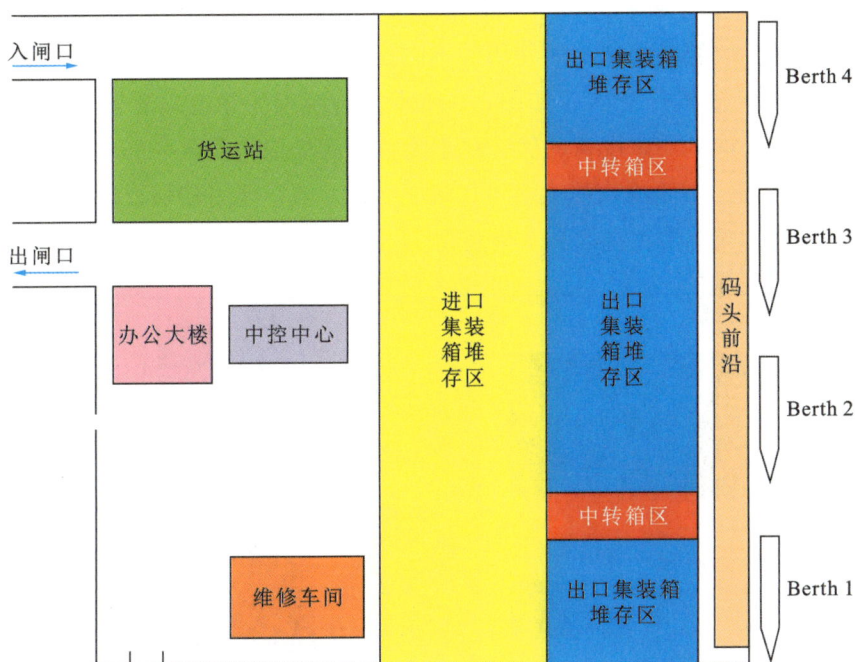

图6-1 集装箱堆场"前出口后进口"布局形式

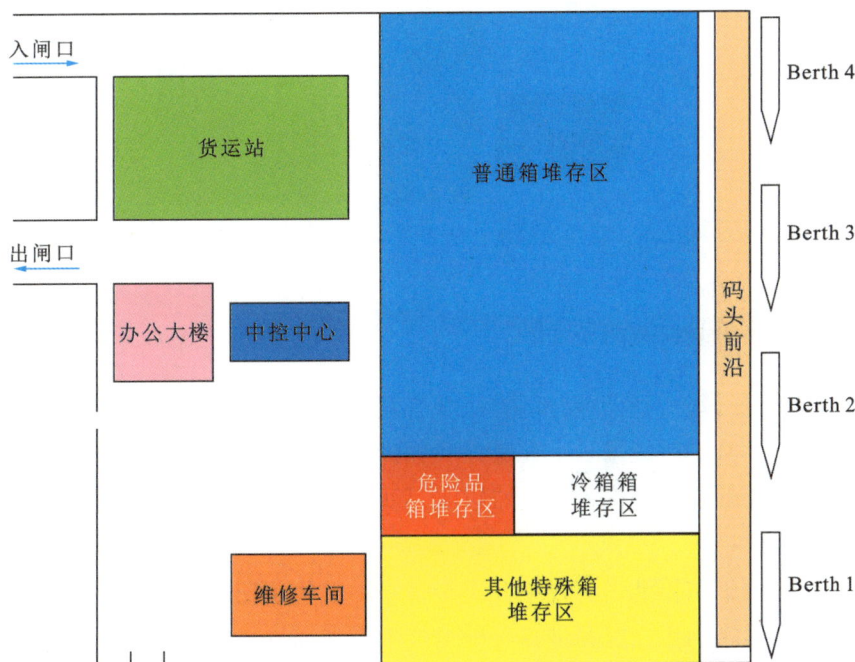

图6-2 集装箱堆场"集装箱功能分区"布局形式

3. 按照装卸设备进行功能分区

目前，在集装箱堆场中，常用的集装箱堆存和装卸设备为龙门起重机和空箱堆高机。所以，部分集装箱港口依据所使用的不同装卸设备，将集装箱堆场划分为龙门起重机作业区和空箱堆高机作业区，如图6-3所示。传统集装箱港口普遍采用横跨六列的"堆5过6"龙门起重机。该设备的优势在于能够灵活提取作业区内的任意集装箱，但其堆存能力相对较弱。空箱堆高机大多可以堆9层高，堆存能力较强，但是其只能按照顺序来提取集装箱，无法单独提取某个集装箱。

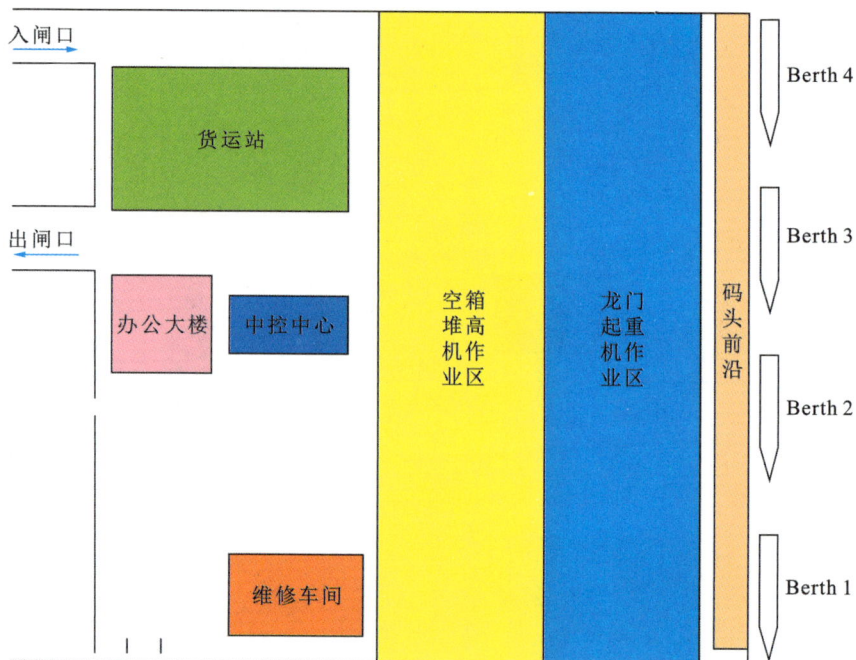

图6-3 集装箱堆场"装卸设备功能分区"布局形式

4. 我国独特的堆场功能分区

上面我们所讲的每一种功能分区方法都有其优点和不足之处。随着国际贸易的发展和集装箱港口吞吐量的持续增长，尤其是我国产业升级和贸易顺差导致进口箱以空箱为主的常态化，现有的功能分区方法已难以满足我国集装箱港口分区的需求，也难以适应当前的吞吐量增长趋势。

目前，我国的集装箱港口有以下几大特征：一是集装箱进出口差异显著，进口多为空箱，出口则以重箱为主；二是港口吞吐量庞大，然而堆场堆存率相对较高；三是进出口箱子中，冷藏品箱、危险品箱及其他特殊箱比例较为稳定。因此，我国集装箱港口堆场功能分区多综合上述三种分区的优点，打造符合本港口特点的功能分区。

图6-4为我国南方某一港口的堆场功能分区。该功能分区充分综合了按照集装箱的进出口属性分区和按照装卸设备分区的优势，避免了两者在操作中的一些劣势。堆场整体按照龙门起重机作业区和空箱堆高机作业区进行功能分区。其中龙门起重机作业区整体上更靠近码头前沿，即整体属于前方堆场，其主要用于堆存和操作出口集装箱，也用于堆存进口重箱、中转箱和退租箱。空箱堆高机作业区更靠近闸口，即整体上属于后方堆场，其主要用于堆存和操作进口空箱。这也充分考虑了进口空箱占主导以及空箱堆存能力较强的特点。此外，在龙门起重机作业区单独设立了两块区域，分别为冷藏箱堆存区和危险品箱堆存区。此块区域不区分箱子的进出口性质，按照箱子的类型进行堆存。

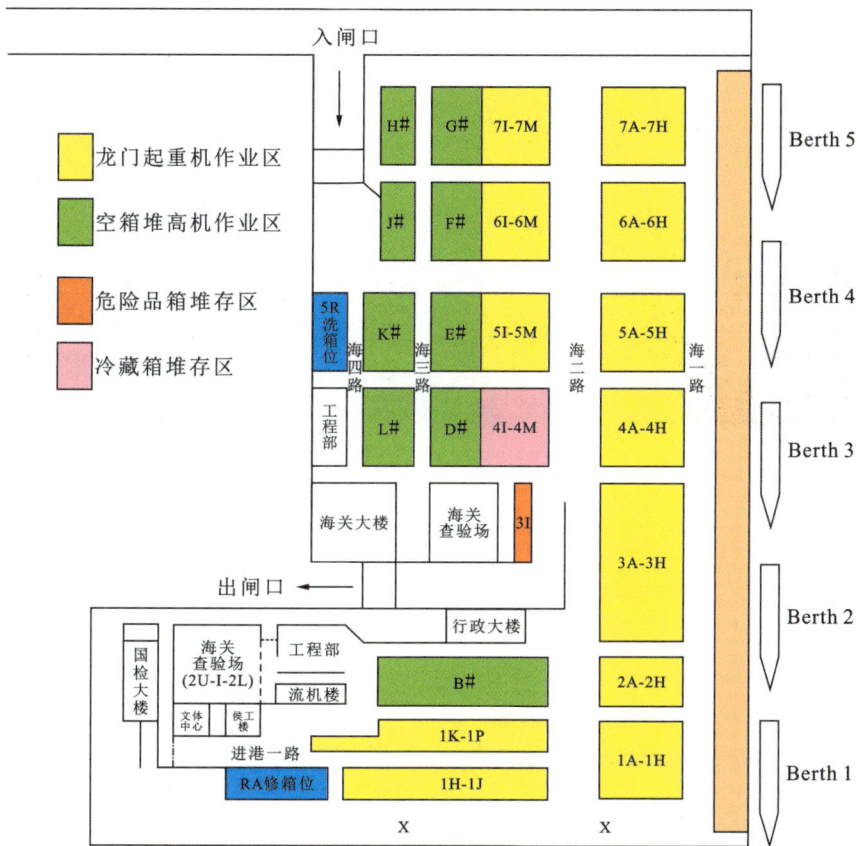

图6-4　我国某港口堆场布局图

（二）堆场集装箱位置表示方法

按照作业功能，集装箱码头陆域有了明确的区域划分。如图6-5所示，船舶靠泊的位置为泊位，与泊位直接相连的地方为操作区，此区域主要是为船舶装卸货服务的，其次是堆场区，此处用于堆存出口集装箱和进口集装箱，再往后则是用于堆放特殊箱和空箱的位置，最后则是闸口，是集装箱拖车将集装箱拖进和拖出的进出口。当然，从码头实际运营来看，码头范围内除了作业区、进出口集装箱堆存区、特殊箱和空箱堆存区之外，还设有维修区和工程区，专门用于码头各种设备设施的维修保养。我们在正式介绍集装箱在堆场中的位置表示方法前，先看一下码头集装箱的实际摆放情况。

图6-5　码头集装箱堆放布局

我们看到，最左侧为集装箱船舶停放泊位，与泊位相连的地方为操作区，操作区右侧为进出口集装箱堆存区，操作区最右侧为空箱堆存区及集装箱查验场。在进出口集装箱堆存区，集装箱按照与船舶同样的线路一字排开，然后并排摆放六个集装箱，14～20个集装箱为一段，集装箱大概摆放5～6层高。为了更为简单地说明问题，我们把每一组这种类型的集装箱称为一个集装箱单元。可以看到，集装箱堆场由若干这样的集装箱单元组成。因此，首先要区分每一组集装箱的位置，一般情况下，集装箱码头将这一集装箱单元组所在的位置以"区"或"段"来定义，英文为Block。

在集装箱码头中，进出口集装箱堆存区与空箱堆存区使用的设施及采用的堆存方法不一样。我们首先来看一下进出口集装箱堆存区位置表示方法。

在进出口集装箱堆存区，为了方便装卸，一般使用龙门起重机（见图6-6）作为装卸工具。

前文我们已经介绍，码头划分了若干个集装箱单元组所在的位置，这个位置用"区"或"段"来表示。那么，在一个单元组内，如何设定坐标位置呢？为了确定集装箱单元的具体位置，我们将其进行三维分解。以下从一个平面示意图（见图6-7）开始分析。

图6-6 龙门起重机使用场景

我们首先看到，这里摆放了六行（英文为Lane）集装箱，每一行有8组集装箱。一般情况下，堆场地面会以明显标识来划定集装箱摆放的具体位置。按照车辆行驶的路线（行车线）为每个位置的集装箱设定一个坐标值，这个坐标值被称为间位（英文为Stack）。由于集装箱包含40英尺和20英尺的大小，一个40英尺集装箱的位置可以摆放2个20英尺集装箱，为了不造成位置混乱，一般用40英尺为标准定义坐标值，且每隔4个数字进行坐标赋值。如图6-7所示，间位按照行车线分为02、06、10……直到20。若40英尺的位置（如06）被两个20英尺集装箱占用，则该位置不能再使用原40英尺位置的坐标，而是使用前后数字即05和07分别表示20尺集装箱的间位。

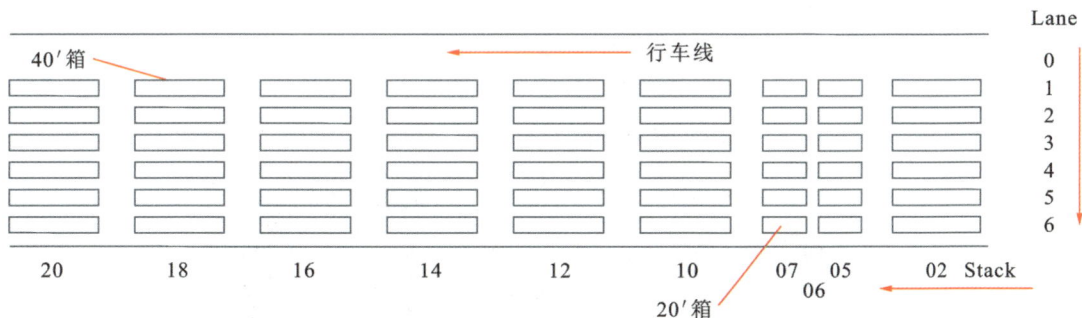

图6-7 间一行（Stack－Lane）位示意图

与此同时，每台龙门起重机下面必须有一条行车车道，便于拖车进入装卸集装箱。另外，针对国内的轮胎式起重机，设有六行集装箱区域，码头上通常将此坐标称为"行"。行车线占据第0行，随后依次递增，分别标记为第一行、第二行……直至第六行。

当我们细化到每个间位时，可以观察到每一行上都堆叠了几层集装箱，为此，我们设定了一个坐标值来表示这一层，即"层"或"高"（见图6-8）。

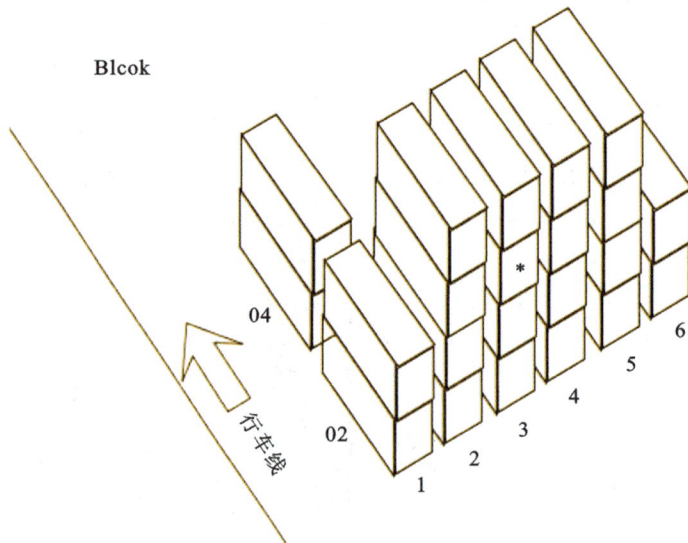

图6-8　层位示意图

到这里基本就清晰了，在集装箱码头堆场，一个集装箱的坐标值可以表示为"区（段）—间—行—高（层）"（Block-Stack-Lane-Tier）。按照这个坐标值，我们可以找到码头里任一集装箱。

对于空箱堆存区，其坐标定位方法与进出口集装箱堆存区是一样的，只是使用的设施及堆场的策略不一致，有其特殊性。由于是空箱，重量较轻且集装箱不是按照箱号发放，客户来提箱时只需按照集装箱类型和箱主提取，因此空箱集装箱一般都是集中摆放，且按照空箱堆高机的能力尽可能多堆几层（见图6-9）。空箱作业如图6-10所示。

图6-9　空箱堆存

图6-10 空箱作业示意图

图6-11为空箱堆存侧面图，每一个这样的集装箱单元组也称为一个区（段）位，与此同时，由于集装箱并排排放，也是一个行位。间位的排列遵循40英尺集装箱排放的传统做法，以双数02、04、06等的顺序表示。层（Tier）代表集装箱的高度位置，依据实际的层高进行计数。假设图6-12是Block 5B的立体图，则图中"☆"位置箱的坐标位置是5B-02-2-5，表示箱子在5B区02间2行5层高的位置。

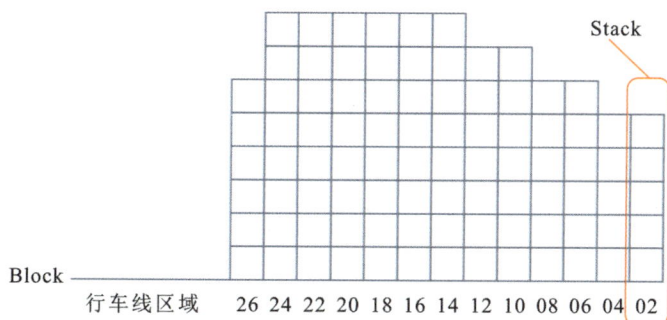

图6-11 空箱堆存侧面图

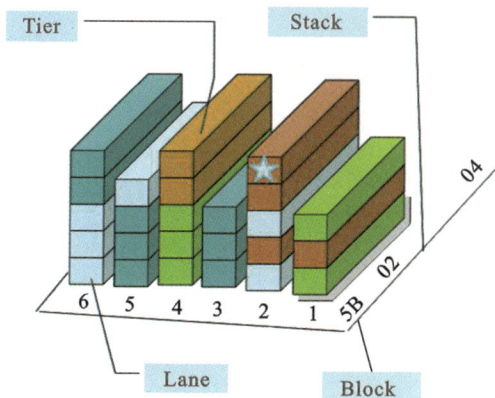

图6-12 集装箱位置示意

二、出口集装箱堆存策略

集装箱码头的主要任务是满足国际航运船舶停靠及货物装卸需求。随着造船技术及航海技术的发展，船舶大型化成为一大趋势。为了优化出口集装箱堆存布局，确保货物的安全性和装卸效率，港口堆场必须采用科学的策略。这包括合理安排货物堆叠、利用智能装箱软件优化空间利用率、考虑装卸设备的限制等。

（一）集装箱船装载要求

集装箱船配载是一个复杂的问题，需要综合考虑集装箱码头装卸工艺和操作方式，使码头能合理、有序、有效地组织生产，提高整个系统的作业效率，更好地满足船舶的运输要求，即船舶的航行安全、集装箱及其货物的运输质量和船舶营运的经济效益。现行的船舶吨税、引航费、运河费用都是根据船舶净吨位的大小来衡量的，因此船公司十分乐意在甲板上装更多的集装箱。目前甲板上装8层高的集装箱已是很普遍的现象。船舶在海上航行时会受到恶劣海况和风暴的影响，产生剧烈晃动，这对船舶的稳性和集装箱安全系数提出了更高的要求。特别是近年来集装箱掉海事件多有发生，集装箱安全系数受到国际海事组织的重视。集装箱安全系数和船舶稳性之间也相互影响：船舶稳性好，则集装箱安全系数要求较低；船舶稳性不好，则集装箱安全系数要求较高。同时，舱面集装箱重量、高度分布也会影响配载计划能否通过船舶系统实现对集装箱安全系数的检查。要满足船舶稳性和集装箱安全的需求，较为有效实用的措施就是利用"重箱在下、轻箱在上"的方式进行配载工作，如图6-13所示。

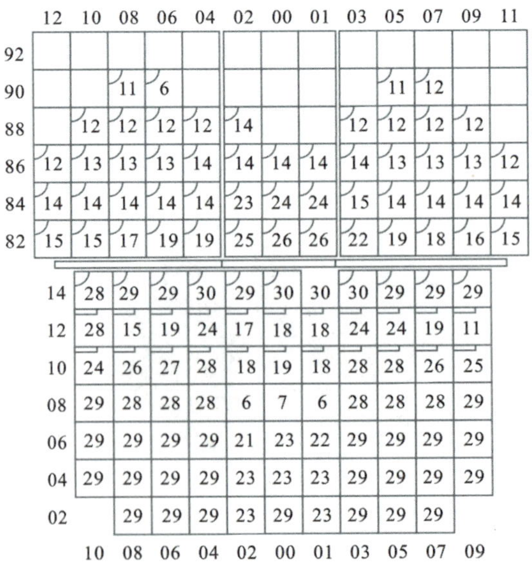

图6-13　集装箱船舶装载重量示意图

在上述配载要求下，理想的状态是：到同一目的码头的集装箱在堆场堆存时，重量较大的箱子堆存在堆场相对上层的地方，重量较轻的集装箱堆存在下面。但在实际操作中，出口集装箱到达码头的时间是随机的，一般在相应船舶到港前3～5天陆续进港堆存，船舶到港前12～24小时停止进箱，集装箱的堆存不可能完全准确地预计出口箱的进港顺序、集装箱类型、重量和卸货港等信息，同时，为提高堆存效率，堆场人员有可能背离集装箱堆存计划堆放集装箱。

（二）四级分类堆存决策模型

目前，出口集装箱主要有两种堆存策略，即预堆存策略和分类堆存策略。

预堆存策略是在分配集装箱箱位时，不考虑其箱型、卸货港、箱重等具体信息，而是根据集装箱到港的先后顺序，将同一航线或同一艘船舶的出口箱堆放在一起的策略。在船舶到港前，根据船舶出口舱单或配载计划，对集装箱进行符合装船顺序的转堆操作。使用预堆存策略时，集装箱箱位分配简单，不需要复杂的箱位分配决策支持系统且堆存高度可适当增加，同时装船时不需要翻箱，提高了装船效率，缩短了船舶在港停留时间。然而，该模式需要大量额外堆存区域和资源支持集装箱转堆。堆存密度大或资源紧缺时，转堆工作将增加企业运营成本，导致堆场内交通拥堵，进而影响外部集卡停港时间和船舶装卸效率。

分类堆存策略是综合考虑集装箱箱型、尺寸、船名、航次、卸货港、重量等具体信息，按照同组箱同一个堆存位的原则进行分组，预先为集装箱分配堆场位置的策略。由于同组箱具有基本相同的性质，如卸货港、箱型、装船位置等，因此该策略能在现有堆存情况下满足码头装箱需求。综合比较而言，分类堆存策略不需要大量资源且具有灵活性，因此，国内港口吞吐量较大、堆场资源相对缺乏的码头，均倾向于采用此策略。

在分类堆存策略下，影响集装箱堆存计划制定的有集装箱箱型、数量、尺寸、卸货港、重量分布、船名、航次、预靠泊位、靠泊时间等因素，同时在实际操作中影响堆存计划执行的不可预见的变化因素较多，如天气原因造成的船舶靠泊时间变动、节假日前期大量集装箱提前到港、集装箱卸货港信息临时变动、堆场内机械故障等。这些因素都会影响堆存计划的制定和执行。过于细化分组会导致箱组数显著增加，进而需要更大的堆存面积；而过于简化分组则可能导致集装箱摆放混乱，翻箱率攀升。因此，堆场箱位分配计划必须具有足够强的灵活性，以应对各种因素变化对堆存计划带来的冲击。为解决上述问题，多数码头选择四级分类堆存决策模型进行集装箱堆存计划的制定。这里依据华南地区多数港口的实际情况，重点介绍四级分类堆存决策模型。

四级分类堆存决策模型根据影响堆存计划制定的各因素的特点，确定不同优先级的箱位决策模型，也就是把集装箱按照从第一级别到第四级别的顺序进行逐步细分。

对于间位，由于每一间位有6列集装箱，那么这6列可以选择性地堆存不同卸货港的货物。如图6-14所示，图中A、B、C行位分别表示同船不同卸货港的出口箱，X代表另外一条船的集装箱。

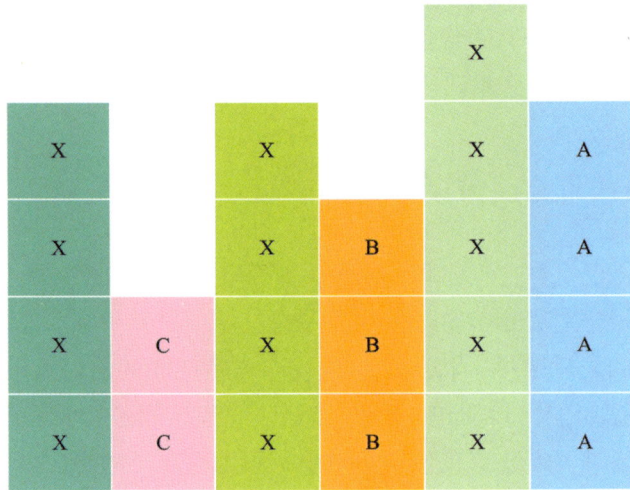

图6-14　堆场间位摆放示意图

四级分类堆存决策模型的级别及意义如表6-1所示。利用四级分类堆存决策模型，集装箱堆存分配计划更具灵活性，同吨位的集装箱具有同船舶同卸货港的性质，对船期变动等随机事件具有很好的适应能力。同时，该策略能够根据堆场的不同堆存密度和特殊情况的需求，采取合理的应对方案。在码头堆场密度较低的情况下，可依据堆场条件进一步细化重量级别，从而有效降低翻箱率，提升装船作业效率。而当堆场密度较高，特别是超过60%～70%，面对出口箱箱位紧张的情况时，可通过减少重量级别的分类或适度忽略卸货港的区分，来优化堆场空间利用，进而合理安排出口箱箱位。

表6-1　四级分类堆存决策模型的级别及意义

级别	因素	意义
第一级	出口船舶	同一船舶的集装箱放在相对集中的段位内
第二级	箱尺寸	同船且同尺寸的集装箱放在集中的间位
第三级	卸货港	同船同尺寸的集装箱在第二级的基础上按照卸货港的不同选择行位或间位堆存
第四级	重量级别	同船同尺寸同一卸货港的集装箱按照重量级别的不同细化位置分别堆存

专题二　堆场策划的日常工作

任务导入

　　小王到堆场工作后，发现除了制定一些堆存策略外，还涉及其他一些相关工作，如当外部拖车把集装箱拖进港口后，堆场必须提前为相应的出口箱指定位置，船舶卸载时也需要提前为进口箱指定位置，此外还有安排冷藏箱的功能检查及预冷等。这些工作似乎都与堆场策划部门的日常工作紧密相关，是堆场策划部门非常重要的工作。那么，这些日常工作是如何进行的呢？目前，部分港口按照职责，将堆场策划的日常工作分为堆场岗位和后勤工作两个方面。

知识点

一、堆场给位工作

　　所谓"堆场给位"，是指给客户（拖车）送到码头的集装箱（出口箱）或从船上卸下的集装箱（进口箱）安排一个堆场存放位置。虽然位置的安排具有一定的灵活性，但必须严格遵循相关原则进行合理规划。

（一）出口箱操作岗位

　　出口箱一般是用拖车从港口腹地拖进港口的集装箱。相对于进口箱，出口箱呈现量小、批次多、随机性强的特征。集装箱进入港口的时间具有不可控性，如果全部人工跟进的话，将需要大量的人员配置，所以出口箱的堆存多是"原则优先、系统指导"。目前，多数港口已经实现了出口箱自动给位的操作，基本不需要人工介入。下面，我们将重点描述出口箱给位的逻辑。

　　堆场策划部门会按照泊位计划，提前7天左右为每艘船设置一些指定的区域。在这些指定的区域再按照四级分类堆存决策模型，为不同卸货港、不同尺寸、不同重量的集装箱细分区域。

当外部拖车驶入码头时，闸口工作人员会迅速将集装箱的相关信息，如号码、尺寸、对应的船名航次、卸货港、重量及类型等，录入港口管理系统。此时，系统会进行后台比较，自动给定一个相对合理的堆存位置。

当预留位置空间不足或被占用时，系统无法给出堆存位置，需要人工接入系统，为出口集装箱指定堆存位置。

（二）进口箱操作岗位

现在我国多数港口以出口为主，所以出口集装箱多为重箱，进口集装箱多为空箱。相较于重箱的小批量、多批次和强随机性，进口空箱则呈现出批次集中、数量大的特点，即每条船卸载的集装箱数量都相当可观。空箱堆放的原则较为简单，仅需要考虑箱主和尺寸，将相同箱主相同尺寸的集装箱堆放在一起即可。因此，空箱给位一般不通过电脑指定，而是工作人员根据堆场情况提前指定位置。具体流程如下。

① 船舶到港前，船舶策划部门会将每条船将在本港卸载的集装箱信息给到堆场策划部门，具体包括集装箱的数量、箱主、尺寸等。

② 堆场策划部门根据船舶策划部门提供的资料找寻堆场较为合适的区域，然后将区域信息提前输入管理系统。由于堆场拖车占地面积较大且转向不太方便，一般情况下如果港口同一时间同箱主同尺寸的集装箱卸载箱量过大，堆场策划部门会提供3～5个地方供使用堆场拖车，以免引起交通拥堵。

③ 船舶到达后，船舶服务组和堆场服务组按照给定的位置指导相关工作人员开展卸箱工作。

④ 对于特殊货物集装箱，如冷藏箱、危险品箱等，应根据港口规定做出特别安排，给定指定区域堆存。

二、后勤工作

后勤工作就是为堆场策划工作的正常开展提供的配套后勤保障工作。具体而言，主要包括如下几项任务。

（一）码头堆存

受装卸设备的物理限制，堆场内每个箱位的允许堆高层数是有规定的。比如，在重箱堆存区，目前市场上比较多的龙门起重机有两种，分别是"堆5过6"和"堆6过7"。

顾名思义，"堆5过6"指的是最多堆放5层，但是可以从6层上过。工作人员在核算堆场的堆存能力或给集装箱配位时，必须注意到这一点。如果堆场只能堆放5层却按6层来计算，将导致实际操作无法进行。那么，如果一个龙门起重机负责一个"段"位的集装箱，那么，是不是这个"段"位上的"间"位的每一列都可以按照最高要求堆放5层高、每一"间"位上满满堆放30个集装箱呢？答案是否定的，主要原因如下。

如前文所述，出口集装箱进入码头具有量小、批次多、随机性强等特点，虽然能够按照四级分类堆存决策模型，为不同卸货港、不同尺寸、不同重量的集装箱细分区域，但在实际作业中会不可避免地出现重箱在下、空箱在上的情况，在装船的过程中也就不可避免地出现翻箱操作。如图6-15所示，如果要提取标注"☆"的集装箱，必须先把上面的集装箱挪开，那么这些集装箱该挪往何处？实践证明，若间位未预留足够的缓冲空间，龙门起重机将忙于为需要提前移动的集装箱在段位内寻找新的存放位置，这将大大增加时间和成本。因此，为方便操作，对于"6列堆5过6"的龙门起重机，每一间位最大堆存量为26，留有4个缓冲位置；"6列堆6过7"的龙门起重机，每一间位最大堆存量为31，留有5个缓冲位置。

图6-15　集装箱提箱示意图

（二）冷藏箱P.T.I/P.C（运输前检查、预冷）工作安排

堆场策划人员要按客户要求对冷藏箱做P.T.I（Pre-Trip Inspection）和P.C（Pre-cooling）安排工作。

冷藏箱一般运输价值较大且对温度有较高要求的货物，如海鲜、生肉、鲜果等，也有一些对温度要求较高的医药用品。船公司必须尽量保证客户提取到的冷藏箱是完好无损且满足使用要求的。由于集装箱都在港口堆存着，所以港口需要配合船公司按照客户需求做好相应工作。

1. P.T.I 工作程序

P.T.I 即运输前检查，是指对冷藏箱的制冷功能做全面检查，保证冷藏箱能起到制冷作用。P.T.I 的工作任务是：检查箱体的完整程度及测试机器的制冷功能是否正常，对空箱连续插电 7~8 小时，检测其能否持续保持在 −18℃，并在这个过程中对各个部件进行调试和运前检测。具体工作程序如下。

① 接收船公司发来的要求进行 P.T.I 的传真文件，并梳理提取冷藏箱的具体时间、类型、数量等相关信息。

② 根据船公司传真文件中的要求，挑选出符合条件的集装箱，并在操作系统中准确录入相关工作任务。

③ 堆场工作组将所选的冷藏箱转堆至冷藏箱堆存区，并安排电工按照既定要求进行 P.T.I 作业。

④ 堆场工作组跟进电工操作进度，一般冷藏箱能够 7~8 小时维持 −18℃ 为合格。

⑤ 记录 P.T.I 结果，并输入信息系统。

2. P.C 工作程序

P.C 即预冷。部分集装箱在客户提箱装货前会按要求预冷，达到预先设定的温度，以便装载冷藏货物。具体工作流程如下。

① 接收船公司要求做 P.C 的传真文件后，整理船公司需求信息，包括集装箱型号、数量、温度要求、时间要求等信息。

② 根据船公司传真文件挑选符合要求的经过 P.T.I 检验的冷藏箱，在电脑中输入相应的工作任务。

③ 输入与 P.C 相关的资料信息，如订舱单号、箱量、箱型、箱的尺寸、温度等。

④ 协调堆场工作组把所选的冷藏箱转堆到冷藏箱堆存区之后，由堆场工作组安排电工进行 P.C 工作。

⑤ 堆场工作组密切跟进电工操作，确保集装箱温度符合船公司要求。

⑥ 记录 P.C 结果并输入信息系统。

（三）集装箱转堆工作

转堆即将集装箱从一个堆场位置移到另一个堆场位置。转堆工作主要是为了满足船舶装卸要求或提高港口堆场堆存能力，因此其根据需求而定。在码头空闲且设施设备可用时，可安排转堆工作。转堆工作相对简单，属于日常操作范畴。对于提升堆场堆存效率的转堆，只需要按照系统提示操作就可以；对于提升船舶作业效率的转堆，则按照船舶策划组配载要求进行操作。

　　转堆工作在堆场管理中是不可避免的，造成转堆的原因很多，常见的有以下几点。一是集装箱需要转船（改装在另一艘船上）或转港（改变卸货港）。二是由于堆场策划的失误，许多拖车在同一时间到同一地点取箱。如提早发现了这种情况，就应将部分集装箱转堆，以免出现堆场作业不平衡现象。三是海关放行问题，如有的集装箱海关已放行，可以装船，有的集装箱海关未放行，不能装船。但能装船的集装箱又被不能装船的集装箱压着，此时就要将不能装船的集装箱转堆到另一个地方，以保证装船作业顺畅进行。四是缓冲区集装箱问题。作业繁忙之际，堆场策划往往难以迅速分配适宜位置，因此，大量抵达堆场的集装箱只能暂时被收纳到缓冲区，即一个专为周转箱预留的空间。如此，收纳的集装箱自然显得杂乱，直至作业压力减轻，它们才会被重新整理到恰当的位置。

✈ 综合实训

【实训内容】

绘制堆场放箱平面图。

【实训目的】

掌握堆场放箱平面图的绘制方法。

【实训要求】

每位学生根据课堂所学知识，正确绘制堆场放箱平面图。

【实训步骤】

1. 教师事先准备好空白堆场平面图和放箱数据。
2. 学生根据所学理论知识，绘制图纸。
3. 学生相互交流。

📋 课后练习

【题目1】

　　如图6-16所示，图的左侧纵坐标为即将靠泊的船舶，右侧横坐标为港口堆场的段位，中间数字代表该段位为该船舶提供装载的数量。蓝色代表繁忙、紫色代表非常繁忙、橙色代表特别繁忙。如果你是堆场策划人员，13号以后来的船舶，你要怎样安排合适的堆存位置？写出你的答案，并说明理由。

update: 2023-3-10 22:44:33

P1: Vessel Loading Summary

ETB_DATE	ETB_TIME	SER	VOYAGE	Berth	W2C	1H	1J	1B	1C	1D	2B	2C	2D	2E	2F	2G	3B	3C	3D	3E	3F	3G	3H	4B	4C
2023/3/10	16:20:00	TP9*	GMNS/KAEMSK/0804	6																					
	20:55:00	AAS	CSC/XINXME/0054	7->8																					
	21:00:00	TP3*	GMNS/MSKDAT/0804	13																					
2023/3/11	1:00:00	PSXM	NWA/MOLPRP/017E	6->7																					
	2:00:00	ANE	NOR/CHAITE/806W	8->9																					
	5:00:00	NYX	NWA/HYGLOR/028E	2->3		4	26	34	18	29	14	23	27	15	33	22	29	39	48	46	63	60	62		2
	8:00:00	HPNW	NWA/HYPATR/070E	3->5								1					31	37	39	40	34	28	31	38	30
	10:00:00	AUS	FEHC/HYCHAL/713S	2		5	10	11	40	14							8		6		6	5		4	8
	16:00:00	AES1	CKYH/YMUTMT/10W	9	1																				
		KMS	HMMC/HYSPRI/139W	3->4				1			15	6	12	14	7	25									8
	21:00:00	FM3	GMNS/NEDEUR/0806	1->3								1					7	38	26	26	20	41	32	2	22
2023/3/12	0:00:00	CEM*	EGLT/ITACON/014W	13->11																					
	1:30:00	AEC	UAAE/ALNOOF/C494W	3->6																			6		
	2:00:00	GGP	MSCL/MSCEMM/G810A	5->7																			3	10	
	7:00:00	PRX*	CMS/MSCTEX/R810A	12																					
	8:00:00	AE3W	GMNS/MSKDIE/0804	6->8																					
总计					1	9	36	46	58	43	30	30	39	29	40	47	75	114	119	112	123	134	125	53	80

任务图

4H	4I	5B	5C	5D	5E	5F	5G	5H	5I	5J	5M	6B	6C	6D	6E	6F	6G	6H	6I	6J	6K	7A	7B	7C	7D	7E	7F	7G	7H	7I
												9	6	4	21	14	23	14	8		32		9	2	9	5	32	17	12	4
												41	37	30		37	29	30	25		18		21	17	26	17	41	15	35	13
		36	16	31	17	23	41	20	17	45	46	18	63	22	23	19	22	17	36		43		31	45	49	44	42	1	49	1
33	33	5	1	7	3	7	3	5																						
3	17																					1								
																														2
																				1										
4	49																													
												12		8	3	24	2	16					28	24	30	25	36	73	29	
		10	31	30	15	19	19	26				14	24	12	4	23	21	24	30		35									1
																							6	17	7	7	7	6	8	8
40	99	51	48	68	35	49	63	51	17	45	46	94	130	76	51	117	97	101	99	1	128	1	95	105	121	98	158	112	133	29

图6-16　任务图

【题目2】

请对比分析传统集装箱港口与智慧集装箱港口在堆场上的不同点，并分析各自的优缺点。

学习评价

序号	知识点	评价标准	分值	评价结果（是/否）	得分
1	堆场策划的基础知识	能说出堆场策划需要掌握的基础知识	20		
		能理解堆场策划的基础原则	30		
2	堆场策划的日常工作	能正确高效地给集装箱配位	20		
		熟悉冷藏箱P.T.I和P.C的工作流程	10		
		能正确绘制堆场放箱平面图	20		
合计			100	—	

注：评价结果"是"为该选项得满分；"否"为该选项得0分。

模块六
课后练习参考答案

现场篇

模块七

闸口作业

专题一　闸口结构解析

专题二　出入闸口操作

专题三　特殊情况处理

模块导读

　　闸口也称检查口，是公路集装箱进出码头的必经之处，也是集装箱责任划分的分界点，还是处理进出口集装箱有关业务的重要存在。在本模块中，我们将在了解闸口基本构成的基础上，重点学习闸口操作的工作程序，掌握闸口操作过程中常用的单证及操作方法，熟悉一些特殊情况的处理方法。

学习导图

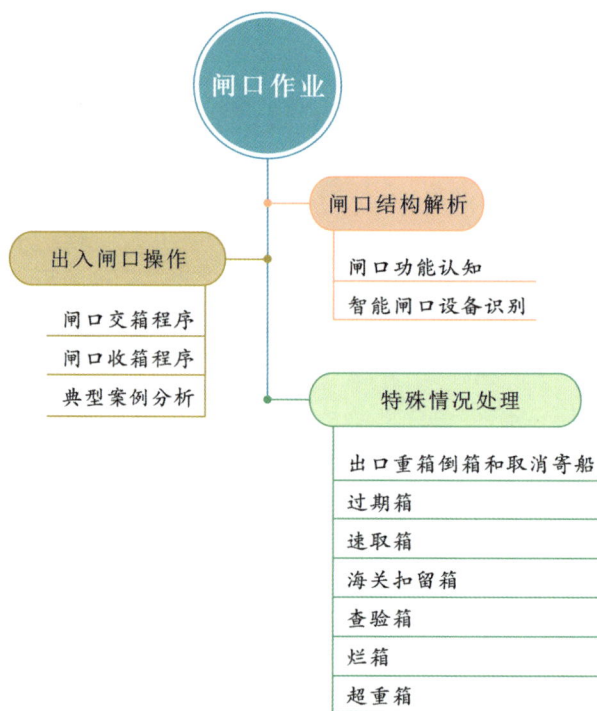

学习目标

◆ 知识目标

1. 了解闸口的功能、职责，以及智能闸口的构成。
2. 掌握出入闸口操作流程。
3. 了解闸口工作中的特殊情况及其处理方法。

◆ 能力目标

1. 能正确处理集装箱进出闸口的工作。
2. 能熟练处理闸口工作中的特殊问题。

◆ **素养目标**

1. 养成认真细致、严谨务实的工作态度，强化从事港口工作的责任感。
2. 学会理论与实践相结合，培养团队合作意识和独立解决问题的能力。

专题一　闸口结构解析

任务导入

小张是某集装箱码头一名新入职的理货员，他的工作是检查集装箱、指挥闸口交通。他应该如何展开日常工作呢？对于前来码头提/还集装箱的车辆，他又该如何合理指挥调配呢？

知识点

一、闸口功能认知

集装箱码头是水陆联运的枢纽，是集装箱由陆运转水运或由水运转陆运的不可或缺的中转站，因此，集装箱进出集装箱码头是相当频繁的。闸口是集装箱码头的门户，是对进出码头的集装箱进行箱体检查和交接的场所，也是区分码头内外责任的一个分界点。也就是说，集装箱进入闸口后，其保管责任由集装箱码头负责；进入闸口前，由货主或物流公司负责。

（一）闸口职能

1. 厘清集装箱损坏的责任

集装箱在作业过程中比较容易损坏，其维修费用也比较高，所以集装箱在各个运输作业环节之间，必须进行严格的设备交接，以厘清集装箱损坏的责任，解决相关费用承担的问题。检查进出码头的集装箱情况，填写设备交接单，以厘清集装箱损坏的责任，是闸口的主要职能。

2. 处理进出口集装箱相关业务

这主要包括进行箱体检验与交接、单证的审核与签发签收、进箱和提箱的堆场位置确定、进出码头集装箱的信息记录等。

（二）闸口的构成

闸口的构成要有利于方便快捷地办理集装箱交接手续、保障闸口处交通畅通。闸口构成的基本要求如下。

① 闸口一般设在面向公路、背靠港池的适当地点。

② 闸口一般为钢结构框架、两层通道式，下层设有若干闸口工作室，上层为通道式走廊，便于闸口工作人员从地面、空中进行箱体检查。

③ 闸口建筑应符合国家相关规定，上方应安装电子显示屏和其他标识牌，为公路集疏港车辆及时提供有关进港装卸箱信息。

④ 为方便进出港车辆和作业机械通行，闸口跨度（即具体设置几条通道）应视港区的地域条件而定。需要考虑的因素有进出港通道、超高箱和港口装卸机械通道、码头工作人员通道等。

⑤ 闸口面向公路的侧门前，应建有较为宽敞并与公路网相连的场地，作为进港集卡车辆等候、箱体检查、办理交接手续的停车场所。

⑥ 进港通道上应装有先进的地衡设施，以便随时对集装箱进行计量。

⑦ 设有电子计算机终端并与业务主管部门联网，以便于闸口工作人员方便、高效地办理集装箱进出口手续。

图7-1显示了某港口的闸口构成。从图中可以看到，闸口位于集装箱码头与外界的交接处，共有两个门户，即进闸口和出闸口。其中，进闸口分为载箱拖车进闸和空架拖车进闸；出闸口也有空架拖车出闸和载箱拖车出闸之分。由于进出码头的拖车量很大，所以一般进闸口和出闸口都会设有若干车道，以保证闸口处交通顺畅。

图7-1　某港口的闸口构成

二、智能闸口设备识别

随着科技的飞速发展，集装箱码头作为物流运输的重要枢纽，其智能化、自动化水平也在不断提高。智能闸口作为集装箱码头的重要组成部分，运用自动识别、电子数据交换和自动控制技术，实现快速识别、数据交换和自动控制，在提高码头运营效率、降低运营成本、增强安全管理等方面发挥着重要作用。

智能闸口相关设施设备如下。

1. 电子车牌自动识别系统

电子车牌标签通常贴于集装箱车辆前挡风玻璃的中上方，当红外探头发现车辆经过时，会激发RFID读写器自动读取电子车牌标签中存储的车辆信息。

2. 集装箱箱号自动识别系统

集装箱箱号自动识别系统由图像拍摄、灯光控制和图像识别三个主要模块构成。当车辆经过闸口时，闸口两边的红外触发系统检测到集装箱后，摄像头自动拍图，自动识别集装箱箱号。

3. 集装箱箱体定损系统

当车辆通过闸口时，集装箱箱体定损系统通过摄像头拍摄集装箱表面照片进行分析、报警，如果有残损，自动记录残损照片。

4. 地磅衡重系统

地磅也称汽车衡，是集装箱车辆称重的设备。当集装箱车辆通过闸口时，地磅衡重系统会自动采集车辆的重量信息，并通过数据接口接入码头管理系统。工作人员可以通过地磅衡重系统中的数据判断集装箱是否超重。

5. 电子挡杆系统

电子挡杆系统是控制集装箱车辆进出闸口的设备。车辆进闸口时，闸口工作人员在码头系统中办理进闸操作手续，之后码头系统会通过电子挡杆系统接口向起落杆发出抬起的指令，起落杆抬起，集装箱车辆通过闸口后起落杆自动放下。

6. 控制柜系统

闸口的控制柜位于集装箱车辆司机一侧，控制柜上有IC卡读写器、有线对讲系统、POS打印机等设备。司机在码头预约大厅将收/提箱预约信息写入IC卡。车辆通过闸口时，IC卡读写器读取预约信息及司机身份信息后，控制柜系统自动打印收/提箱指南给司机。如在这个过程中出现意外情况，司机可以通过有线对讲系统与闸口控制室联系解决。

专题二　出入闸口操作

任务导入

小王在码头进闸口处工作。每天都有大量的集装箱车辆前来码头提取集装箱或送集装箱到码头，对于进出集装箱码头的集装箱，闸口是一个必经环节。在整个集装箱交接过程中，闸口有哪些工作要做，又该怎么做呢？

知识点

总的来说，出入闸口的工作主要包括交箱程序和收箱程序。交箱是指客户派拖车到码头来领取重箱或空箱，此时码头须与客户办理一个已给箱的手续。收箱是指客户将载有货物的集装箱（重箱）或空箱送交码头寄船或暂存，此时码头须与客户办理一个收到箱的手续。其基本操作程序我们以一个常见的例子来说明。

我国某客户有一批货物要运到美国，决定用集装箱装载付运。该客户为此向某船公司订舱。船公司接受订舱后，便安排好船只、航次，并通知客户在什么时间将集装箱货物送到指定码头。由于客户装货时需要集装箱，所以就要到码头去提一个空箱。客户提到空箱，装好货后，再将重箱在规定时间内送到指定码头，以便装船。因此，这里就涉及两个方面的工作：一是客户到码头提取空箱用于装载货物（码头交箱）；二是装货后，客户将重箱送到码头（码头收箱）。

一、交箱程序

交空箱的实际操作基本程序如下。

① 物流公司接受委托，安排拖车去码头提取空箱。物流公司一般受谁的委托呢？通

常是货运代理公司委托物流公司，也可能是一些船公司或真正的货主（工厂）与物流公司有直接的合作。不管是谁委托物流公司安排拖车提空箱，委托的依据都是订舱单（S/O）和派车单，即物流公司收到订舱单和派车单后，安排拖车去码头提取空箱。

　　②拖车去码头提箱需要有相关凭证，这个凭证就是设备交接单（EIR）（见图7-2）。物流公司在安排拖车之前，须先去船公司凭订舱单换取设备交接单，然后凭设备交接单去码头提箱。

图7-2　设备交接单

③拖车凭设备交接单空车进入码头。

④闸口工作人员审查设备交接单，打印堆场作业纸（见图7-3）给拖车司机，安排箱号和箱位。

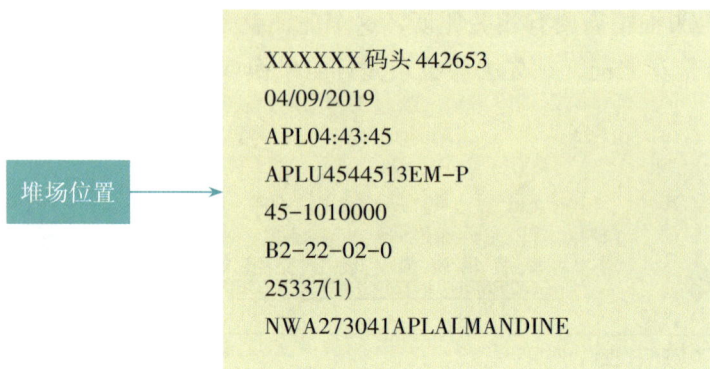

XXXXXX码头442653
04/09/2019
APL04:43:45
APLU4544513EM-P
45-1010000
B2-22-02-0
25337(1)
NWA273041APLALMANDINE

堆场位置

图7-3 堆场作业纸

⑤拖车进入码头后，拖车司机凭堆场作业纸，开车到指定堆场提取空箱。

⑥吊装集装箱时，堆场理货员应注意观察集装箱底部有无损坏。如有损坏，应通知闸口更换集装箱。

⑦验箱处验箱。拖车在出闸前，其所提的集装箱须经过详细的检查，以确保集装箱可以正常使用。验箱主要包括以下几个方面：一是外部检查，即查看箱体表面是否有变形、损坏等；二是内部检查，堆场理货员进入箱内，关上箱门，观察有无漏光现象，由此判断集装箱是否破损；三是箱门检查，箱门应完好、水密；四是清洁检查，检查箱内有无残留和污染、锈蚀、水湿、异味等；五是根据货种及有关要求进行其他检查，如防虫、防疫检查等。堆场理货员根据验箱结果在堆场作业纸上记录签字，具体说明箱型、材质以及箱体是否完好，然后交给拖车司机。

⑧拖车出闸时，闸口工作人员核对相关资料，主要是检查订舱号、箱主、拖车车牌号等。

⑨拖车出闸。

至此，提取空箱的工作就全部结束了。码头交空箱程序如图7-4所示。

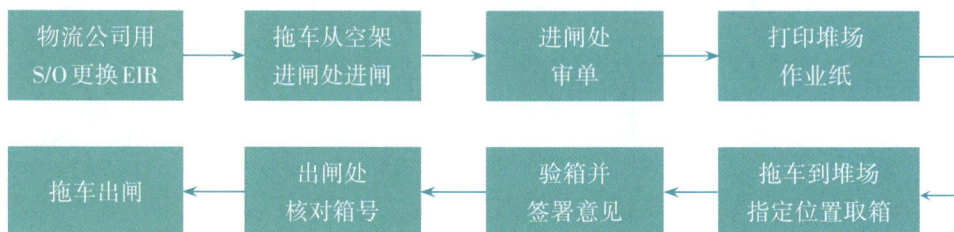

物流公司用S/O更换EIR → 拖车从空架进闸处进闸 → 进闸处审单 → 打印堆场作业纸

拖车出闸 ← 出闸处核对箱号 ← 验箱并签署意见 ← 拖车到堆场指定位置取箱

图7-4 交空箱程序

二、收箱程序

闸口收重箱的实际操作基本程序如下。

① 拖车提到空箱后，到客户那里装货，装好货后集装箱（重箱）准备送交码头。

② 拖车携带重箱从载箱进闸处进闸。

③ 在进闸处验箱。验箱内容主要包括：箱体外观检查，看是否有损坏、翘曲、破裂等现象；核对箱号是否与单证上相符；记录封条号码；注明集装箱的类型、尺寸和材质。

④ 闸口处工作人员审查设备交接单，将有关资料输入电脑，主要包括拖车车牌号、箱号、船名、航次、订舱单号、卸货港、封条号码、箱总重等，打印堆场作业纸交给拖车司机。

⑤ 拖车载重箱进入码头，凭堆场作业纸到堆场指定位置卸箱。

⑥ 堆场理货员指挥龙门起重机卸箱。卸箱完毕，堆场理货员在堆场作业纸上签字确认。

⑦ 拖车离开堆场到空架出闸处办理出闸手续。出闸处工作人员重新核对进闸时输入电脑的资料记录，特别注意核对箱号、船名、航次、卸货港以及堆场作业纸上有无堆场理货员确认已卸箱到堆场的记录，然后打印设备交接单（即出闸纸）交给拖车司机。

⑧ 拖车司机凭设备交接单出闸。

至此，将重箱交给码头的工作全部结束。收重箱程序如图7-5所示。

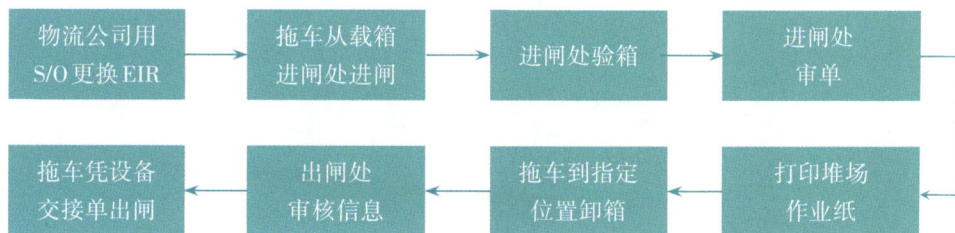

图7-5 收重箱程序

前文的案例介绍了到码头提取空箱—去客户处装货—将重箱送交码头的基本工作程序（"提空回重"）。同样，我们也不难得出到码头提取重箱—去客户处卸货—将空箱送交码头的基本工作程序（"提重回空"）。两者没本质差别，一个是提空箱还重箱，另一个是提重箱还空箱，其间，闸口工作的内容大体是一样的，主要包括以下几个方面：一是办理进出闸口的集装箱交接手续，并将有关资料审核后录入电脑，如船公司名称、船名、航次、箱主、订舱单号、拖车车牌号以及所需集装箱类型和尺寸等；二是验箱工作，即对集装箱的质量进行认真查验，确保集装箱能够正常使用；三是特殊事件处理，如发现烂箱需要更换、过期箱需要收费、海关查验箱的审查工作、危险品箱的处理等。

三、典型案例分析

在全球物流数字化转型的浪潮中，闸口作为货物进出枢纽，其运作效率的变革尤为显著。这里以深圳某集装箱码头的闸口操作为例，具体介绍信息技术给闸口操作的工作流程带来的变化。

以"提空回重"（即到码头提取空箱，去客户/工厂那里装货，再将重箱送交码头）为例，其操作流程如下。

① 物流公司接受货运代理公司或客户的委托后，不需要去船公司更换设备交接单，而是通过电子打单系统完成打单，并取得设备交接单。

② 物流公司通过电脑或手机上的无纸化派单系统完成派单，把运输业务派给某台拖车。

③ 拖车司机在手机上进入无纸化派单系统确认，接受运输任务。

④ 拖车司机去码头提取空箱前，在手机的电子港口系统里，选择提箱地点、确定提箱。

⑤ 拖车司机凭身份证和港运通（一个包含车辆信息的IC卡）进入码头。

⑥ 拖车司机在手机的电子港口系统里查看提取空箱的堆场位置，然后直接将车开到指定位置，等候起重机前来吊箱。

⑦ 堆场理货员指挥铲车或龙门起重机将集装箱吊至拖车上。

⑧ 验箱处验箱。拖车提取空箱后，需要经过验箱才能离开码头。验箱处设在出闸口附近，由堆场理货员对集装箱进行全面检查。确认箱体没问题后，拖车司机凭港运通在打印机上打印作业小票（见图7-6），然后凭作业小票领取对应船公司的封条。

```
箱    主：HLC
航    次：YICT/EDI/BOOKING
船    名：EDI BOOKING VESSEL
箱    号：MOFU0702500                    [43/10]
车    牌：GDBBU667
车    队：深圳市××××××××
封条号码：

关    封：
状    态：EM(P)
卸 货 港：ZZXXX
目 的 地：DEHAM
重量(kgs)：
要求温度：
货名/数量：
装运单编号：44214635/1-2DB246
收/发货人：HLC
验    箱：OK
特殊代码：
危险品代码：
超高/左超宽/右超宽/前超长/后超长(cm)：
备    注：

进闸时间：14/04/20  03：47：05
出闸时间：14/04/20  04：36：19
```

声明：本单仅作为集装箱交收凭证，任何人不得将它和它所含的信息作为任何其他用途。否则，责任自负，YICT概不承担任何责任。

图7-6 作业小票

⑨ 拖车司机凭作业小票出闸。至此，提取空箱的工作流程就结束了。提空箱工作流程如图7-7所示。

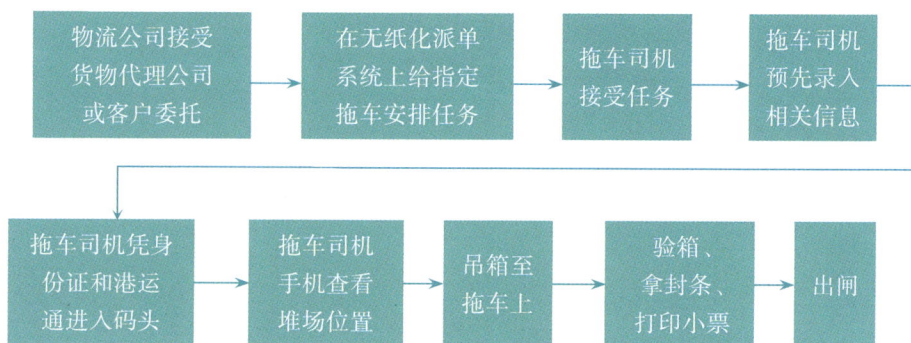

图7-7 提空箱工作流程

⑩ 拖车提到空箱后，到客户那里装货。装好货后，在箱门上加装船公司封条。

⑪ 集装箱（重箱）送交码头。拖车司机可以在无纸化派单系统中预先录入还柜信息，需要输入的信息有集装箱总重量、封条号码、封条照片等。

⑫ 拖车从载箱进闸处进闸，进闸时同样须先经过堆场理货员验箱才能进入码头，因为是重箱，所以堆场理货员除了检查箱体是否完好外，还需要对集装箱的总重量进行计量，即不能超重。如发现集装箱超重，码头将会拒收。

⑬ 验箱和称重完毕，若无问题，拖车司机刷身份证和港运通进闸。

⑭ 拖车司机在电子港口系统中查看堆场位置，然后将车直接开到指定堆场位置，等待龙门起重机前来卸箱。

⑮ 卸箱结束后，拖车司机刷港运通出闸，离开码头。至此，还重箱至码头的工作流程就结束了，其工作程序如图7-8所示。

图7-8 还重箱工作程序

可以看出，该集装箱码头的闸口工作程序简便快捷，工作效率大幅提高，这主要得益于现代信息技术的应用。在整个"提空还重"的操作过程上，需要开发和应用以下几个软件：网上电子打单系统，用于打印设备交接单；无纸化派单系统，用于集装箱运输业务的派单、接单和进港信息预录入；电子港口系统，用于堆场位置的信息传递与查找。

总之，现代信息技术的运用，大大节省了人力、物力和财力，使闸口运作效率更高，码头生产的效率和效益也显著提高。

专题三　特殊情况处理

任务导入

　　小李是集装箱码头闸口部经理。闸口除了日常的集装箱交接工作外，还有一些特殊情况需要处理，如烂箱的处理、滞期箱的处理等。那么，对于闸口工作中的特殊情况，该如何处理呢？

知识点

　　闸口的工作除正常的办理交收箱手续外，还会有一些特殊情况发生，常见的有以下几种。

一、出口重箱倒箱和取消寄船

　　出口重箱倒箱和取消寄船是指出口重箱已经交到码头，但出于某种原因（如货物数量、品种不符等问题），货主或船公司需要从码头取出该箱进行倒箱（如更新货物品种、增补数量等）或是取消寄船。此时码头要收取吊箱费，并在提箱文件上注明该费用由货主支付。如果该箱需要取消寄船，还需另外加收堆存费。提取这两种重箱出闸都必须经海关批准，凭海关签署的退关证明办理提箱出闸手续。

二、过期箱

　　对于进口重箱，码头通常会给船公司及货主一个免费堆存期。如果过了此期限货主未前来提取，则提箱时要缴清过期仓租后才能提箱出闸。闸口工作人员在办理交箱手续时，应注意核对缴款收据及收款金额是否正确等。

三、速取箱

有时一些集装箱货主会要求在船舶靠泊码头后立即提取，这一般是因为货主急需该货物（如生产急需或赶交货时间等）。这种集装箱的货主通常会事先向码头管理部门申请，码头管理部门审查同意后，会在电脑中注明。闸口出单时，电脑系统内会有该箱的资料显示。如果电脑内无该箱资料，可与码头控制中心联系，经确认同意后闸口方可办理提箱手续。

四、海关扣留箱

海关扣留箱是指因查验货而被海关暂时扣留的集装箱。提取海关扣留箱时，拖车司机所持文件应盖有海关放行章及海关人员签名，并且有海关签发的放行货物通知单。此两单都有，闸口工作人员方可办理海关扣留箱的提箱手续。

五、查验箱

对进出口货物进行查验，是海关的日常工作，海关查验货物时，会提前向码头和货主发出查验通知单（通常是电子单）。通知单上会注明要查验的集装箱箱号。闸口据此通知单核对箱号后予以放行。

六、烂箱

如果在空箱出闸验箱时发现箱体有损，应视损坏程度确定处理方式：若箱体损坏轻微，可将箱拖至维修厂修补后出闸；若损坏程度较严重，且不可能在短时间内修复，则要换取另一个集装箱。

如果是交箱回码头（空箱或重箱），入闸验箱时发现箱体有损，无论损坏程度如何，闸口工作人员都必须填写烂箱检查报告并通知相关船公司，在得到船公司签字认可后，才能收箱。

七、超重箱

国际海事组织（IMO）规定，自2016年7月1日起按照《国际海上人命安全公约》（SOLAS公约）实施集装箱重量查核（VGM），规定托运人必须向承运人或码头提供每个集装箱总重量，否则不允许装船。所以，重箱送交码头时，在进闸口都要过磅，以确定集装箱是否超重。如果超重，码头会复核重量，如二次复核时仍然超重，码头会拒收该集装箱。

课后练习

现有深圳某物流公司车队载运的一批集装箱货物，其基本信息如表7-1所示。

表7-1 集装箱货物信息

箱号：CBHU1111119	箱型/尺寸：GP/20	箱公司：**代理有限公司	进场时间：2024-11-29 10：05
进场情况： 动态码： 箱区箱位： A01-03-1-1	船名：南山轮	航次241W	提单号：MSKUSHZ933036
关封：F2389	进场客户：**物流	来自：**场地	车队：**物流有限公司车队 车号：粤B*****
返箱地：**场地	整车重：25t	空车重：8t	箱重：2.3t
货信息			
提单号：MSKUSHZ933036	货名：塑钢型材	净重：14t	毛重：14.7t
体积：16m³	件数：20	包装：BOXES	
费用信息			
费用类型：港杂费	费用名：入港费	方向：收入	金额：120元
实际金额：120元	结算单位：**国际集装箱码头有限公司		

该集装箱要求在2024年11月29日10：05，通过闸口进入码头。

1. 请结合该案例，进行闸口作业和集装箱交接相关分析，完成一份闸口工作报告。

2. 请结合相关码头闸口的工作场景，制作PPT阐述闸口在集装箱码头中的作业，并描述闸口人员的岗位职责。

学习评价

序号	知识点	评价标准	分值	评价结果（是/否）	得分
1	闸口构成	能说出闸口的构成	5		
		能说出闸口分道的原因	5		
2	闸口工作程序	能说出EIR的用途	10		
		能说出闸口录入的数据包括哪些	10		
		能说出堆场作业纸的用途	5		
		能说出验空箱时主要检查内容	10		
		能说出拖车出闸时要核对哪些数据	10		
		能说出验重箱时的主要检查内容	10		
		能说出重箱入闸时需录入哪些信息	10		
3	闸口特殊情况处理	能说出出口重箱倒箱的处理方法	5		
		能说出速取箱的处理方法	5		
		能说出烂箱的处理方法	5		
		能说出超重箱的处理方法	10		
	合计		100	—	

注：评价结果"是"为该选项得满分，"否"为该选项得0分。

模块七
课后练习参考答案

模块八

桥边作业

专题一　装卸工艺流程分析

专题二　船舶靠离泊作业

专题三　装卸船作业

专题四　装卸作业排班编制

模块导读

桥边作业是对集装箱码头所制定装卸计划的具体实施。前文已介绍了泊位策划、船舶策划和堆场策划，这三种策划分别对船舶靠离泊码头、装卸船的有序进行和集装箱在堆场的合理摆放做了具体的计划与安排，并有相应的书面指令文件或电子指令。桥边作业就是在这些指令信息的指导下，通过有效调动岸桥和人力进行的以集装箱船装卸作业为中心的一系列作业的总称，具体包括船舶的靠离泊作业以及装卸船作业等。那么，这些现场作业是怎样进行的呢？具体操作流程又是怎样的呢？在本模块中，我们将在了解集装箱码头装卸工艺流程的基础上，重点学习集装箱码头桥边作业的操作流程。

学习导图

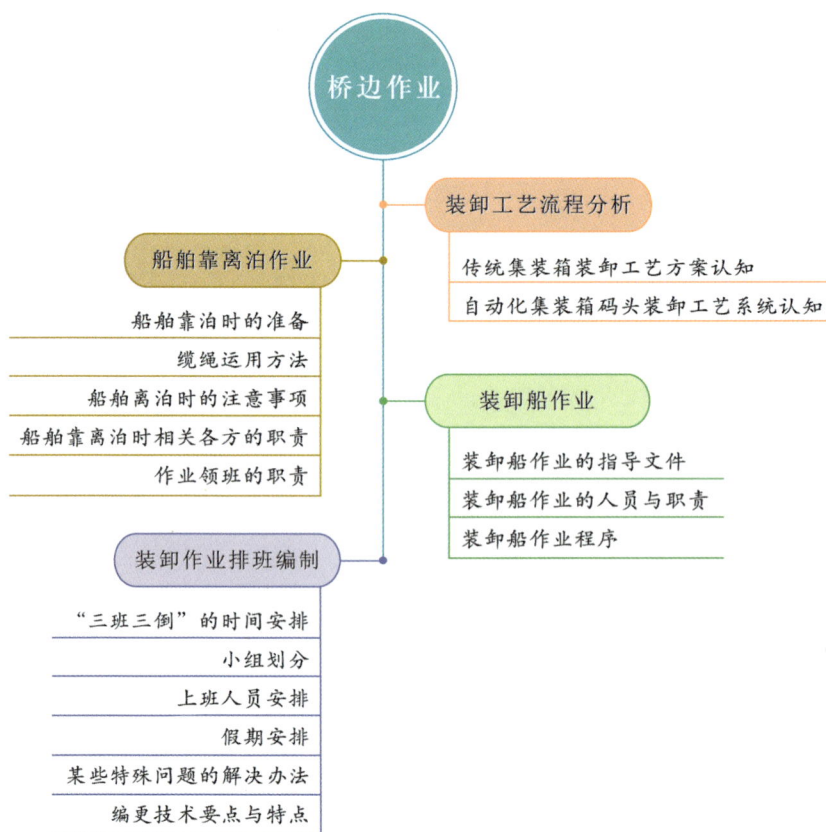

学习目标

◆ 知识目标

1. 了解集装箱码头装卸工艺。
2. 掌握集装箱码头船舶靠离泊作业和装卸船操作流程。
3. 掌握船舶装卸作业排班编制方法。

◆ 能力目标

1. 熟悉桥边作业流程。
2. 熟练运用编排方法进行员工的排班。

◆ 素养目标

1. 养成认真细致、严谨务实的工作态度，树立行业自信和岗位自信，强化从事港口行业的责任感。
2. 学会理论与实践相结合，培养团队合作意识和独立解决问题的能力。

专题一　装卸工艺流程分析

任务导入

载有深圳**物流有限公司的一批集装箱的船舶，于2024年12月20日在深圳盐田港靠泊，要求在2024年12月21日从码头卸船。集装箱码头的主要职能是对集装箱船舶进行装卸作业。那么，如何将集装箱从岸上搬到船上或者从船上搬到岸上呢？目前都有哪些操作方法呢？

知识点

一、传统集装箱装卸工艺方案认知

集装箱的装船和卸船作业主要有三种方式，即吊上吊下式、滚上滚下式、浮上浮下式。其中，滚上滚下式只适用于滚装船的装卸，浮上浮下式是指载驳货船的装卸，这两种装卸工艺在一般集装箱码头并不常见，所以，这里仅介绍吊上吊下式。

（一）龙门起重机系统

龙门起重机系统的作业方式是在码头岸边（即船边）采用装卸桥装卸，堆场使用龙门起重机装卸，岸边与堆场之间采用牵引车或底盘车搬运集装箱。龙门起重机系统的操作设备包括龙门起重机（轮胎式或轨道式）、牵引车（含底盘车车架）、装卸桥等。轮胎式龙门起重机系统如图8-1所示，轨道式龙门起重机系统如图8-2所示。

图8-1　轮胎式龙门起重机系统

图8-2　轨道式龙门起重机系统

龙门起重机系统的优点是：堆场集装箱可堆放4～6层高，所需堆场面积小而堆放量大，提高了堆场利用率，十分适合堆场面积较小而操作箱量较大的集装箱码头。

龙门起重机系统的缺点是：提取多层箱垛底层的集装箱时必须倒箱，取箱时间较长；此外，轨道式龙门起重机只能沿轨道运行，作业范围受限。

（二）跨运车系统

跨运车系统的作业方式是在码头岸边（即船边）仍采用装卸桥作业，而岸边到堆场的运输以及集装箱在堆场的堆放，主要由跨运车来完成。跨运车系统的操作设备包括跨运车、装卸桥等。为完成该系统集装箱"场—火车"的作业，可在堆场上配置轮胎式龙门起重机。跨运车装卸系统如图8-3所示。

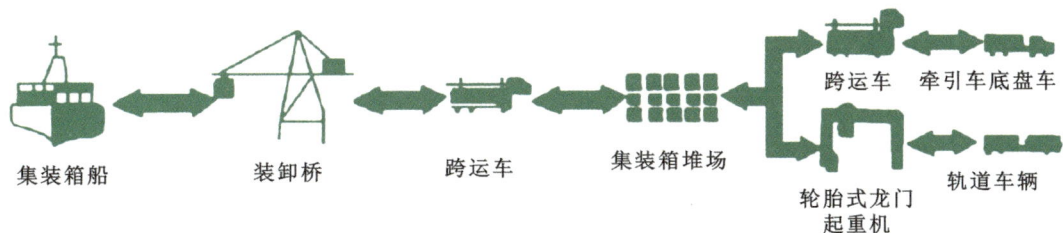

图8-3 跨运车装卸系统

跨运车系统的优点是：机动性强，跨运车能单独完成搬运、堆场和装卸车作业。

跨运车系统的缺点是：跨运车造价较高，且液压件多，容易损坏，完好率低；操作视野较差，有一定的视线死角，操作时需配备一名辅助人员；由于载箱行走，轮压力大，对堆场道路承重能力要求高，故土建投资费用高；跨运车只能堆码2～3层高，堆场利用率较龙门起重机系统低。

（三）底盘车系统

底盘车系统的作业方式是由码头岸边起重机械或装卸桥进行集装箱装船和卸船，由牵引车牵引底盘车完成集装箱在船边与堆场之间的转运。底盘车系统操作设备包括牵引车、底盘车、装卸桥等。底盘车装卸系统如图8-4所示。

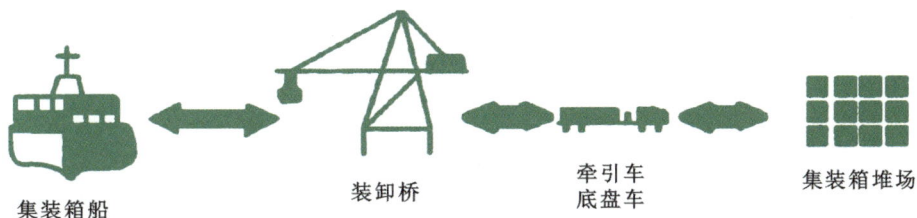

图8-4 底盘车装卸系统

底盘车系统的优点是：由于牵引车可直接用于陆运，可以省去堆场中的辅助装卸设备，所以该系统最适合"门到门"运输；装卸操作次数少，集装箱破损率低，管理系统简单，可以节省人力资本。

底盘车系统的缺点是：投资大，每一个集装箱要配备一台底盘车；所有集装箱均放在底盘车上，仅能堆放一层，因而需要较大的堆场空间，堆场利用率低。

（四）叉车装卸系统

叉车装卸系统与龙门起重机系统在作业方式上类似，区别是前者在进行堆场装卸作业时使用叉车。叉车装卸系统的操作设备包括大型叉车或前置式叉车、牵引车、底盘车、装卸桥等。为完成该系统集装箱"场—火车"的作业，可在堆场上配置轮胎式龙门起重机。叉车装卸系统如图8-5所示。

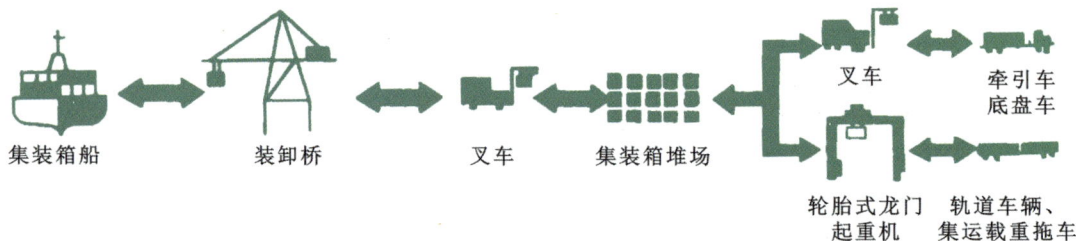

集装箱船　　　　　装卸桥　　　　　叉车　　　集装箱堆场

叉车　　　牵引车 底盘车

轮胎式龙门 起重机　　轨道车辆、集运载重拖车

图8-5　叉车装卸系统

叉车装卸系统的优点是：重箱可堆4层，空箱可堆8层，堆场利用率高。

叉车装卸系统的缺点是：作业时转弯半径大，需要的作业场地大；作业不灵活，搬运时间长，装卸效率低。

二、自动化集装箱码头装卸工艺系统认知

随着集装箱运输船舶的日益大型化和人力成本的提升，全球自动化集装箱码头建设进入快速发展阶段。自2015年以来，我国沿海已陆续建成厦门远海自动化码头、青岛港三期自动化码头、洋山深水港四期自动化码头、广州港南沙港区四期全自动化码头、广西北部湾港钦州自动化集装箱码头等多座自动化集装箱码头。

（一）自动化集装箱码头装卸设备

目前，自动化集装箱码头装卸设备主要有三种，分别为自动化单/双小车岸桥、自动导引车（AGV或IGV）和自动化轨道吊。

1. 自动化单/双小车岸桥

自动化单/双小车岸桥与传统岸桥的最大区别，是将岸桥操作控制室从现场挪到了几百米外的智能操控中心。"搬迁"后的控制室其实是一个大开间，可以同时容纳多位司机同时作业。自动化单/双小车岸桥具有自动防摇防扭、船型扫描、防撞保护、智能着箱、光学字符识别等功能，通过高清数字视频采集系统，可实现对集装箱船舶的智能装卸作业和对自动导引车（AGV或IGV）的全自动装卸。自动化集装箱码头岸桥装卸司机在电脑屏幕前轻推摇杆，岸桥就能按照信息系统发布的指令自动精准地抓取船上的集装箱，如图8-6所示。

图8-6　自动化集装箱码头岸桥装卸司机远程操控作业

2. 自动导引车（AGV或IGV）

AGV的全称是Automated Guided Vehicle，即自动导引运输车。AGV是装备了电磁、光学或其他自动导引装置，能够沿规定的导引路径行驶，具有安全保护以及各种移载功能的运输小车。AGV采用的是磁钉导航技术，需铺设磁轨配合运行，车辆以固定路线行驶，路线长、不灵活，还可能会导致堆场堵塞、堆场前沿占用面积过大等问题，且后期面临运营维护成本高、升级改造难等问题。

IGV的全称是Intelligent Guided Vehicle，即智慧型引导运输车。IGV是最近几年提出的新概念，其通过卫星导航系统、激光雷达、机器视觉技术以及多传感器融合定位技术的配合应用，自动规划最优路径，在码头堆场间自由穿梭，精准抵达每一个箱位。和AGV相比，IGV的柔性化程度更高，行驶时无须借助任何固定标记物，并且路径灵活多变，可根据实际生产需求灵活调度，规划简单，能够满足绝大多数工厂的使用需求。自动化集装箱码头中的IGV作业如图8-7所示。

图8-7　自动化集装箱码头中的IGV作业

3．自动化轨道吊

自动化轨道吊可采用门框单/双悬臂、轨道式结构，一般额定起重量41吨、跨距37米、总起升高度21米，可装卸标准20英尺、40英尺、45英尺集装箱，具备"堆6过7"作业能力。通常采用远程操作控制系统，可实现司机在控制室远程操作、远程及自动控制作业，设备作业模式由原始的司机和机械的"1对1"变为"1对N"，人工投入进一步降低，自动化水平再度提升。同时，设备操作工作转移到环境舒适的办公楼中，场地实施全封闭管理，实现人机分离，确保司机人身安全。自动化单悬臂轨道吊如图8-8所示。

图8-8　自动化单悬臂轨道吊

相较于传统的轮胎吊装备，新型的自动化轨道吊配置大车一键自动锚定、起升应急、智能润滑、防雷、大车电子防撞、异音与振动检测、自动灭火等系统装置及先进的自动化控制技术，在定位检测技术、安全防护技术、人机交互系统等方面具有明显优势，为高效稳定地作业提供了保障。

（二）自动化集装箱码头场地布局

集装箱码头场地布局主要分为两种：一种是集装箱堆场与码头岸线水平布局（见图8-9左），另一种是集装箱堆场与码头岸线垂直布局（见图8-9右）。两种模式的区别主要在于水路、陆路作业分离方式不同。

现有的自动化集装箱码头基本采用垂直布局模式，主要是因为这种模式能有效减少水平运输设备的运输距离，减少水平运输设备的投入数量，节能降耗，提高作业效率。

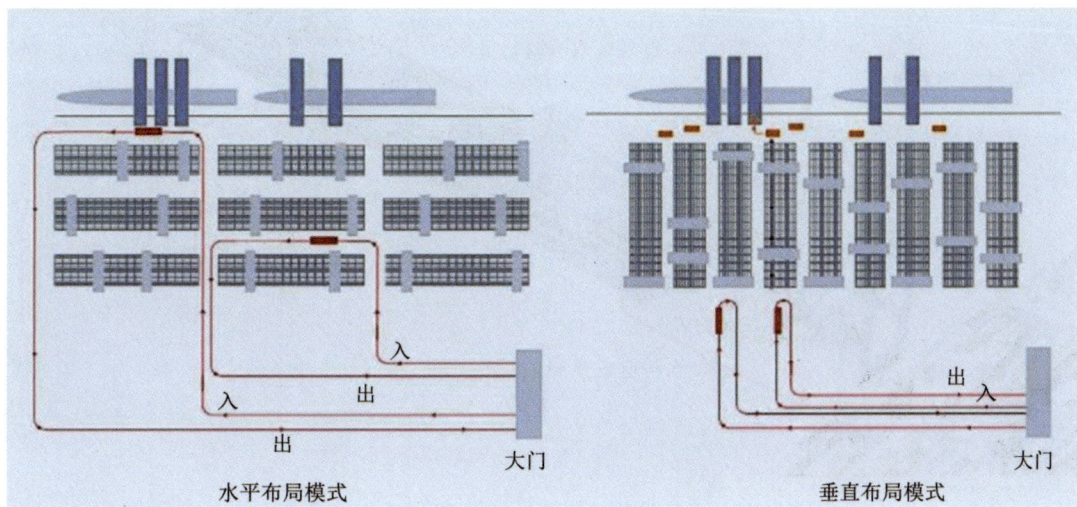

图8-9　集装箱码头场地布局

（三）自动化集装箱码头装卸工艺

自动化集装箱码头装卸工艺设计中，水平运输设备的选择是关键，它决定了该码头的装卸系统形式、岸桥选型和码头前沿布置，设计时应结合项目的具体条件、建设目标、投资和运营成本等因素加以综合考虑。堆场是自动化集装箱码头设计的重点，堆场轨道吊的选型应结合项目的集疏运方式，使堆场海陆侧轨道吊的作业达到均衡。自动化船舶装卸设备能有效保证海侧装卸系统的装卸效率，提高对海侧作业强度的适应性；堆场平面布置应关注交接区的布置和箱区的合理长度。

综合分析，要想提高集装箱在港内的运转率，兼顾驳船泊位、主泊位与集疏运之间的自动化作业，在总体布局上应采取"垂直布局+侧面装卸"模式，以适应自动化集装箱码头的特点。下面介绍某自动化集装箱码头双"U"形装卸工艺，如图8-10所示。

该码头采用自动化双悬臂轨道吊，在一侧悬臂下实现对AGV（IGV）的自动化作业，在另一侧悬臂下实现对外集卡的作业。可双向行驶的AGV（IGV）直接抵达目标贝位，避免堆场起重机长距离、往复搬运集装箱，外集卡通过"U"形路径直接到达堆场目标贝位进行提箱作业，完成后通过"U"形路径直接出港。AGV（IGV）与外集卡物理隔离、交通分流、互不干涉，形成交互简洁、直进直出、侧面装卸的码头平面布置。由于码头纵深较长，主泊位后方对应的综合箱区采用了双"U"形的模式，与单"U"形不同的是，双"U"形中间增设了1条外集卡回程道，可使外集卡作业完成后快速驶离箱区，而不必绕完整个箱区，缩短外集卡行驶距离。

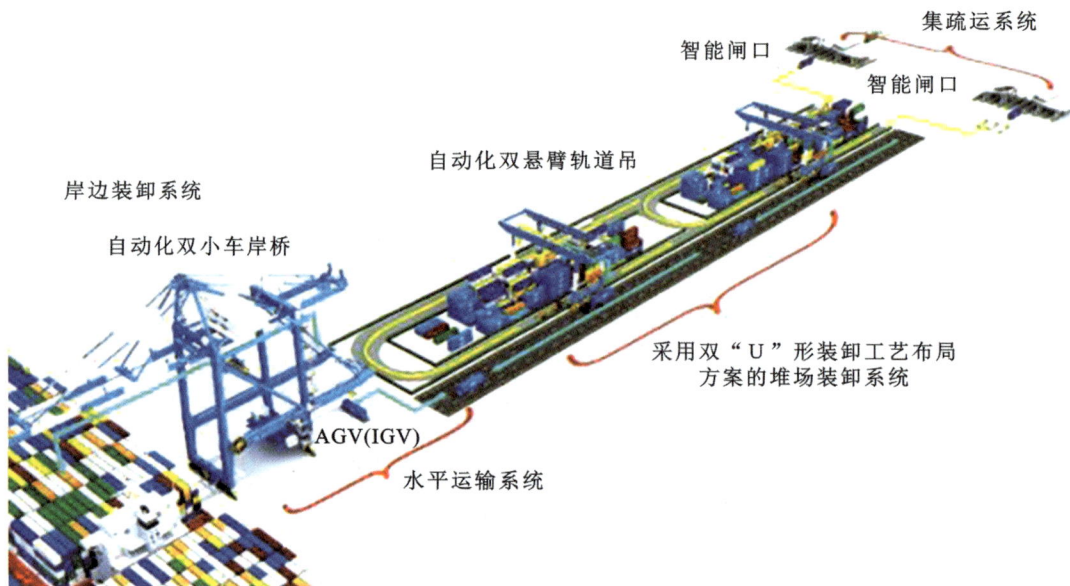

图8-10　某自动化集装箱码头双"U"形装卸工艺

自动化集装箱码头和传统集装箱码头的最大不同点在于其自动化设备和技术的应用。目前，集装箱码头上最为常见的装卸工艺系统是龙门起重机系统。

专题二　船舶靠离泊作业

任务导入

现有某船公司的"南山轮"242W航次靠泊深圳某集装箱码头。一般集装箱船舶靠泊或离泊时，都需要码头予以配合。为保证集装箱船安全靠泊与离泊，码头需要做好各方面的准备工作。那么，在这一过程中，码头工作人员具体都有哪些工作呢？又该如何做呢？

在前文介绍泊位策划的章节中，我们知道船舶的泊位、靠泊方向、几台装卸桥作业等都是事先安排好的。那么，在船舶靠泊或离泊时，码头上相关各方需要做哪些工作呢？

知识点

一、船舶靠泊时的准备

（一）信号旗或信号灯的位置

信号旗用于白天靠泊的船舶，信号灯用于晚间靠泊的船舶。

放置信号旗或信号灯的目的，是让引航员知道船舶即将靠泊的大致位置。当船舶靠泊后，引航员所站立的驾驶台位置应对正信号旗或信号灯，这样船舶靠泊位置才算准确。

信号旗或信号灯的摆放位置为船中驾驶台、船首、船尾三处。从泊位图上可得知船的长度及驾驶台的位置，从而找出对应船首、船中驾驶台、船尾在码头岸线上的位置。船首和船尾摆放红色信号旗或红色信号灯，船中驾驶台摆放蓝白格子信号旗（也可使用蓝色信号旗或绿色信号旗）或蓝色信号灯，摆放时位置一定要准确。

靠离泊领班船到达前一小时，码头工作人员根据泊位图上指定的船舶位置，摆放信号旗或信号灯等候船只进港。

（二）装卸桥或门座式起重机的准备

从泊位图上可以了解所需装卸桥数量或门座式起重机数量，码头工作人员通常应在船舶靠泊前一小时将所需的装卸桥或门座式起重机摆放在适当位置。在码头岸线上，每个泊位均有固定的锚锭，专门用于摆放装卸桥或门座式起重机。但当有船靠泊时，用于装卸作业的装卸桥或门座式起重机一般放置在信号旗或信号灯之前至少5米处。

将岸边装卸机械提前准备好，不仅可以确认装卸机械是否操作正常，确保船舶靠泊后能迅速、安全、可靠地开始作业，还能腾出必要的岸线位置，确保不影响船舶靠泊作业。

二、缆绳运用方法

船舶在码头岸边是靠缆绳来固定的，一艘船舶通常需要6种缆绳固定，分别是头缆、首横缆、首倒缆、尾倒缆、尾横缆、尾缆，如图8-11所示。头缆、尾缆的作用是把船首、船尾拉紧靠向码头，防止船体向外移动；首横缆、尾横缆的作用是帮助收紧船体，使之靠向码头，并固定船身位置；首倒缆、尾倒缆的作用是防止船体向前、向后移动。

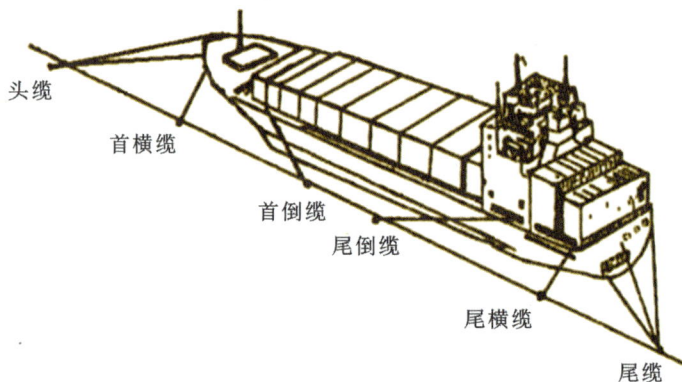

图8-11　船舶靠泊系缆示意图

码头岸线上有许多系缆桩，它们是用来挂缆绳的。在一个系缆桩上挂两条船的缆绳时，要注意使用正确的索绳方法。

在图8-12中，（a）所示的索绳方法是错误的，如果使用这种方法，只有在解除A缆绳之后才可以解除B缆绳；（b）所示的索绳方法是正确的，这种方法俗称套缆，采用这种方法，随时可以解除任意一条缆绳。

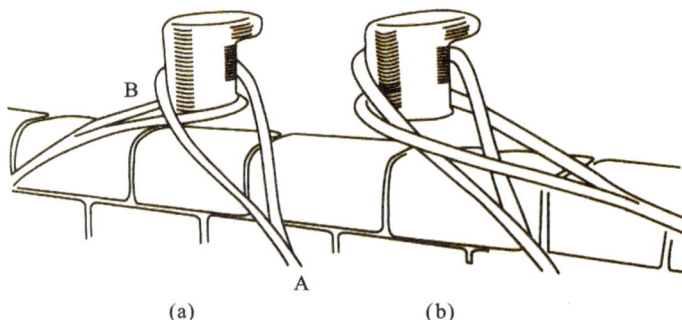

（a）　　　　　　　　　　（b）

图8-12　正确的索绳方法

套缆是两船相邻、船首和船尾共用一个系缆桩的方式。套缆时，要关注两船的离泊时间，先离泊的琵琶扣（缆绳最前端用于套住系缆桩的固定圆形扣）应位于系缆桩上部；原则上，泊位计划对船舶靠泊泊位的安排，应尽量避免使用套缆。

一艘船舶靠泊码头时，应采用的缆绳数，通常是根据船舶的长度来确定的，表8-1中列出了标准的挂缆数目。

表8-1　标准的挂缆数目

船舶长度	所需缆绳的数目/根					
L/m	头缆	首横缆	首倒缆	尾缆	尾横缆	尾倒缆
$L \leqslant 122$	2	1	1	2	1	1

续表

船舶长度 L/m	所需缆绳的数目/根					
	头缆	首横缆	首倒缆	尾缆	尾横缆	尾倒缆
122<L≤213	3	2	1	3	2	1
L>213	3	2	2	3	2	2

注：表中数据来源于《国内航行海船建造规范》。实际靠离泊中，具体带缆的根数需结合码头缆桩实际，按照相关规范及靠泊评估要求执行。

三、船舶离泊时的注意事项

① 确认所有船员均已上船，所有该离船的人员均已离船（如船公司代理等）。

② 装卸桥吊杆升到适当位置后，才可以开始松缆。

③ 监视并确认所有船缆已收到船上。

④ 确认舷梯已升回船上。

⑤ 船舶离开码头 200 米以上，码头工人方可离开。

⑥ 记录船舶离泊时的松缆时间以及船舶的首尾吃水。

四、船舶靠离泊时相关各方的职责

船舶靠离泊时，除船舶本身船员外，通常还需要其他人员借助工具辅助完成运作。

（一）引航员

我国港务监督要求，每艘进出口外轮，不论吨位大小、何种类型都要安排得到港务监督认可的指定引航员带领船只进入或离开特定水域。引航员具有专业知识，对本港水域内航道、船只停泊锚位、大小岛屿、礁石位置、水深、潮水涨退时间、流速及各个码头的规定都非常了解，他们具有较丰富的航海经验，经有关部门考核合格后获得职业资格证书。

（二）解系缆工人

解系缆工人的主要职责是在船舶靠离泊时挂缆或解缆，此外还要将垫板摆放于码头前沿地面，防止船舶靠离泊时损坏码头表面结构。

（三）外轮代理

外轮代理的职责是代表船公司与码头联系。船舶靠泊前24小时，外轮代理应向港监部门通告集装箱船的抵港时间并安排引航员上船。联检是指由边检、海关、卫生检疫、港监等部门联合对进出境船舶进行检查，外轮代理人员随同联检人员登轮，协助船方提交实体文件、解答查验问题，并实时对接港务调度确保靠泊衔接。一般需办理的船上证明有港内禁用物品报告单、船员名单、旅客名单、进口载荷清单、船员自用品清单（含船舶备用物品、货币、金银清单）、航海健康证明及其他证明。

（四）拖轮

为保护码头设施、保障集装箱船的安全，集装箱船靠离泊码头时不能依靠自身动力，而应在拖轮的帮助下进行。港监部门根据船舶的长度和吨位大小安排合适的拖轮。拖轮在船舶靠离泊时要绝对服从引航员的指挥。

（五）海关

海关是进出境货物监督管理机关，其主要任务是依照海关法和其他有关法律规定监管进出境的运输工具、货物、行李物品、邮递物品和其他物品，征收关税和其他税、费，查缉走私，并编制海关统计和办理其他海关业务。2018年4月20日，中国出入境检验检疫管理职责和队伍正式划入海关。

（六）边防检查站（边检）

边防检查站负责对出境、入境人员及其行李物品实施证件核验、安全检查，查缉伪造证件、非法携带物品等行为；对船舶及其载运货物实施边防检查，确保其符合出入境规定，监控交通工具在口岸停留期间的动态，防止违规活动（如非法卸货、人员滞留）等。

（七）海事管理机构（港监）

海事管理机构是履行海上交通安全监督管理职责的核心机构，对沿海水域的交通安全实施统一监督管理，处理海上交通事故引起的纠纷。

五、作业领班的职责

作业领班是码头装卸现场作业的总负责人，无论是装卸作业开始之前、装卸作业进行过程中、装卸作业结束后，作业领班均应认真履行自己的职责，随时掌握现场作业情况，尽最大努力保证现场作业的顺利进行。一般来说，作业领班的日常工作包括以下几个方面。

① 在船舶到达前一小时到调度室搜集所需要的资料，包括封面图、贝位图等。

② 注意实配图上有无特殊集装箱，如超高箱、超宽箱、非标准箱等，准备好所需的工具。

③ 注意装卸作业计划上指定的工作，如是卸货还是装货，并留意装卸桥的开工位置。

④ 根据当日的拖车安排，查看车辆数量是否足够、是否已在桥边等候。

⑤ 到桥边分发资料给理货员及作业人员，并将装卸作业计划及装卸程序通知到所有的桥边工作人员。

⑥ 协助主管注意船舶的靠泊情况，记录船舶靠泊时间及吃水情况，登记所有上船作业人员的身份与名单。

⑦ 上船向船上当值大副介绍装卸作业计划及预计离泊时间，通知当值大副装卸冷藏箱时，要协助处理。

⑧ 通知调度室装卸桥的开工时间和有关船舶的特殊情况，如有必要，可对工序做相应的变动。

专题三 装卸船作业

任务导入

现有某船公司的"南山轮"242W航次靠泊深圳某集装箱码头，集装箱码头控制中心应如何组织此次卸船作业？

装卸船作业是集装箱码头的主要工作，装卸船作业的效率在很大程度上反映了码头的服务质量以及码头的整体工作效率。那么，我们应如何有效组织装卸船作业呢？装卸船作业的指导性文件又有哪些呢？

一、装卸船作业的指导文件

装卸船作业的指导文件是实配图，具体包括封面图和贝位图。在封面图上，不同的符号表示各装卸桥所要作业的贝位以及装卸箱的数量。通常码头上所有的装卸桥都会编号，称为1号桥或1号塔、2号桥或2号塔等。而一艘靠泊的集装箱船，根据其大小以及在本港装卸箱量的多少，一般安排2～6台装卸桥同时对其进行装卸作业，并尽量使各装卸桥的作业量大体相等，以便各班组同时完成作业，保证船期。对于每个贝位的作业，则由贝位图来指导。贝位图表示每个集装箱的装卸位置与顺序，每个贝位都有一张贝位图，图上标有负责该贝位装卸作业的装卸桥代号。所以，实配图是装卸作业的总体计划，它既指示作业位置与作业顺序，也标明了作业量。

二、装卸船作业的人员与职责

一艘集装箱船的装卸作业通常会有几条作业线组同时进行（即开几条线），每条线配一台装卸桥，而每台装卸桥代表一个班组。船边的作业领班和装卸桥下的理货长负责整艘船的作业，各班组的工作人员配备都是一样的。下面就以一个班组为例来说明班组人员的配置与职责。

（一）工人4名

船上与装卸桥下各配2名工人，其职责包括以下几点。
① 负责验箱，即用肉眼观察集装箱的外表有无损坏现象。
② 负责拆除（卸船时）或安装（装船时）集装箱底部四角上用于箱与箱之间稳固连接的旋锁。
③ 负责船舶甲板上集装箱的绑扎或解除加固装置。
④ 负责配合指挥装卸桥司机的装卸箱作业。

（二）理货员2名

船上与装卸桥下各配1名理货员，其职责包括以下几点。
① 指挥车辆（拖车）运行，保证交通畅通。

② 核对集装箱号码。

③ 按贝位图规定的装卸箱顺序指挥装卸桥司机装箱或卸箱。

④ 桥下理货员负责将集装箱相关资料输入手持电脑，包括箱号、封条号、尺寸、烂箱情况、拖车号等。

（三）外轮理货员 1 名

外轮理货员在装卸桥下工作，其职责主要包括以下几点。

① 监督整个装卸过程。

② 记录集装箱箱号及封条号。

（四）装卸桥司机、拖车驾驶员、龙门起重机司机

这些人员根据作业需要来配置。装卸桥司机的职责是在船上理货员的指挥下，对船上的集装箱进行装卸。拖车驾驶员的职责是根据作业系统的指令或提示在岸边或堆场内取箱。龙门起重司机的职责是根据作业系统的指令或提示收发箱。

三、装卸船作业程序

装卸船作业开始前，理货长给桥下理货员、外轮理货员、船上理货员分发装卸作业计划。

（一）装船作业

装船作业程序如图 8-13 所示。

① 船到达指定泊位。

② 拖车根据作业系统的指令到堆场取箱，龙门起重机司机根据作业系统的指令，把箱子放到拖车上。

③ 拖车拖箱到装卸桥下，外轮理货员及桥下理货员核对箱号和封条号，桥下工人指挥装卸桥司机将箱吊往船上。

④ 船上理货员核对箱号并指示装卸桥司机该箱的摆放位置。装卸桥司机将箱装在船上。

⑤ 如果是装载在甲板上的集装箱，桥下工人还应负责装锁，船上工人则要负责锁紧及捆扎集装箱。

⑥ 拖车上的箱子被装上船后，作业系统会发出新的作业指令，提示拖车前往堆场取箱。

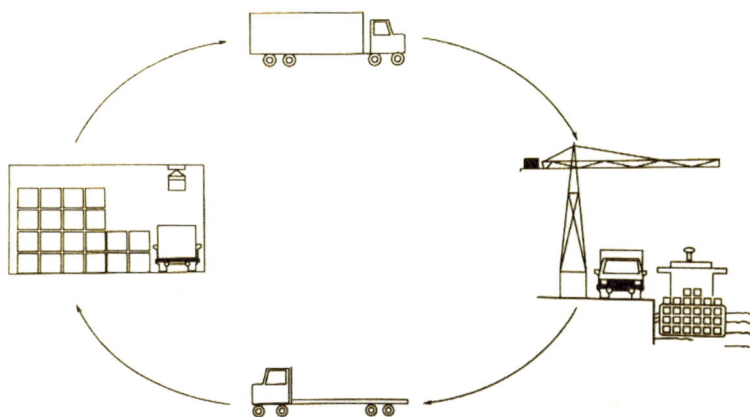

图8-13　装船作业程序

（二）卸船作业

卸船作业程序如图8-14所示。

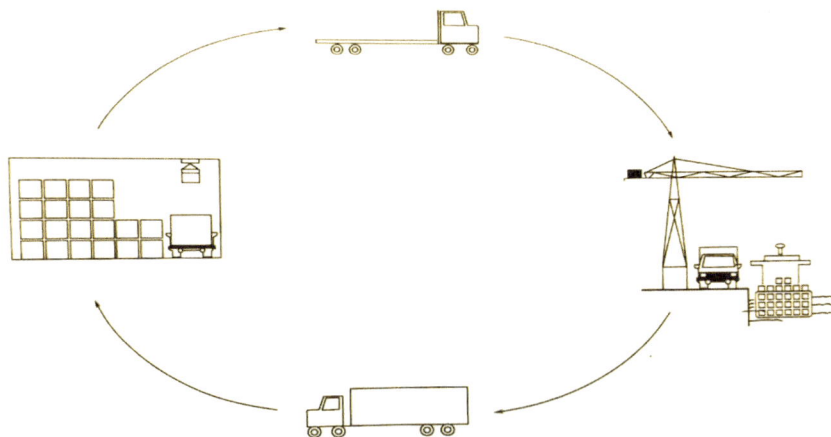

图8-14　卸船作业程序

① 船到达指定泊位。

② 船上理货员指挥装卸桥卸箱（即指明具体卸哪个箱）。

③ 船上理货员核对箱号，船上工人负责验箱。

④ 如果是卸甲板上的集装箱，在卸箱前，船上工人要打开旋锁并解开加固装置。

⑤ 装卸桥司机在桥下工人的指挥下，将箱卸在桥下的拖车上，如果箱底带有旋锁，

在箱卸在拖车上之前，桥下工人应迅速拆除集装箱四个角上的旋锁，并把锁放置在锁销盒中。

⑥ 外轮理货员核对箱号、封条号。

⑦ 桥下理货员核对箱号，并将相关资料输入手持电脑，拖车上装有显示屏，作业系统会提示拖车去指定的堆场把箱子卸下。

⑧ 拖车司机拖箱到堆场指定位置卸箱后返回装卸桥下，重复上述过程，直至贝位图标明的集装箱全部卸完为止。

在实际操作中，通常有几台装卸桥同时作业，而且拖车有几十辆。为了不造成混乱，在组织生产时，通常会将拖车分组，平均分配给不同的装卸桥，这样各拖车都有明确的目标，不会出现一台拖车一会儿在某台装卸桥下装箱，一会儿又到另一台装卸桥下装箱的情况。

专题四　装卸作业排班编制

任务导入

码头生产工作通常是一天二十四小时不间断的，所以码头工人都是轮班制工作，一般采用三班倒制度，有人白班，有人夜班，每个工人一天工作八个小时。那么，每天的三个班，具体安排哪些人来上班呢？对于这一项烦琐的日常工作，有没有一种高效的排班方法呢？

知识点

集装箱码头的生产作业通常是24小时不间断进行的。为了充分利用现有人力和装卸机械设备，必须对现有资源进行合理、科学的管理，以挖掘码头作业的潜力，保证码头作业的高效率。

排班就是对每班作业人员进行具体安排，即安排多少人以及安排哪些人。码头上的作业人员有很多，要使码头生产有组织地进行，保证没有人员调动混乱造成过多加班的现象发生，同时考虑到员工的休息、工作量的平均分配等，就必须认真合理地做好出勤排班工作。下面介绍一种较为科学的出勤排班方法。

一、"三班三倒"的时间安排

码头作业一般采用C、A、B"三班三倒"制，具体工作时间为：C班为00：00—8：30，A班为8：00—16：30，B班为16：00—00：30。

从以上各班的工作时间规定可知，班与班的交接有半个小时的重叠时间，即8：00—8：30、16：00—16：30、00：00—00：30。这半小时的重叠时间是必要的，因为两个班的工作人员可以在这半小时内一起工作，同时进行交接，让下一班的工作人员对上一班的工作内容有一个大致的了解，以保证作业的连贯性。如果没有这半个小时的重叠时间，那么在两个班交接时，势必会中断码头运作。按照每班八小时工作制，多出的半小时按加班处理。

二、小组划分

将现有员工（主要是操作装卸机械的司机）分为7个小组，划分时尽量做到新老搭配、优劣互补，使各小组的技术力量相对均等。例如，码头现有操作司机128人，分成7个小组，其中有5组人数各为18人，有2组人数各为19人，每个小组选出一名组长。

三、上班人员安排

每天安排C、A、B三班，每班派两个小组的人员上班，C、A、B三班共需6个小组，因为总共有7个小组，所以每天均可安排一个小组人员休息。这样7个小组的人员在一星期内均可休息一天，且每个小组的人员每隔7周有一次连休2天的机会。具体编排如表8-2所示，其中"X"表示休息日。

表8-2　人员编排表

更次／星期／组别	日	一	二	三	四	五	六	日期
1	X	C	C	C	C	C	C	
2	C	X	A	A	A	A	A	
3	A	A	X	B	B	B	B	
4	B	B	B	X	C	C	C	

续表

组别\更次\星期	日	一	二	三	四	五	六	日期
5	C	C	C	C	X	A	A	
6	A	A	A	A	A	X	B	
7	B	B	B	B	B	B	X	
7	X	C	C	C	C	C	C	
1	C	X	A	A	A	A	A	
2	A	A	X	B	B	B	B	
3	B	B	B	X	C	C	C	
4	C	C	C	C	X	A	A	
5	A	A	A	A	A	X	B	
6	B	B	B	B	B	B	X	
6	X	C	C	C	C	C	C	
7	C	X	A	A	A	A	A	
1	A	A	X	B	B	B	B	
2	B	B	B	X	C	C	C	
3	C	C	C	C	X	A	A	
4	A	A	A	A	A	X	B	
5	B	B	B	B	B	B	X	
5	X	C	C	C	C	C	C	
6	C	X	A	A	A	A	A	
7	A	A	X	B	B	B	B	
1	B	B	B	X	C	C	C	
2	C	C	C	C	X	A	A	
3	A	A	A	A	A	X	B	

续表

更次　星期　组别	日	一	二	三	四	五	六	日期
4	B	B	B	B	B	B	X	
4	X	C	C	C	C	C	C	
5	C	X	A	A	A	A	A	
6	A	A	X	B	B	B	B	
7	B	B	B	X	C	C	C	
1	C	C	C	C	X	A	A	
2	A	A	A	A	A	X	B	
3	B	B	B	B	B	B	X	
3	X	C	C	C	C	C	C	
4	C	X	A	A	A	A	A	
5	A	A	X	B	B	B	B	
6	B	B	B	X	C	C	C	
7	C	C	C	C	X	A	A	
1	A	A	A	A	A	X	B	
2	B	B	B	B	B	B	X	
2	X	C	C	C	C	C	C	
3	C	X	A	A	A	A	A	
4	A	A	X	B	B	B	B	
5	B	B	B	X	C	C	C	
6	C	C	C	C	X	A	A	
7	A	A	A	A	A	X	B	
1	B	B	B	B	B	B	X	

四、假期安排

如果员工由于加班造成累积假期，则可在作业较少时安排休息，每7周安排一至两天员工自由请月假的时间，这样既做到了集中统一安排员工休息，又照顾了员工在某些情况下的特殊要求。

五、某些特殊问题的解决办法

1．A班吃中餐的问题

为解决A班员工中午吃饭问题，可安排部分B班员工在中午12点上班，以接替A班员工吃饭，这样还能同时保证堆场作业及船边装卸作业不中断。中午12点上班的B班员工数量，可根据A班员工数量按3：1的比例配置，即3个A班员工安排1个B班员工接替，即所谓的"一接三"方法。

2．A班的下班时间与实际工作时间

A班在早8点上班后，中午装卸桥司机（即塔司机）有2小时吃饭时间，龙门起重机司机有1.5小时的吃饭时间，其他人员则有1小时吃饭时间，所以A班的装卸桥司机实际正常作业时间为6.5小时，龙门起重机司机的实际正常作业时间为7小时。

3．B班的安排

B班有一部分人提前到中午12点上班，其余在下午4点上班，然后这两部分人员一起上B班，即提前到中午12点上班的员工的工作时间要多4小时，作为加班计算。B班员工下午4点签到，然后去吃饭，下午5点（17：00）接A班，17：00—17：30为交接时间，一般在17：15—17：20即可完成。

4．C班的安排

C班也有中途吃饭的问题，所以通常会多安排几个人来上班，用于接替。例如，开6台装卸桥、21台龙门起重机，共需要司机21名，但通常会安排33名司机上班。C班人员从00：00工作到早上8：30，吃饭时间均有固定的安排，吃饭时间长短同A班。如果作业繁忙或C班人手不够，可考虑让部分B班人员加班，即延长B班人员的工时。

六、编更技术要点与特点

这种人员编排的技术要点是：不论员工多少，均划分为7个小组，这主要是由一周有7天、每天三班倒、每班安排2个小组上班这些条件决定的，这样可以保证每个小组每周有一天的休息时间；排更次表时，必须从星期天开始排，班次顺序为X、C、A、B、C、A、B，每周班次排列是一样的，只需将组别一栏内的顺序调动一下即可，如第一周为1、2、3、4、5、6、7，第二周为7、1、2、3、4、5、6，第三周为6、7、1、2、3、4、5，依此类推，这样做的好处是可使各个小组轮流上晚班（C班）。

这种编更方法的特点是：规律性强，员工可预知自己7周甚至1年以上的上班和休息时间，便于工作与休息的预先安排；具有永恒性和适应性，即随着生产的扩大，机械用量的增加，此编更方法仍然适用，只要在每组增加适当的人数，就可以解决相应的问题；工作效率高，由于编排有序，交接次数减少，因而缩短了交接时间。

课后练习

【任务1】

1.现需要将一批冷藏集装箱卸船拖进堆场，应如何选择合适的装卸设备以及选用相对应的装卸工艺方案进行作业？

2.请根据上述任务情境，自主设计一种集装箱装卸工艺系统，要求包括装卸机械设备选择、工艺系统流程、装卸操作要点等方面，并用PPT进行展示。

【任务2】

阐述集装箱码头控制中心的工作业务流程以及人员分工与职责。

【任务3】

在图8-15上标出以下集装箱的箱位（将箱代号A、B、C、D、E、F填入对应位置）。

A箱箱位：350282

B箱箱位：350202

C箱箱位：350508

D箱箱位：350584

E箱箱位：350686

F箱箱位：350408

BAY35

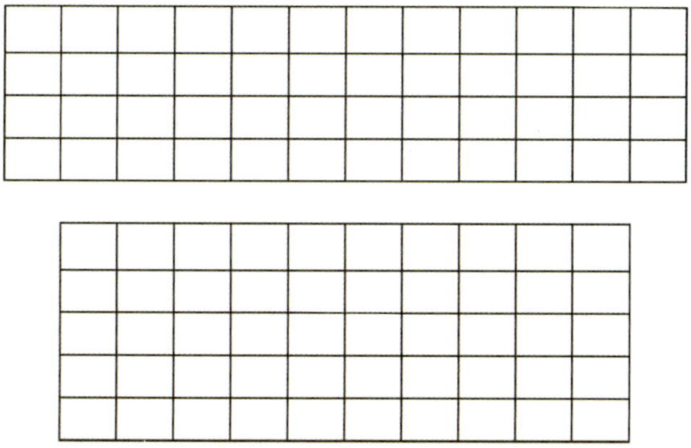

图8-15　任务图

学习评价

序号	知识点	评价标准	分值	评价结果（是/否）	得分
1	集装箱码头装卸工艺	能说出集装箱码头装卸工艺的种类	5		
		能说出各种装卸工艺的优缺点	5		
2	船舶靠离泊作业	能说出船舶靠离泊作业准备工作和注意事项	10		
		能明确船舶靠离泊作业相关各方的职责	10		
3	装卸船作业	能说出装船操作流程	15		
		能说出卸船操作流程	15		
		能说出装卸船作业人员职责	10		
4	装卸作业排班编制	能解释装卸作业排班编制方法	15		
		能进行合理的"三班三倒"人员排班	15		
合计			100	—	

注：评价结果"是"为该选项得满分，"否"为该选项得0分。

模块八
课后练习参考答案

模块九

堆 场 作 业

专题一　堆场交箱与收箱

专题二　冷藏集装箱处理

模块导读

堆场作业是对集装箱码头所制定收/交箱计划的具体实施，无论是托运人集港待装船的集装箱，还是从集装箱船上卸下后待发给收货人的集装箱，抑或是收/交空箱，都要在集装箱码头堆场进行交接。那么，这些堆场作业是怎样进行的呢？具体操作流程又是怎样的呢？在本模块中，我们将在了解堆场作业基本常识的基础上，重点学习集装箱堆场交箱与收箱操作流程以及冷藏集装箱处理相关内容。

学习导图

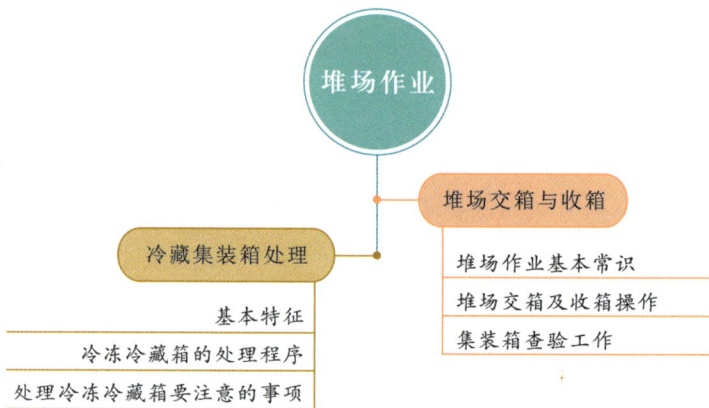

学习目标

◆ **知识目标**

1. 了解集装箱码头堆场作业基本常识。
2. 掌握堆场交箱和收箱操作流程。
3. 掌握冷藏集装箱处理方法。

◆ **能力目标**

1. 熟悉堆场交箱和收箱作业流程。
2. 熟练处理冷冻冷藏集装箱。

◆ **素养目标**

1. 养成科学、负责、严谨的态度。
2. 培养团队协作的精神。

专题一　堆场交箱与收箱

任务导入

　　某物流公司的一批集装箱已经卸船，那么，如何将集装箱从船上卸到堆场上，再从堆场上将集装箱交给该物流公司呢？货主前来码头提箱和货主送箱给码头，是集装箱码头的日常业务之一，这两项业务的具体操作又是怎样的呢？

知识点

一、堆场作业基本常识

　　作为集装箱海上运输和内陆运输的衔接点，堆场不仅是集疏运系统的空箱、重箱交接的场所和作业场地，还具有堆存和保管集装箱的功能。堆场作业主要包括堆场巡查和堆场现场作业。

（一）堆场巡查

　　堆场巡查的主要内容如下：维持堆场内道路的交通秩序，疏导堵塞的交通；根据控制中心指令，及时引导跑错位的内/外拖车回归正确位置；指挥大型机械（场桥、流机等）在复杂环境中移动大车及转场；检查在场堆码箱是否整齐，箱门朝向是否符合标准；检查码头环境及设施设备情况，发现问题及时上报控制中心；检查巡逻车辆情况，保持车辆整洁；做好交接班工作，填写堆场交接日志；指挥特殊箱的进出场作业；协助进行拆装箱作业。

（二）堆场现场作业

　　堆场现场作业的主要内容如下：接收控制中心指令，明确作业区域划分及所属对讲机频道；根据无线终端显示的作业指令，装卸司机驾驶场桥到达作业区域，注意场桥跑道及车道有无障碍物、所辖范围内的最大堆箱层高；根据无线终端显示的作业指令，装卸司机驾驶流机到达作业位置，注意行驶区域的道路环境及驾驶机械的吊臂高度；根据无线终端显示的作业指令，装卸司机将在场箱放置到拖车上，注意核对拖车牌号；根据无线终端显示的作业指令，装卸司机将拖车上的集装箱放入堆场，注意箱门朝向及堆码整齐；指令完成后，及时确认无线终端信息，保证信息完整，同时根据现场作业情况合理选择下一条指令；根据无线终端显示的作业指令，完成本位移箱作业，并更新场位信息；根据指挥人员指令及无线终端显示的冷藏箱作业信息，联系冷藏箱管理人员，并在其指令下完成冷藏箱的收/发作业；接受控制中心转场指令后，联系转场指挥人员到位，在指挥人员引导下完成场桥转场；对所辖范围内一切影响作业秩序的情况及时向控制中心汇报；发现机械故障及异常及时报告控制中心工程部，并协助维修人员排除故障。

二、堆场交箱及收箱操作

交箱是指货主前来码头提箱时，码头将集装箱交给货主（拖车）；收箱则是指货主（拖车）送箱到码头，码头将集装箱收下放到堆场。

（一）交箱程序

交箱程序如图9-1所示。

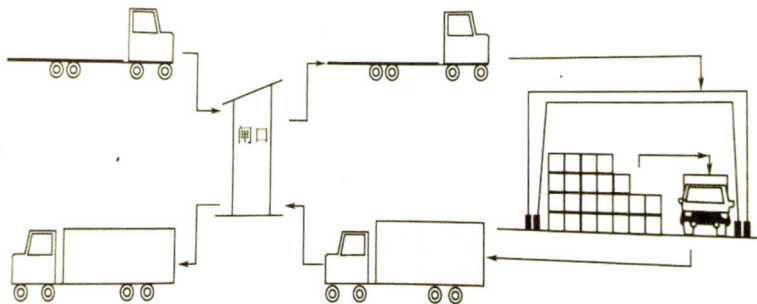

图9-1　交箱程序示意图

① 拖车司机在闸口办好交箱手续后，持集装箱收发单和堆场作业纸驾驶空架拖车到堆场指定位置，然后等待龙门起重机或前置性铲车来装箱。

② 龙门起重机司机或铲车根据电脑指令，到指定位置将对应箱号的集装箱装在拖车上。

③ 交重箱时，如果因为交箱导致其他集装箱在堆场的存放位置有所改变，则龙门起

重机司机应将箱位变动情况上报控制中心并调整集装箱的在场位置。如果没有电脑，则由堆场管理员书面记录箱位变动情况，否则会因箱存放混乱而使得找箱困难。

（二）收箱程序

收箱程序如图9-2所示。

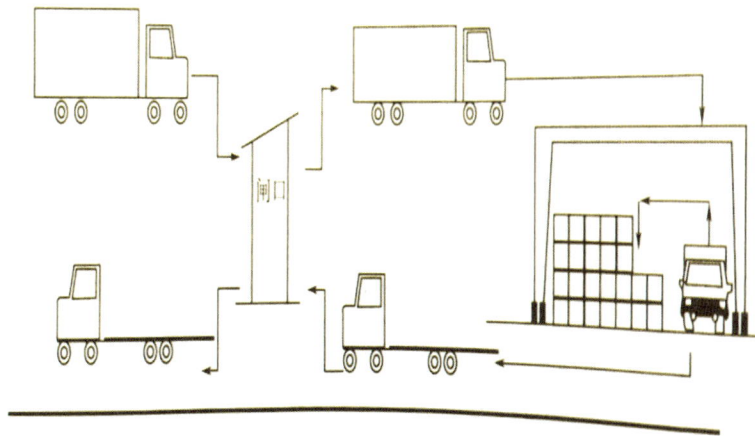

图9-2　收箱示意图

① 拖车司机在闸口办好收箱手续后，持集装箱收货单和堆场作业纸驾驶拖车将集装箱拖至堆场指定位置，然后等待龙门起重机或前置性铲车来卸货。

② 拖车司机打开旋锁，使集装箱与车架分离。

③ 龙门起重机司机或铲车司机根据电脑指令信息将箱卸到堆场指定位置。

以上交收箱的作业过程中，都只有一名重型机械司机在工作，似乎非常简单。但实际上，由于堆场码头很大，有重箱堆场和空箱堆场，在重箱堆场上，配有若干台龙门起重机，而在空箱堆场，又有若干台重型铲车，加上进出码头前来交箱或收箱的拖车数量很多，所以码头堆场内经常是车水马龙、一派繁忙的景象。有时候拖车司机驾驶拖车到达堆场指定位置后，会发现该位置并没有重型机械作业，此时只能等在其他地方作业的重型机械按照电子指令的顺序作业完毕后，才能完成交收箱作业。此外，堆场还会配备若干名堆场管理员，疏通堆场内的交通，协调处理突发事件。

三、集装箱查验工作

查验场是专供海关工作人员开箱检查货物的场所。查验场的工作主要是配合海关工作人员对指定货物进行查验。

对于进出口重箱，在海关认为根据国家有关政策规定，有必要对其做全面检查或部分抽查时，会向码头堆场（具体为查验场）发出电子查验通知单。工作人员在码头作业系统中创建查验指令，安排拖车将集装箱从堆场运到查验场，并根据查验类型及属性排列集装箱。在海关检验之后，查验场工作人员在作业系统中创建返场指令，再将集装箱运回堆场。

集装箱的查验工作通常需要多部门协同。其一般操作程序如下。

① 海关向查验场发出电子查验通知单。海关一般在每天上午向相关查验场发出电子查验通知单。在这之前，海关已通知货主派报关员在指定日期前来码头配合查验。

② 查验场根据海关的查验指令，填写每日海关查验箱汇总表（见表9-1），在码头的作业系统中创建查验指令信息，安排拖车把集装箱从堆场运往查验场。

表9-1　每日海关查验箱汇总表

（赶船期）日期：　　　年　　月　　日

序号	箱号	规格	状态	编号	箱主	船名、航次	报关行	支付方式	出场位置	接报时间	出单时间	箱到时间	海关查验		回场时间	新封条号	签名	备注
													始	终				
1																		
2																		
3																		
4																		
5																		
6																		
7																		

③ 开箱检查，检查完毕后，重新施加关封。检查工作应做好记录，并填写海关操作记录单（见表9-2）。

表9-2 海关操作记录单

货主或报关行： 申报人签名： 编号： 日期： 年 月 日

序号	箱号	箱规格	重柜	空柜	原封条号	货名	件数	查验时间			新封条号	理货	重验记录			发票号
								日期	始	终			日期	始	终	
1																
2																
3																
4																
5																
6																

备注：

备注：

A.在查验过程中，货物及包装没有任何损伤。

箱号： 货主签名：

B.货物包装有异常，具体情况如下：

货主代理签名： 班长签名：

④ 开箱后，在合理搬运的情况下，如发现有货损，应在海关操作记录单上详细说明当时的情况与查验场无关，并要求报关员或货主签名确认。

⑤ 开箱后，如需抽样检验，应在海关操作记录单上写明货名、件数，并要求当事人签名确认。

⑥ 根据海关是否放行的意见，决定所查验的箱是否运回堆场。

⑦ 海关放行后，查验场工作人员在作业系统中创建返场指令，安排拖车将箱运回堆场。

专题二　冷藏集装箱处理

任务导入

冷藏集装箱是一种特殊箱型，在集装箱码头操作中，冷藏集装箱的处理与普通干货箱的处理有什么区别呢？在处理冷藏集装箱的过程中，我们需要特别注意哪些事项呢？

知识点

一、基本特征

冷藏集装箱是用来装载在常温下容易腐烂变质货物的集装箱。其利用集装箱本身的制冷设备，将箱内温度降到指定温度。由于冷藏集装箱在运载货物时必须有电源供应，因此不仅在船上有固定的冷藏集装箱箱位，在码头堆场也有固定的存放冷藏集装箱的场所，俗称"雪地"，冷藏箱亦被称为"雪柜"或"雪箱"。

由于冷藏集装箱需要有电源供应，同时不同种类的冷藏箱有不同的温度要求，因此在码头内的交箱、收箱及存放与前述堆场交箱与收箱有所不同。在集装箱码头堆场工作中，常见的装载货物的集装箱有普通干货箱、干货冷藏箱以及冷冻冷藏箱。普通干货箱是指装载对温度无要求的货物的集装箱。干货冷藏箱是指装载干货的冷藏箱，由于冷藏箱内装载的是干货，其制冷设备不需要使用，因此，冷藏箱就相当于普通干货箱。这种情况通常是普通的干货箱不够用借用冷藏箱来装载干货，所以干货冷藏箱的处理与普通干货箱的处理是一样的。那么，在实际工作中，怎样识别普通干货箱、干货冷藏箱以及冷冻冷藏箱呢？主要可从箱的材料、颜色、设备配置以及运输单证文件等方面去识别，如表9-3所示。这里主要介绍冷冻冷藏箱的处理。

表9-3　普通干货箱、干货冷藏箱及冷冻冷藏箱的区别

箱型	普通干货箱	干货冷藏箱	冷冻冷藏箱
构造材料	铁/钢	铝	铝
颜色	不同	白色/浅色	白色/浅色
冷冻设备	没有	有	有
温度表	没有	没有	有
文件注明度数	没有	没有（但注明了RDRY）	有

注：1.普通干货箱一般使用钢铁材料，但有时会选择铝制材料，如APL船公司的集装箱；

　　2.普通干货箱也有用白色/浅色的，目的是便于散热。

二、冷冻冷藏箱的处理程序

（一）卸船后及装船前的冷冻冷藏箱

1. 卸船后冷冻冷藏箱的处理程序

① 先确定收的是冷冻冷藏箱。
② 注意温度表是否完好，温度是否符合要求。
③ 堆放于堆场冷藏箱位（即"雪地"位）。
④ 安排电工。
⑤ 确定冷冻冷藏箱已插上电源。
⑥ 要求电工在卸箱单上签字。

2. 装船前的冷冻冷藏箱处理程序

① 安排电工拔电源，并确保已装妥温度表。
② 根据装箱单上的次序交箱给拖车。

（二）交收冷冻冷藏箱

1. 收冷冻冷藏箱

① 先确定是冷冻冷藏箱，请拖车稍等，同时安排电工。

② 收箱（与一般收箱程序相同）。

③ 确定电工已接上电源。

④ 电工在堆场作业纸上签字。

⑤ 将堆场作业纸交还拖车司机。

2. 交冷冻冷藏箱

① 先确定是冷冻冷藏箱，核对箱号及车牌号与文件是否相符。

② 安排电工切断电源。

③ 确定电工卷好了电线并已拆除温度表。

④ 将文件及堆场作业纸交还拖车司机。

（三）交收空的冷冻冷藏箱

1. 收空的冷冻冷藏箱做P. T. I

① 核对箱号。

② 凡需做P.T.I的空冷冻冷藏箱应放在底层。

③ 安排电工做P.T.I，检查机件及集装箱情况。

2. 交已做P. T. I的空冷冻冷藏箱给客户装货

① 确定空冷冻冷藏箱已开始预冷。

② 要求电工在堆场作业纸上签字。

③ 安排电工拔电源。

④ 确定电工卷好了电线并装好了温度表。

⑤ 其他程序与交一般集装箱相同。

三、处理冷冻冷藏箱要注意的事项

① 必须熟悉处理冷冻冷藏箱的程序。

② 必须留意集装箱的号码以及文件上的"Size"（尺寸）、"Type"（种类）、"Status"（状态），并注意"Remark"（备注）中有无温度指示。

③ 必须将冷冻冷藏箱堆放在冷藏箱堆放区。

④ 尽可能避免干货冷藏箱及普通干货箱放在冷藏箱堆放区。

⑤ 堆放尽量不超过4层。

⑥接通及切断电源，必须由电工处理，不能由其他人员处理。

⑦提醒龙门起重机司机操作时留意电工和电线，以确保安全生产。

⑧收箱时必须由电工在堆场作业纸上签字确认。

课后练习

1.根据课堂所学知识，分析冷冻冷藏集装箱结构和性能，制作一份冷冻冷藏集装箱查验报告，并用PPT汇报。

2.现有深圳**物流有限公司的一批集装箱货物已经卸船，其基本信息如表9-4所示。

表9-4 集装箱货物信息

箱信息			
箱号：COSU2316283	箱型/尺寸：GP/20	箱公司： 中国**外轮代理有限公司	出场时间： 2024-12-29 14：05
进场情况： 动态码： 箱区箱位：A02-03-1-1	船名：南泰轮	航次086W	提单号： COSUSHZ933036
关封：F6654	进场客户：**物流	来自：**场地	车队：深圳**物流 有限公司车队 车号：粤B*****
返箱地：**场地	整车重：25t	空车重：9t	箱重：1t
货信息			
提单号： COSUSHZ933036	货名：链条	净重：10t	毛重：12t
体积：15m³	件数：20	包装：BOXES	
费用信息			
费用类型： 港杂费	费用名：入港费	方向：收入	金额：120元
实际金额： 120元	结算单位： **国际集装箱 码头有限公司		

任务要求：该集装箱要求在2024年12月29日14：05从堆场提箱，请结合案例，进行堆场提运重箱业务相关分析，完成一份堆场作业报告。

学习评价

序号	知识点	评价标准	分值	评价结果（是/否）	得分
1	堆场交箱与收箱	能说出堆场巡查要点	10		
		能说出堆场交箱流程	15		
		能说出堆场收箱流程	15		
		能说集装箱查验的原因	5		
		能说出集装箱查验工作流程	15		
2	冷冻冷藏箱处理	能说出冷冻冷藏箱处理程序	15		
		能说出冷冻冷藏箱处理注意事项	10		
		能进行冷冻冷藏箱查验	15		
	合计		100		

注：评价结果"是"为该选项得满分，"否"为该选项得0分。

模块九
课后练习参考答案

参 考 文 献

[1] 郭丽颖. 集装箱运输学[M]. 武汉：武汉理工大学出版社，2008.

[2] 蒋亮. 物流设施与设备[M]. 北京：清华大学出版社，2012.

[3] 孙家庆，唐丽敏. 供应链物流学[M]. 大连：大连海事大学出版社，2016.

[4] Weerasinghe B A，Perera H N，Bai X W.Optimizing container terminal operations：A systematic review of operations research applications[J]. Maritime Economics & Logistics，2024，26（2）：307-341.

[5] Zhang X J，Jia N，Song D P，et al. Modelling and analyzing the stacking strategies in automated container terminals[J]. Transportation Research Part E：Logistics and Transportation Review，2024，187：103608.

[6] Handbook of Terminal Planning[M].New York：Springer，2011.

[7] 张兆民.基于船舶最少作业时间的集装箱码头操作策略[J].港口科技，2015（3）：42-46.

[8] 陈洋，秦同瞬.港口业务与操作[M].北京：人民交通出版社，2009.

[9] 陈长英.港口业务与操作[M].北京：电子工业出版社，2017.